中国国情调研丛书·企业卷

China's national conditions survey Series·**Vol enterprises**

主 编 陈佳贵
副主编 黄群慧

南通沿海开发集团考察

The Investigation Report on Nantong Coastal Development Group

徐希燕 等 / 著

经济管理出版社

ECONOMY & MANAGEMENT PUBLISHING HOUSE

图书在版编目（CIP）数据

南通沿海开发集团考察/徐希燕等著．—北京：经济管理出版社，2017. 5

ISBN 978-7-5096-5175-9

Ⅰ.①南… Ⅱ.①徐… Ⅲ.①沿海工业—工业企业管理—概况—南通 Ⅳ.①F427.533

中国版本图书馆 CIP 数据核字（2017）第 118357 号

组稿编辑：陈　力
责任编辑：陈　力　周晓东
责任印制：黄章平
责任校对：超　凡

出版发行：经济管理出版社
　　　　　（北京市海淀区北蜂窝 8 号中雅大厦 A 座 11 层　　100038）
网　　址：www. E-mp. com. cn
电　　话：（010）51915602
印　　刷：北京九州迅驰传媒文化有限公司
经　　销：新华书店
开　　本：720mm×1000mm/16
印　　张：16. 5
字　　数：266 千字
版　　次：2017 年 5 月第 1 版　　2017 年 5 月第 1 次印刷
书　　号：ISBN 978-7-5096-5175-9
定　　价：58. 00 元

《中国国情调研丛书·企业卷·乡镇卷·村庄卷》

序　言

　　为了贯彻党中央的指示，充分发挥中国社会科学院思想库和智囊团的作用，进一步推进理论创新，提高哲学社会科学研究水平，2006 年中国社会科学院开始实施"国情调研"项目。

　　改革开放以来，尤其是经历了近 30 年的改革开放进程，我国已经进入了一个新的历史时期，我国的国情发生了很大变化。从经济国情角度看，伴随着市场化改革的深入和工业化进程的推进，我国经济实现了连续近 30 年的高速增长。我国已经具有庞大的经济总量，整体经济实力显著增强，到 2006 年，我国国内生产总值达到了 209407 亿元，约合 2.67 万亿美元，列世界第四位；我国的经济结构也得到了优化，产业结构不断升级，第一产业产值的比重从 1978 年的 27.9% 下降到 2006 年的 11.8%，第三产业产值的比重从 1978 年的 24.2% 上升到 39.5%；2006 年，我国实际利用外资为 630.21 亿美元，列世界第四位，进出口总额达 1.76 万亿美元，列世界第三位；我国人民生活水平不断改善，城市化水平不断提升。2006 年，我国城镇居民家庭人均可支配收入从 1978 年的 343.4 元上升到 11759 元，恩格尔系数从 57.5% 下降到 35.8%，农村居民家庭人均纯收入从 133.6 元上升到 3587 元，恩格尔系数从 67.7% 下降到 43%，人口城市化率从 1978 年的 17.92% 上升到 2006 年的 43.9% 以上。经济的高速发展，必然引起国情的变化。我们的研究表明，我国的经济国情已经逐渐从一个农业经济大国转变为一个工业经济大国。但是，这只是从总体上对我国经济国情的分析判断，还缺少对我国经济国情变化分析的微观基础。这需要对我国基层单位进行详细的分析研究。实际上，深入基层进行调查研究，坚持理论与实际相结合，由此制定和执行正确的路线方针政策，是我们党领导革命、建设和改革的基本经验和基本工作方法。进行国情调研，也必须深入基层，只有深入基层，才能真正了解我国国情。

为此，中国社会科学院经济学部组织了针对我国企业、乡镇和村庄三类基层单位的国情调研活动。据国家统计局的最近一次普查，到2005年底，我国有国营农场0.19万家，国有以及规模以上非国有工业企业27.18万家，建筑业企业5.88万家；乡政府1.66万个，镇政府1.89万个，村民委员会64.01万个。这些基层单位是我国社会经济的细胞，是我国经济运行和社会进步的基础。要真正了解我国国情，必须对这些基层单位的构成要素、体制结构、运行机制以及生存发展状况进行深入的调查研究。

在国情调研的具体组织方面，中国社会科学院经济学部组织的调研由我牵头，第一期安排了三个大的长期的调研项目，分别是"中国企业调研"、"中国乡镇调研"和"中国村庄调研"。"中国乡镇调研"由刘树成同志和吴太昌同志具体负责，"中国村庄调研"由张晓山同志和蔡昉同志具体负责，"中国企业调研"由我和黄群慧同志具体负责。第一期项目时间为三年（2006~2009年），每个项目至少选择30个调研对象。经过一年多的调查研究，这些调研活动已经取得了初步成果，分别形成了《中国国情调研丛书·企业卷》、《中国国情调研丛书·乡镇卷》和《中国国情调研丛书·村庄卷》。今后，这三个国情调研项目的调研成果还会陆续收录到这三卷书中。我们期望，通过《中国国情调研丛书·企业卷》、《中国国情调研丛书·乡镇卷》和《中国国情调研丛书·村庄卷》这三卷书，能够在一定程度上反映和描述在21世纪初期工业化、市场化、国际化和信息化的背景下，我国企业、乡镇和村庄的发展变化。

国情调研是一个需要不断进行的过程，以后我们还会在第一期国情调研项目基础上将这三个国情调研项目滚动开展下去，全面持续地反映我国基层单位的发展变化，为国家的科学决策服务，为提高科研水平服务，为社会科学理论创新服务。《中国国情调研丛书·企业卷》、《中国国情调研丛书·乡镇卷》和《中国国情调研丛书·村庄卷》这三卷书也会在此基础上不断丰富和完善。

中国社会科学院副院长、经济学部主任

陈佳贵

2007年9月

《中国国情调研丛书·企业卷》

序 言

　　企业是我国社会主义市场经济的主体，是最为广泛的经济组织。要对我国经济国情进行全面深刻的了解和把握，必须对企业的情况和问题进行科学的调查和分析。深入了解我国企业生存发展的根本状况，全面把握我国企业生产经营的基本情况，仔细观察我国企业的各种行为，分析研究我国企业面临的问题，对于科学制定国家经济发展战略和宏观调控经济政策，提高宏观调控经济政策的科学性、针对性和可操作性，具有重要的意义。另外，通过"解剖麻雀"的典型调查，长期跟踪调查企业的发展，详尽反映企业的生产经营状况、改革与发展情况、各类行为和问题等，也可以为学术研究积累很好的案例研究资料。

　　基于上述两方面的认识，中国社会科学院国情调查选择的企业调研对象，是以中国企业及在中国境内的企业为基本调查对象，具体包括各种类型的企业，既包括不同所有制企业，也包括各个行业的企业，还包括位于不同区域、具有不同规模的各种企业。所选择的企业具有一定的代表性，或者是在这类所有制企业中具有代表性，或者是在这类行业中具有代表性，或者是在这个区域中具有代表性，或者是在这类规模的企业中具有代表性。我们期望，通过长期的调查和积累，中国社会科学院国情调查之企业调查对象，逐步覆盖各类所有制、各类行业、不同区域和规模的代表性企业。

　　中国社会科学院国情调查之企业调查的基本形式是典型调查，针对某个代表性的典型企业长期跟踪调查。具体调查方法除了收集查阅各类报表、管理制度、文件、分析报告、经验总结、宣传介绍等文字资料外，主要是实地调查，实地调查主要包括进行问卷调查、会议座谈或者单独访谈、现场观察写实等方式。调查过程不干扰企业的正常生产经营秩序，调查报告不能对企业正常的生产经营活动产生不良影响，不能泄露企业的商业秘密，"研究无禁区，宣传有纪律"，这是我们进行企业调研活动遵循的基本原则。

中国社会科学院国情调查之企业调查的研究成果主要包括两种形式：一是内部调研报告，主要是针对在调查企业过程中发现的某些具体但具有普遍意义的问题进行分析的报告；二是全面反映调研企业整体情况、生存发展状况的长篇调研报告。这构成了《中国国情调研丛书·企业卷》的核心内容。《中国国情调研丛书·企业卷》的基本设计是，大体上每一家被调研企业的长篇调研报告独立成为《中国国情调研丛书·企业卷》中的一册。每家企业长篇调研报告的内容，或者说《中国国情调研丛书·企业卷》每册书的内容，大致包括以下相互关联的几个方面：一是关于企业的发展历程和总体现状的调查，这是对一个企业基本情况的大体描述，使人们对企业有一个大致的了解，包括名称、历史沿革、所有者、行业或主营业务、领导体制、组织结构、资产、销售收入、效益、产品、人员等；二是有关企业生产经营的各个领域、各项活动的深入调查，包括购销、生产（或服务）、技术、财务与会计、管理等专项领域和企业活动；三是关于企业某个专门问题的调查，例如企业改革问题、安全生产问题、信息化建设问题、企业社会责任问题、技术创新问题、品牌建设问题，等等；四是通过对这些个案企业的调查分析，引申出这类企业生存发展中所反映出的一般性的问题、理论含义或者其他代表性意义。

中国正处于经济高速增长的工业化中期阶段，同时中国的经济发展又是以市场化、全球化和信息化为大背景的，我们期望通过《中国国情调研丛书·企业卷》，对中国若干具有代表性的企业进行一个全景式的描述，给处于市场化、工业化、信息化和全球化背景中的中国企业留下一幅幅具体、生动的"文字照片"。一方面，我们努力提高《中国国情调研丛书·企业卷》的写作质量，使这些"文字照片"清晰准确；另一方面，我们试图选择尽量多的企业进行调查研究，将始于2006年的中国社会科学院国情调研之企业调研活动持续下去，不断增加《中国国情调研丛书·企业卷》的数量，通过更多的"文字照片"来全面展示处于21世纪初期的中国企业的发展状况。

中国社会科学院经济学部工作室主任

黄群慧

2007年9月

目　录

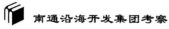

第一篇　发展概况

第一章　南通的历史地理文化

第一节　南通：中国近代第一城

一、南通与张謇

张謇（1853~1926年），江苏南通人，1894年考中状元，是中国现代化事业的开拓者和先驱，他心系国家万民，以振兴中华为己任，他曾经参与戊戌变法，领导立宪运动，参与"中华民国"的组建。他主张实业救国，并对自己的家乡南通进行了诸多的建设。

（1）创办近代工厂。从1895年起，张謇创办了大生纱厂、广生油厂、复新面粉厂、资生铁厂、资生冶厂等一系列重要的民族企业，并初步形成了唐闸镇工业区。张謇主张"实业救国论"，提出"棉铁主义"的思想，因而他克服千难万阻也要创办大生纱厂、资生铁厂和资生冶厂，因为张謇想要依靠棉纺织业和钢铁工业带动国民经济的发展，使中国能如日本那般实现经济上独立，从而摆脱列强的控制，获得真正的民族独立。

（2）开荒拓土，发展农业。生于清末的张謇确实摒弃了"重本轻末"的传统小农经济思想，他十分重视工商业的发展，但是他也意识到农业依旧是一个国家的根本和基础，因而张謇也坚持振兴农务，主张"民生之业农为本"。当然，他的视野早已跳出传统的小农经济，而是通过大力发展农业经济来支持工业的发展并为工业提供充足的原料，通过引进先进的科学技术和运用资本主义的生产方式来振兴农业。因而他在南通及附近地区兴修水利，大兴农田基本建设，建立棉产原料基地，为大生纱厂提供质优价廉的棉花。此外，张謇还对沿海滩涂地进行开发利用，创办通海垦牧公司等，充分利用当地的土地资源，既促进了农业的发展又推动了工业的繁荣。

（3）兴办教育、兴办慈善事业。在振兴实业的同时，张謇也很注重发展本地的教育事业，一方面，教育可以开启民智，为国内的救亡图存运动提供更多的有识之士和有志之士；另一方面，兴办教育可以为发展实业和经济提供各种人才。在办教育的过程中，张謇十分注重师范教育，他认为"兴学之本，唯有师范"，因而首先创办了通州师范学院，随后又创办了女子师范学校。另外，源于张謇对实业的重视，他又提倡教育与生产实践相结合，重视实业教育，因而他又创办了南通农科大学、纺织专科学校、医学专科学校这三所高等专业学校，还有商业学校、工商补习学校、女工传习所、女子蚕商传习所等一批中等实业学校、实业训练机构。当然，张謇也时刻关注着对儿童的启蒙教育并创办了300多所小学以及一些幼稚园。在慈善事业方面，张謇在南通办过新育婴堂、残废院、养老院、贫民工厂、济良所、栖流所、聋哑学校等，为社会上的弱势群体提供了许许多多的福利，为他们营造了温暖的港湾。

张謇在教育和慈善事业上倾注了大量的人力、财力和精力，为南通社会的和谐发展做出了巨大的贡献，并获得了后世的赞许和尊重。

（4）重视并发展文化产业。除了发展南通的教育外，张謇还在当地创建博物馆和图书馆。据记载，张謇于1903年应邀参观了日本东京举办的博览会，见识到了日本博物馆和图书馆的重大作用，深受启发，回国后便大力提倡在国内多建博物馆和图书馆，认为博物馆和图书馆是教育必不可少的辅助和补充，还有利于引进西方文化，促进中西文化交流，从而达到培养人才、强大国家的目的。于是在1905年，张謇在南通筹建了中国历史上第一座博物馆——南通博物苑，这也是中国文博事业最早的发端和起点。另外，张謇出资创建公共图书馆，将自己所珍藏的8000余本书尽数捐出，还积极做好收集西方各类书籍的工作。在张謇的努力下，图书馆和博物馆最终逐渐发展壮大起来，并吸引了许多慕名前来的游客。除了筹建这两项重大文化设施外，张謇还组建公园、公共体育场等，以丰富人民生活，重视中国传统的刺绣和戏剧艺术，并将其发扬光大。张謇对公益性文化事业的无私投入，这种胸襟和气魄值得后人敬仰和歌颂。

（5）建设城市基础设施。工业、农业、教育等各项事业的发展需要一个拥有良好基础设施的城市或是地区，而处于长江入海口的南通地势低洼，常年都有水患，为保障人民的生命和财产安全以及为当地农业发展提供良好的自然环境，张謇还专门聘请荷兰、比利时、美国和瑞典的专家来为南通的水利建设出谋划策，并创办泽生水利（船闸）公司以管理浚河、修堤建坝、造桥等事宜。在发展城市交通方面，张謇规划建设了南通的城山路、城港路、港闸路、城闸路、城镇内的街道、沟通南通全县的公路以及各类建筑设施等。张謇还出资建设码头港口，并创办一系列航运公司，如大生轮船有限公司、天生港大达轮步公司、达通航业转运公司、外江三轮等。这些航运公司不仅沟通了以南通为中心的南北航运网，还加强了唐闸工业区和上海港区之间的航运联系，从而为南通经济的发展提供了便捷的交通网。

由此可见，张謇为近代南通的发展做出了卓越的贡献。作为一个文人，张謇穷其一生欲使国家富强独立，虽然他并未看到这一幕，不过他积极地实践着，用他那"达者兼济天下"的理念和爱国主义的情怀，开创了中国城市建设的新纪元，他的精神也将继续感染着世世代代的后继者努力奋斗，先天下之忧而忧，后天下之乐而乐！

二、中国近代第一城

张謇对南通进行了创造性的城市建设，使南通同时拥有七个中国第一：第一所师范学校、第一座博物馆、第一所纺织学校、第一所刺绣学校、第一所戏剧学校、第一所盲哑学校、第一所气象站。中日甲午战争后，在张謇和南通人民的努力下，南通的生产力迅速提高，工农业、交通设施、教育、医疗、文化产业、慈善业等都协调发展着，南通逐渐发展成了一座规模较大的城市，同时，南通的发展也带动着周围城镇的崛起和发展。那么，为什么南通堪称"中国近代第一城"呢？这个称号是由清华大学教授、著名建筑规划大师吴良镛和其他140多位相关专家、学者反复深入调研论证而得出的结论。吴教授指出，虽然南通与同时期国内外的大城市——纽约、东京、武汉、上海等相比，规模未必最大，人口未必更多，基础设施未必最完善，文化未必更繁荣，但是南通却是在张謇及其他国内有志之士的规划下协调发展起来的，它不是列强们占领的租界或商埠，并不是列强们的改造使南通城初具规模，它是中国早期城市化的产物，是国人基于"实业救国"和"安邦定国"的理念，结合实际国情，创造性地通过全面的规划和建设而创造出来的具有代表性的一座城市。我们可以这样认为，张謇是中国城市建设的尝试者和先驱，南通是中国近代自主城市化的代表，这两者为中国城市史添上了浓墨重彩的一笔。因而，南通无愧于"中国近代第一城"这一称号。

第二节　南通的区位条件

一、南通的地理位置

南通位于江苏东南部，地处长江三角洲北翼，简称"通"，别称静海、崇州、紫琅等，古称通州，有个流传甚广的对联道："南通州北通州南北通州通南北，东当铺西当铺东西当铺当东西"，可见南北的这两个"通州"在承接南北交通中的重要作用。诚然，南通东抵黄海，南望长江，与上海、苏州隔岸相望、灯火相邀，西、北又与泰州、盐城交界；此外，南通集"黄金海岸"与"黄金水道"的优势于一身，它的长江岸线166公里，海岸线216公里，因而南通获得了"据江海之会、扼南北之喉"的赞誉，并素有"江海门户"的美称。正是因为南通贯通南北、连通江海的重要区位优势，在1978年改革开放浪潮的推动下，南通成为了中国首批对外开放的14个沿海城市之一。如今的南通下辖2个县市、3个市、4个区，总人口约700多万。纵观历史，南通的陆地块的形成有赖于长江所携带的泥沙漫长地沉淀和累积。大约在6000年前，现在南通的大部分地区还是一片茫茫的海域，只有现在的海安开始成陆，而如皋地区的成陆时间大约是5000多年前。南通市区的成陆时间更晚，在六朝梁时涨出沙洲，到了宋元时期，如今南通的大部分地区才变成了陆地，直到20世纪初，现在南通的境域才基本形成了。到目前为止，南通全市的总面积8544平方公里，沿海滩涂21万公顷。而且，在自然和人为的双重因素的影响下，南通的海岸线还在不断地东移，是中国沿海地区土地资源最丰富的地区之一。

大江大海给予了南通天然而丰厚的馈赠，一方面，长江为南通带来了广袤的冲积平原，全市耕种总面积700万亩，土壤肥沃，适种范围广，盛产水稻、棉花、油料等作物，江边还有座位列全国佛教八小名山之首的狼山，每年都会吸引着众多佛教信徒前来参观修行。另一方面，"黄金海岸"和"黄金水道"还赋予了南通天然的万吨级深水港。其中，116公里的长江岸线可建万吨级深水泊位的岸线30多公里。216公里的海岸线可建5万吨级以上的深水泊位岸线40多公里，时至今日，南通已经拥有了洋口港、通州湾、吕四港三大深水海港群，其中吕四港又是全国四大渔港之一、世界第九大渔港，拥有丰富的东海和黄海渔产，加之长江中的淡水鱼产，使南通成为全国文蛤、紫菜、河鳗、沙蚕、对虾的出口创汇基地。登临狼山，一幅"江山如此多娇"的壮丽画卷就在眼前铺展着，蓝天、碧海、浩渺的长江成就了如今的南通，更将引导着南通向着更繁荣、更富强、更和谐、更光明的道路上前行。

二、南通与上海

（一）历史上的南通与上海

与南通相比，上海的成陆时间可以追溯至6000多年前，距今3000~1700年期间，今上海中部地区开始成陆，在唐以前，上海的大部分区域已经形成，也有足够的地域空间来发展经济，地区的铸钱业、冶铁业、煮盐业、农业和手工纺织业也已经发展到一定的程度了。到了唐天宝十年（公元751年），今上海松江区被设立华亭县。唐朝年间，华亭县东北部的青龙镇一片繁荣，主要得益于青龙港。到了南宋时期，上海已经成为了新的贸易港口，所谓的"风樯浪舶，商贾麋集之地"正是上海港口繁荣景象的写照。当长江南岸的上海经济开始初现繁荣时，长江北岸的南通大部分地区才形成陆地。在宋朝时期，南通的大部分地区才形成陆地，而且南通的经济发展主要得益于扬州的繁荣，宋朝时期的扬州是京杭大运河最重要的枢纽之一，由于地理上的位置，扬州的对外交流与贸易都会经过南通，这样就间接带动了南通经济的发展。到了元代，上海已经发展成为了"华亭东北一巨镇"；明朝时期的上海已成为海运贮粮的集散点；到了清朝，随着江南经济的发展和上海内外贸易的进一步增强，上海逐渐发展成了全国贸易大港，清康熙年间，上海逐步成为棉布进出口量最大的港口，19世纪中期，上海作为全国性港口的地位已经牢牢地确立了。而明清时期的南通并没有成为国内重要的贸易港口之一，发展也较为平缓，与当时的苏州、湖州相比，南通与上海的联系也并不紧密。鸦片战争以后，上海又被西方殖民者选中，成为了国内重要的经济中心，由于当时南通的港口基础设施落后，经济基础相较于上海更为薄弱，因而不能成为经济发展的前沿地带。直至清末，在著名实业家张謇的带领下，南通的经济才得以迅速发展，与上海的联系也变得密切起来。

（二）改革开放后的南通与上海

改革开放后，南通与全国许多城市都建立了横向经济联合，到了80年代，南通在产业、技术、管理经验等方面研究学习上海，促进了南通本地企业与上海大中型企业开展合作。1990 年，浦东实施开发开放以后，围绕浦东，南通积极开展接轨工作并制定了接轨浦东的具体方案，逐步实现在经济、技术等方面的全方位交流，利用浦东开发的优惠政策来提升经济发展水平。21 世纪初，"长三角"各城市都提出了"接轨上海"的发展思路，"长三角"掀起了新一轮的"接轨热"，南通在这股新的经济动力中，依据地理区位，在"接轨浦东"的过程中获得了发展优势，进而为融入更深层次的"接轨上海"提供了良好的经济发展基础。2003 年，南通明确提出了"依托江海、崛起苏中、融入苏南、接轨上海、走向世界、全面小康"的 24 字总体发展思路，首次明确提出"接轨上海"，标志着南通接轨上海工作由自发走向地方政府推动阶段。在政府推动下，南通接轨上海取得了显著成绩，在基础设施、农业、旅游、投资、企业合作等方面通过项目合作开展交流。此外，到了 21 世纪，南通政府逐渐意识到南通当时"有江无桥，有海无港"的现状是阻碍"接轨上海"和经济发展的主要掣肘，因而在新世纪时期给予了交通基础设施高度的重视，经过十多年的努力，苏通大桥、崇启大桥已建成通车，沪通铁路即将完工，洋口港、吕四港建成通航。交通线是任何地区都不可缺少的经济生命线，铁路、大桥和港口的建设既缩短了南通与国际都市上海的时空距离，也缩短了南通与上海之间的经济距离。

然而，由于政策和资金的重重限制，南通与上海之间的交通基础设施依旧较苏州、无锡等苏南地区落后，到目前为止，南通到上海依旧没有直达的高铁线，南通各地至上海的时间成本还是比较高。这也成为了近年来南通极少受到高铁经济线辐射的主要原因，使得南通接轨上海的步伐依旧较其他"长三角"经济发达地区缓慢。

（三）展望未来

虽然目前南通接轨上海的目标还未实现，现实中也有许多的阻碍和限制，但是在江苏省沿海开发战略的引领下，在"一带一路"政策的刺激下，南通接轨上海的前途仍然充满光明。

为加密苏南、提质苏中、均衡苏北，江苏省在"十三五"期间打算建设北沿江高铁，该通道建成后，南通至上海又将添加一条快速的铁路过江通道。此外，江苏省还打算通过建成"五纵九横五联"的高速公路网来均衡区域的发展，而连接南通海门市至上海的高速公路——海启高速也于 2015 年底开工，这一高速公路的建成，将直接沟通南通甚至是苏中腹地与上海浦东的联系，将为打造加快建设长江北翼经济中心再添强大助力。因而，在新形势下，南通要梳理区域统筹发展理念，树立区域"大开放理念"，加快突破行政区局限，树立经济区理念，坚持理念创新，推动沪通融合发展。同时，南通市要优化产业结构，提升产业层次，培育新的产业集群，以满足上海产业转移的需求；还需提倡科技创新，深入开展与上海之间的科技合作，实现科技上的接轨从而带动产业上的接轨；此外，南通市还需优化上海企业投资环境，完善政府的机构职能，健全相关的政策和制度，加大两地的金融合作力度，并推动两地的人才交流，从而为南通经济发展提供重要的资金人才保障。相信在政策的刺激和南通市的努力下，沪通的经济接轨和交流会进一步深化，南通的经济发展将迎来新的推动点。

第三节　南通的经济社会发展概况

根据 2015 年南通国民经济和社会发展统计数据显示，南通的整体经济运行状况依旧稳健而合理，市内产业的发展质态继续优化，转型升级的成效不断凸显，积极因素也在不断地增长和积累当中，不过宏观环境仍然复杂严峻，下行压力不减。

一、综合

在人口方面，至 2015 年末，南通市常住人口约 730 万人，城镇人口为 458.2 万人，城镇化率 62.8%。2005~2015 年，南通市的常住人口较为稳定，但是全市的城镇化水平不断上升。此外，全市人口出生率 7.60‰，人口死亡率 8.98‰，人口自然增长率-1.38‰。

在经济发展方面，全市实现生产总值 6148.4 亿元，GDP 增幅约为9.6%。其中，第一产业增加值 354.9 亿元，增长 2.9%；第二产业增加值 2977.5 亿元，增长 9.7%；第三产业增加值 2816.0 亿元，增长 10.5%。人均 GDP 达到 84236 元。近年来，南通市第二产业和第三产业发展迅猛，特别是第三产业，其在 GDP 中所占的比重将会超过第二产业的比重。可见，南通大力贯彻深入推进经济结构改革的方针，经济转型升级的成效明显。

区域经济协调发展的情况较为乐观。县区实现生产总值 3883.8 亿元，增长 9.9%，快于市区增幅 0.4 个百分点；完成一般公共预算收入 353.0 亿元，增长 14.8%，快于市区增幅 2.4 个百分点，在工业应税销售收入、服务业应税销售收入、固定资产投资、社会消费品零售总额等指标方面，县区增速也快于市区。

财政收入较快增长。全市实现一般公共预算收入 625.6 亿元，增长 13.8%，其中，税收收入是政府财政收入最主要的来源。

就业情况良好，就业持续增加。全年新增城镇就业人数 8.24 万人，至 2015 年末从业人员达 460.0 万人，其中，第一产业 97.2 万人，第二产业 214.5 万人，第三产业 148.3 万人。

二、人民生活和社会保障

从 2005 年至今，南通市人民的收入不断增加，人民生活水平逐步提高，不过在收入上，城乡收入差距较大。全体居民人均消费支出 18358 元，比上年增长 7.9%，按常住地分，城镇居民人均消费支出 23680 元，增长 7.5%；农村居民人均消费支出 12052 元，增长 9.1%。

全市参加企业职工基本养老保险人数、参加失业保险人数、参加基本医疗保险人数（在职）、参加工伤保险人数均逐年增加，政府各类财政补贴的力度较大，人民的生活得到了切实保障。2015 年末全市拥有各类养老机构 239 家，其中，农村敬老院 96 家。政府逐年加大了对有助于便利人民生活和保障老年人晚年生活的各项基础设施的财政投入力度，为建设全面幸福的小康社会打下了坚实的物质基础。

三、农林牧渔业

2015 年全市农林牧渔业总产值 664.2 亿元，按可比价计算，增长 3.8%。其中，农业产值 290.6 亿元，增长 2.9%；牧业产值 150.2 亿元，增长 1.7%；渔业产值 156.6 亿元，增长 4.6%。全年粮食亩产 434.9 公斤，增长 0.7%。近年来，南通着力转变农业发展方式，围绕"两聚一高"新目标，采用"整村推进、连片开发、先行流转、统一发包"模式建设高标准农田，建成万亩蔬菜基地，增加了农田面积，改善了耕地质量，村集体和农民都得到实惠。同时，政府鼓励各地做好农产品产业与移动电子商务的衔接与融合，支持"淘宝镇"、"淘宝村"的建设，还鼓励各县市发展休闲农业和乡村旅游业，从而不断创新举措促进农民增收，着力提高农业农村发展水平，深化农村各项改革，加大工作推进力度，使农业农村经济保持平稳快速发展。

四、工业和建筑业

2015 年全市规模以上工业增加值 2902.3 亿元，增长 10.7%，其中，轻重工业分别增长 8.8% 和 11.7%。分经济类型看，国有企业下降 12.5%，股份制企业增长 12.3%，外商及港澳台投资企业增长 8.0%。分行业看，全市工业九大行业呈现"二快四稳二缓一降"的态势，其中，机械业和电子信息业产值增速迅猛；轻工食品业、化工医药业、纺织服装业、冶金业、船舶海工业和能源电力业正处于平稳增长阶段，相比之下，由于市场和企业的饱和，建材业的产值呈下降趋势。由于上市公司的数量和运营状况是衡量一个地区经济发展水平的重要指标，为增加和发展本地的上市公司，不断提高地区经济水平，一直以来，南通秉持"发展资本市场，助力经济发展"的理念，为企业拓宽融资渠道提供便利，从而降低了企业的财务成本，同时，鼓励各个企业实现制度创新、管理创新和技术创新，为企业的转型升级提供政策助力，使企业的活力进一步迸发，盈利能力不断增强。

五、基础设施建设

2015 年全市完成固定资产投资额 4376.0 亿元，比上年增长 12.3%，完成基础设施投资 678.0 亿元，增长 8.9%。近年来，南通重视对基础设施的建设，每年的财政投入增加幅度大，为南通的经济社会发展提供了更为优良的环境。其中，交通网络的建设发展迅速，沪通长江大桥加快建设，沿海高铁项目开始实施，宁启铁路复线电气化改造竣工试运营，宁启铁路二期开工建设；通洋高速一期建成通车，海启高速开工建设，锡通高速完成前期工作，形成"一环三射两通道"的高速公路网布局，实现高速公路县级节点全面通达；兴东机场一类航空开放口岸获批；连申线三级航道建成通航，九圩港复线船闸开工建设。交通基础设施的不断完善使南通逐渐打破了"有江无桥，有海无港"的尴尬，结束了南通"南不通"的历史，突破了交通瓶颈的制约，获得了经济发展的新动力。

六、国际贸易和旅游业

2015 年南通市全年进出口总值 315.8 亿美元，下降 0.2%，其中，出口总值228.3亿美元，增长1.5%；进口总值87.5亿美元，下降4.5%。2015年末与南通建立进出口贸易关系的国家和地区209个。南通市抓住"一带一路"、长江经济带、"长三角"区域发展一体化等国家战略实施的机会，在全球经济低迷的境况下，率先探路，与东盟国家开展深度合作，并在印度尼西亚投巨资建成江苏首家省级境外产业集聚区，从而刺激了市内企业的出口贸易。

全年接待海内外旅游者3404.5万人次，实现旅游总收入463.5亿元，分别增长10.4%和12.5%。在政府鼓励发展休闲农业和乡村旅游业政策的刺激下，市内的乡村旅游点和全国工农业旅游示范点不断发展起来，成为了旅游业新的经济增长点。

七、科教文卫体事业

2015年末全市拥有高新技术企业750家，共建成科技孵化器50家，发明专利申请量和发明专利授权量增幅较大，数量可观。全市还拥有文化馆9个，文化站97个，公共图书馆10个，"农家书屋"1614个。全市拥有博物馆（纪念馆）22个。市级以上文物保护单位91处，其中，全国重点文物保护单位10处，省级文物保护单位22处。市级以上非物质文化遗产106项，其中，国家级10项，省级53项。在高等教育方面，通州湾科创城积极与国内知名"985"院校建立合作关系，并引入一部分"985"院校的研究分院，为南通市的"人才兴市"战略提供可靠的人才培养基地，也有助于促进本地高等院校的发展和壮大。此外，南通市在全社会研发上的投入占GDP的2.55%，因而，政府还应加大对科教事业的财政投入，加大在招商引资、人才引进、技术引进等方面的优惠力度，这样才能更好地促进本地科教事业的发展。

第二章 集团的发展历程

第一节 集团概况

南通沿海开发集团有限公司（以下简称"南通沿海开发集团"），注册成立于 2012 年 5 月 18 日，注册资本金 30 亿元，是通州湾江海联动开发示范区开发平台及投资主体，由南通市政府授权市国资委履行出资人职责，市沿海办进行业务指导，系市属一类国有企业。集团坚持自主创新和开放发展，拥有港产、科创、金融和贸易四大板块。

一、成立背景

南通沿海开发集团有限公司的成立得益于南通市拥有的双重机遇——"长三角"经济一体化和江苏沿海大开发，这两大国家级发展战略为南通的进一步深入发展市内经济提供了机遇叠加期。为贯彻和落实江苏省委、省政府提出的"跨江联动、溯江互动、出海畅通"江海特色政策以及大力拓展对内对外开放的目标，南通市委、市政府根据自身优势，审时度势，抢抓新机遇、开辟新航道，成立沿海开发集团，从而推动南通乃至整个江苏的沿海开发再上新台阶。

集团的成立和发展机遇主要体现在四个方面：

第一，国家宏观政策的支持。《江苏省沿海地区发展规划》和《长江三角洲地区区域规划》两大政策文件分别获批，提升了南通的战略地位，这不仅为集团的发展提供了可靠的政策支持，也有利于集团将新的区位条件转化为竞争优势。

第二，南通市委、市政府的全力支持。市委、市政府 2011 年制定了关于基本实现现代化和建设"一中心、三城市"的宏伟目标，并提出了《关于加强市属国有资产经营公司建设和管理意见》，不断优化发展环境，加强基础设施建设，扩大经济开放领域，从而为集团吸引外来投资、增强人才队伍建设营造了优良的环境。

第三，独特的区位优势。南通毗邻长江三角洲的中心地带，接轨和融入上海的步伐进一步加快，集团的成立不仅有着区位上的先天优势，还有利于进一步带动南通连接上海的港口和交通线的建设，从而成为南通深入接轨上海的"领头羊"。

第四，充满活力的国内经济环境。沿海开发战略成为了国内又一有力的经济增长助推器，沿海开发战略着眼于调整产业结构、促进经济转型，从而吸引了众多金融机构和社会资本的关注和投资。这些优越的发展条件，促成了南通沿海开发集团有限公司的组建和发展。

二、集团组成

集团自成立后就以"助力全市沿海开发，加快滨海园区建设"为目标，利用国企拥有的独特优势和视角，全力筹措沿海开发资金、提升沿海开发项目运作能力，致力于发挥推动南通沿海开发的主力军作用，全力加快通州湾建设，同时，积极以企业视角运用经济手段，以资本为纽带，促进全市沿海区域和港口统筹发展。

到目前为止，南通沿海开发集团根据具体的发展规划和政策方针将集团经营管理的业务分为了四个板块，分别是港口产业板块、科创产业板块、金融投资板块和平台贸易板块。

港口产业板块主要由通州湾港口发展有限公司和通州湾游艇俱乐部有限公司组成，致力于将通州湾打造成集商贸与旅游于一体，使通州湾在未来能成为大型装备制造、综合能源、商贸物流港区和江海联动新中心。

科创产业板块主要由通州湾科教产业投资有限公司和南通沿海开发集团城镇建设有限公司这两大企业规划运营，通州湾科教产业投资有限公司以"科创城"为中心，突出"共享、集约、智慧、生态"的开发理念，总投资200 亿元。在集团和企业的不断开拓中，"科创城"现已入驻北航、兰大、西交大等"985"、"211"知名高校 6 所，中科院海洋所等科研机构 6 家，各类科创企业 50 余家。至"十三五"期末，"科创城"有望成为"集教育、科研、产业、城市化于一体，融科研、科教、创新、创业于一身"的创新创业新高地。

金融投资板块的主体是南通海汇资本投资有限公司，自集团成立以来，公司积极参与资本市场股权投资、私募基金，通过产业基金、夹层融资和资产证券化，不断壮大公司主营业务，打造南通沿海地区的综合性金融服务商。经过前期的准备和积淀，企业将在"十三五"期末力争完成管理产业基金20只、管理金融资产达到200亿元的目标。

平台贸易板块主要由南通沿海开发集团商贸有限公司负责，公司于2013年3月经南通市国资委批准成立，注册资本1亿元人民币。公司围绕沿海开发，发展供应链物流金融贸易，打造建材、石化两个O2O供应链物流金融服务平台，年销售额突破20亿元，力争在5年内贸易额突破100亿元，为沿海港口发展培育仓储、物流。

第二节　集团的创办与发展

一、集团的组建初创期（2012~2013年）

南通沿海开发集团有限公司从2012年5月18日成立至2013年这一年多的时间里，积极开展各类商业合作活动，并成功与省内外许多大公司签约了合作项目，为整个集团构架和各大板块的形成打下了坚实的基础。这一时期的集团正处于孕育成型期，市委、市政府和企业领导人一步一个脚印地摸索着集团的创建模式和发展出路，并得到了省内外社会资本和金融机构的广泛关注。

表2-1　2012~2013年南通沿海开发集团有限公司发展大事记

2012. 5. 18	南通沿海开发集团有限公司正式成立
2012. 6. 28	举办南通滨海园区港口发展有限公司综合楼奠基仪式
2012. 8. 1	腰沙围垦通道一期工程项目启动仪式举行
2012. 8. 9	市财政局和市国资委主持集团注入资产移交
2013. 1. 8	与中南建设集团签署合作协议，共同开发三家沙项目

续表

2013.2.5	与莱茵置业签署合作协议，共同开发滨海园区职工公寓项目
2013.2.28	与江苏韩通集团签署合作协议，共同开发游艇码头项目
2013.3	城镇公司、建材公司（后改为"商贸公司"）成立
2013.5.31	南通市融源科技小额贷款有限公司成立
2013.8.20	与昆吾九鼎投资管理有限公司签订战略合作框架协议
2013.8.30	与中投保公司签订合作协议
2013.9.15	与南通滨海园区管委会成功签订战略合作框架协议
2013.11.29	《南通沿海开发集团企业院士工作站合作协议书》在南京大学签署
2013.12.31	与中国移动南通分公司成功签署战略合作框架协议

二、集团的初步成长期（2014年）

2014年的南通沿海开发集团有限公司已经初具规模，并获得了一定的发展。在这一年中，企业围绕"港口引领、产城融合、科教兴海"三大战略，借鉴新加坡"纬壹科技城"、香港科技园、苏州"独墅湖科教创新区"等国内外成功发展经验，首先为科教城投入50亿元，引进高层次的大院大所，如招引了北航、兰大、西安交大、中科院等20多家国内外著名高校院所入驻，并设立研发基地和技术成果转移中心。同时创新教育模式，为学生们创造大量的实习机会，聘请校外知名导师、成功人士、知名企业家为学生授课。这有利于推进教育产业化，让教育更好地服务产业，凸显通州湾人力资源优势，为集团进一步的招商引资和发展产业奠定了深厚的人才基础。

表2-2 2014年南通沿海开发集团有限公司发展大事记

2014.1.9	与中天科技股份有限公司战略合作协议正式签署
2014.3.27	与南京银行、交行签署融资协议
2014.4.2	"中科院海洋所长江口生态站暨南通海洋产业基地"项目签约
2014.4.9	南通沿海港口群一体化战略研讨会在集团召开
2014.4.11	与江苏林洋集团战略合作协议正式签署
2014.6.18	通州湾产业公司与苏大教服集团签署合作协议，成立后勤子公司——南通通州湾科教服务管理有限公司
2014.6.23	集团王颖院士企业工作站在南通产业研究院正式挂牌成立

续表

2014.6.27	洋口港产业公司与卓创资讯签约合作框架合同
2014.7.7	市政府与上海海事大学签订战略合作协议，上海海事大学正式落户通州湾科教城
2014.7.14	美国康涅狄格大学智慧海洋项目股权合作协议正式签约
2014.8.16	"长三角"游艇产业发展联盟在通州湾成立
2014.9.20	科教城公司与武汉大学合作协议在武汉大学珞珈山庄签署
2014.10.8	南通通州湾科教城一期工程正式建成投用，并迎来了第一批新生入住
2014.10.26	南通沿海开发集团完成"2015企业债发行主承销商资格项目"招标
2014.11.19	通州湾游艇驾驶培训基地在通州湾商务中心正式签约，标志着江苏省首家游艇驾培中心诞生
2014.12.23	天津大学（南通）前沿技术研究院共建协议正式签约
2014.12.25	南通沿海开发集团与青岛海尔智能家电科技公司共建"智慧城市"项目在市政务中心签约
2014.12.31	许映斌任南通沿海开发集团董事长

三、集团的快速发展期（2015 年至今）

2015～2016 年，南通沿海开发集团有限公司在许映斌董事长的带领下，进一步解放思想、开拓创新、科学决策，集团更加适应了国内经济发展新常态，并取得沿海开发新业绩。许董邀请了高层次院校的专家、教授们为集团未来的发展做了详细的规划。"十三五"期间，集团将结合自身发展的实际状况，利用南通沿海开发战略、"一带一路"战略、长江经济带等国家级战略，以江海联动为支撑点，借鉴国内外港口开发、产业集聚的发展模式，进一步深化战略协同、创新发展路径，最终实现"十三五"期末集团核心竞争力的显著提升。

在"十三五"规划的指导下，集团在四大板块中都做出了不俗的业绩。在港产方面，腰沙围垦、港坝合拢等工程都进行得十分顺利；游艇俱乐部也逐步壮大，不仅举办和参加了众多赛事，还开发了海边和海上各类旅游项目，使游艇俱乐部逐渐成为了通州湾的一张名片。在商贸方面，集团不断地学习和研究已有的大宗商品交易所的运作机制和核心竞争力，并专门前往青岛、辽宁等地调研学习港口的建设和运作情况，并在此基础上研究"互联网+贸易"，利用通州湾示范区港口资源优势寻找新的贸易方式、合作伙伴。集团以实现大宗商品"信息流、资金流、实物流"闭环、形成大宗商品交易平台为目标，助力旗下商贸公司为沿海港口创造吞吐量，带动港口仓储、物流、贸易等多方面的发展。在金融方面，市财政局和南通沿海开发集团主动与上海浦东金融局进行对接，加强与上海自贸区的对接交流，学习上海自贸区金融创新政策，进一步促进了金融产品与服务跨区联动，从而更好地支持南通市实体经济和地方经济发展。在科教城的建设上，集团在建设探索的过程中，将科教城优化升级为科创城，并建立科创园区，打造智慧生态城市体系，在建设过程中全面落实"高效集约、多源利用、绿色发展、循环低碳、海绵系统"五大绿色生态指标，同时利用已有的人才优势和政策优惠，大力引进和发展各类科创产业，从而达到创新驱动、产城融合的目标。

2017年，科创城的招商团队为积极营造"万众创新"的众创平台，新年伊始就马不停蹄地奔赴北京、深圳、武汉等地开展招商活动。经过不懈的努力，招商团队联络了一批具有国际化手段并能为新兴产业发展提供综合服务的投资集团，有助于科创城集聚整合供给侧改革要素和新兴产业发展服务要素的平台，和南通沿海开发集团与南通政府共同搭建以"大数据+人工智能"为核心的、服务于新兴产业引入和落地的产业互联网新一代基础设施。这些投资集团秉承创新创业精神，与科创城发展理念高度契合，投资集团与科创城都致力于以一流科技企业打造产业生态链，以全方位服务打造特色孵化平台，以多元化资源加速企业成长。同时科创城积极响应省委、省政府关于将南通建设成上海"北大门"的要求，顺应市委、市政府打造上海"北大门"、魅力花园城的号召，在上海设立办事处，派人驻地招商，由专人负责上海产业转移项目，实地研究目标企业情况，随时对接项目。招商团队在市领导和集团领导的指导下，致力于打造科创城核心优势：一是坚持科创定位、坚持高质量产业项目招引，对每个引进项目要有KPI考核指标；二是完善招商政策，建立完整的招商项目评价体系；三是逐步形成资本、人才招商特色，把发展放在第一位；四是要加快生态环境建设，致力提升配套能力。

表2-3　2015～2017年3月南通沿海开发集团有限公司发展大事记

2015.1.19	南通沿海开发集团被厦门国际银行授予"优质客户"，获2亿元人民币融资额度
2015.3.17	南通沿海开发集团与北京微众传媒正式签约，合资共建"江苏微众文化传媒有限公司"
2015.3.19	"智慧海洋"合作框架协议正式签署，集团科教产业公司与美国智慧海洋校企决定建立战略合作伙伴关系
2015.3.21	通州湾港区二港池匡围一期工程建设全面启动
2015.3.30	河海大学南通基地在通州湾科教城揭牌，河海大学的110名学生入驻科教城开展教学实训
2015.5.5	上海海事大学南通基地项目正式开工
2015.5.19	南通沿海开发集团商贸公司与西本新干线股份有限公司合资成立西本新干线南通有限公司正式签约
2015.6.28	港发公司成功实现新老股东交接，港发公司股权优化战略的成功实施，标志着公司进入一个新的发展阶段
2016.6.30	与国家开发银行江苏省分行缔结战略合作伙伴，并与省农发行签订百亿元大单
2015.8.18	上海工程技术大学分别与滨海园区、科教城公司签署协议，同时举行了技术转移中心的揭牌仪式
2015.10.11	集团扎实推进"生态科教城"、"海绵城市"建设，打造生态节能、分区合理交通集约的绿色生态智慧科教城
2015.12.01	通州湾游艇加入全球游艇旅游互惠联盟，为通州湾游艇全方位打造旅游休闲品牌、拓展市场提供了较好途径
2015.12.03	深化战略协同，创新发展路径，南通沿海开发集团"十三五"规划成果初现
2015.12.29	对接上海自贸区，打造南通金融创新平台
2016.01.06	通州湾二港池西区龙口的成功合拢，打响2016年腰沙工程顺利建设的第一战
2016.02.17	科教城与加拿大达尔豪斯大学合作办学取得新突破
2016.02.20	游艇公司全力推进"海鲜一条街"、"植物迷宫"、"集装箱泳池"等旅游项目
2016.03.04	诺莱仕帆船队入驻通州湾游艇俱乐部
2016.03.08	通州湾腰沙围垦二期通道顺利通过交工验收
2016.03.10	达尔豪斯大学、南京大学、科教城公司三方初步确定"联合海洋学院"专业设置
2016.03.23	南通市中小企业产业集聚示范区落户科教城

2016.03.26	南通沿海开发集团赴西安开展资本招商，与西安中科新能源科技有限公司洽谈镁基特种电源的产业化合作
2016.04.11	通州湾腰沙二港池东堤龙口成功合拢
2016.04.27	科教城发展升级为科创城，国家级众创空间星火社区和南通市中小企业产业集聚示范区揭牌
2016.05.17	集团董事长许映斌要求商贸公司做大现金流，打造大宗商品平台
2016.06.06	通州湾科创城上海办事处成立，招商中心驻上海小分队也正式到岗，从而加快了推进沪通产业合作
2016.06.15	南通沿海开发集团会商以色列 COMPASS 公司，探索引进创新科技与联合办学的合作新路径
2016.06.21	江苏久锐科技服务有限公司正式入驻科创城，标志着中国工程物理研究院与科创城合作共建的"中国工程物理研究院江苏基地"项目迈出了实质性的一步
2016.06.23	为加快科创城优质项目集聚，推进科创城与北航等教育机构深入合作，产业公司赴北京招商考察
2016.06.25	兰州大学—科创城沿海滩涂生态工程研究所揭牌
2016.06.20~26	南通沿海开发集团经贸代表团赴中国香港地区、新加坡招商成果丰硕
2016.06.27	海汇资本公司组队赴青岛开展资本招商
2016.06.28	全省首家技术标准综合研究创新基地落户科创城
2016.06.29	南通沿海开发集团与中国节能环保集团开启全面战略合作
2016.07.04	江苏华大海洋产业集团与科创城商谈合作
2016.07.08	上海啸傲软件公司与科创城商谈合作
2016.07.11	上海深友建设发展有限公司来科创城洽谈合作
2016.07.21	科创城与上海电力学院共推科研产业化
2016.08.15	盛景网联科技股份有限公司与南通沿海开发集团签订战略合作框架协议
2016.09.09	中合置业实地考察通州湾，推进澳洲活牛进境加工项目落地
2016.09.30	"大学生互联网创业孵化器"合作项目在科创城签约
2016.10.24~25	科创城与西交大签署合作协议
2016.10.26	澳牛项目取得新进展——中国供销集团项目团队进驻通州湾
2016.11.17	全国首艘博纳多邀享仕 41.1 在通州湾首航成功
2017.02.16	赛伯乐与科创城共商合作发展规划
2017.02.28	科创城公司和武警南通市边防支队共建"国防教育 军民融合"基地，打造军地合作典范
2017.03.13	中硅融德与南通沿海开发集团共商通州湾港区产业发展

四、集团的荣誉

南通沿海开发集团自成立以来，始终以科学创新为抓手，坚持推进南通的沿海开发战略，促进陆海统筹发展，树立了国企新形象。集团旗下的子公司或是控股公司紧紧把握国家沿海开发的机遇，着眼于"十三五"规划，探索发展新思路，优化发展方式，坚持科技创新，积极学习国内外成功企业或集团可贵经验，扎实推进各项有益于集团发展的举措的实施，从而取得了许多可喜的成就，获得了众多的荣誉。

表 2-4 南通沿海开发集团所获荣誉

2014	科教城被列为"江苏省 2014 年度省级重点工程"和"2014 年南通市重大项目"
2015.02.25	科教城再度入选"江苏省重大项目计划"
2015.02.26	科教城项目荣获市 2014 年度"创新奖"
2015.08.26	蓝鹏科技喜获"智慧海工"创业大赛三等奖
2015.09.22	科教城星火社区被认定为南通市首批市级众创空间之一
2015.09.24	蓝鹏科技代表江苏省进入第四届中国创新创业大赛先进制造行业总决赛
2015.12.25	南通沿海开发集团首获"南通市文明单位"称号
2016.01.19	城镇公司软地基处理技术获两项专利
2016.02.01	科教城 A03 地块住宅项目获市级文明工地表扬
2016.04.14~15	北航软件学院南通基地 2013 级学生荣获 2016 年"百度认证营销专家"证书
2016.04.29	港发公司工程部喜获"南通市工人先锋号"光荣称号
2016.10.11	南通沿海开发集团喜获"2013~2015 年度江苏省文明单位"称号
2017.01.12	科创城喜获"省双创示范基地"以及"省级科技企业孵化器"称号
2017.01.13	科创城获批市知识产权公共服务示范基地
2017.01.24	南通沿海开发集团腰沙二港池匡围二期工程荣获省级"平安工地"称号

在南通沿海开发集团的四大板块中，属科创城获得的省内、市内的荣誉最多。科创城创新能力突出、创业氛围浓厚、资源整合能力强劲，并努力营造鼓励创新创业的氛围，带动高质量的就业，促进新技术、新产品、新业态、新模式的发展，为培育发展新动能提供支撑，努力成为"江苏省大众创业、万众创新示范基地"。短短五年内，科创城在集团领导和员工们的共同努力下，不仅与国内众多知名高校建立了深入的合作，还积极在全国各地

招商引资，坚持以创新创业为定位，积极将科创城发展成省内乃至全国的万众创新平台，因而获得了诸多的荣誉。此外，港产、金融和贸易三大板块也不甘落后，坚定不移地走港产城一体化发展之路，坚持资产经营和资本运作相互促进，实业发展和金融服务"双轮驱动"，以国际化视野加强资源整合，推进与社会各界的战略合作，不断强化集团科学化管理与创新，不断提升沿海开发能力和水平，因而这三大板块也获得了许多的荣誉。

总之，集团从成立至今，致力于加快通州湾建设、开拓产业集聚路径和优化金融服务功能，助力全市沿海开发、加快滨海园区建设。集团还主动对接国家的"一带一路"开放战略、实践"走出去、引进来"的开放战略，实现创新驱动发展。集团的发展愿景是：将力争用三年时间，投入一批事关全市沿海和通州湾开发的重要基础设施，建设一批重特大临海产业项目，确保资产规模达到130亿元。五年内，力促港口、产业、新城初具规模，建设3~5个深水泊位、3~5个专业园区、1~2家子公司上市，确保资产规模达到200亿元。相信通过不懈的努力，南通沿海开发集团有限公司将成为集港口开发、产业发展、城镇建设、金融服务为一体的综合性现代化集团公司。

第三章　集团的发展环境

第一节　区位优势

南通沿海开发集团位于南通，自然禀赋优良，交通联系便捷，经济实力较强，发展前景广阔，处于苏州发展水平最高的地区，是"长三角"北向拓展的枢纽，为我国东部地区提供了极其宝贵的发展空间。

一、区位优势独特

（1）位于南通。南通沿海开发集团所在的南通，地处我国沿江沿海"T"字形生产力布局主轴线的交汇区位。是国家首批沿海开放城市，位于我国经济最为发达的"长三角"核心区。区位优势独特，战略地位重要，具备大规模利用全球资源和市场的地理条件，是国际资本转移、优势产业发展的首选之地。滨江临海，系扼守江海之门户，区位优势得天独厚，南通获批国家陆海统筹综合改革试验区，正在加快建设长江北翼经济中心。南通沿海开发集团所在主战场——通州湾海域后备土地资源丰富，港口条件优越，具备港口、产业、城市综合性开发条件。这些发展背景和资源条件为南通沿海开发集团在"十三五"时期加快发展提供了良好基础。

（2）主战场。南通沿海开发集团在通州湾拥有腰沙的开发权，并拥有围垦土地和所建港池和码头的所有权与使用权，腰沙围垦完成后的土地资源将为产业发展提供广阔空间。同时，集团控股的南通通州湾科教产业投资有限公司拥有科创城一期规划面积5平方公里的开发权以及税收收益等相应权益，这是南通沿海开发集团发展产业的重要优势条件。

（3）全市沿海。南通沿海开发集团市级国有公司的背景，使得集团在全市沿海开发中具有举足轻重的地位和较强的谈判协调能力。集团在如东洋口港拥有 5 平方公里的围垦土地，这为集团在洋口港发展石化能源储运及相关产业提供了基础条件。同时，基于全市港口发展的现状，按照市委、市政府的决策部署，积极参与推进全市沿江沿海港口资源整合，这是集团主营业务的重大优势。

二、建港条件优越

南通沿海开发集团所属的腰沙、冷家沙，有比较富集的深水岸线，江海交汇，呈半岛地形。开发利用腰沙、冷家沙两侧潮汐水道可形成的 128 公里中深水岸线，通过围垦可形成的 360 平方公里临港产业用地。沿岸为海积平原，入海通道可人工开挖改造。腰沙、冷家沙、横沙紧贴深水通道的辐射沙脊，可建多个岸外人工岛屿，具有极为富集的深水岸线，展示了极具潜力的发展前景。通过长江口的整治，江港初步具备海港功能，随着长江口三期整治工程的实施，航道水深将达 12.5 米，10 万~15 万吨海轮可乘潮进南通港。像南通这样同时具备建设大型内河港口与大型海港条件的城市在全国是比较少见的，南通港已经成为我国为数不多的枢纽型组合式大港，正向上海国际航运中心北翼重要组合强港迈进。南通沿海开发集团的港口建设正是在这样大的地理背景下，以其得天独厚的优势，得到发展。

三、交通枢纽初成

苏通长江公路大桥建成通车，崇启大桥开工建设，崇海大桥前期工作有序推进，"五桥五渡"过江大通道框架基本确立，缩小了与上海都市圈的时间距离。快速公路交通体系全面构建。规划建设的海安—启东、南通—洋口港高速公路和临海等级公路，将与已经基本形成的"一横一纵一环"高速公路网和"五横七纵一环"的干线公路网一起，大大提升沿海各港区的集疏运功能。同时，沿海铁路规划直接到达南通沿海开发集团科创城内部，将大大便利产城融合，不仅有利于人才的输入，也给货物的运输等带来极大的方便。

第二节 经济环境

一、外部环境良好

（一）世界经济复苏缓慢

自 2007 年美国爆发次贷危机以来，世界各国政府采取了包括非常规货币政策在内的经济干预手段。然而 10 年时间过去了，目前仍无法看到全球经济复苏的明显迹象，2015 年全球经济仅增长 2.4%。2016 年 10 月国际货币基金组织（IMF）发布的《世界经济展望报告》显示，2016 年全球经济增速为 3.1%，比 2015 年下降 0.1 个百分点，整体来看，2016 年世界经济特点可以用"不振"、"协调"和"风险"三个词来概括。世界经济仍处于危机后的深度调整阶段，增长预期不断下调。2016 年初至今，发达经济体增长持续低迷，私人投资增长放缓，消费需求疲弱，缺乏强劲复苏动力。世界经济这种严峻形势，给中国经济发展带来了复杂的外部环境。

（二）中国经济发展进入新常态

当前，中国经济面临趋势性和周期性下滑叠加，有着经济失速的风险。在世界经济周期、中国房地产周期、中国的债务周期、库存周期、新产业培育周期、政治经济周期以及宏观经济政策再定位等因素的作用下，中国宏观经济在 2016 年出现下滑。从长期来看，经过 2015~2016 年全面培育新的增长源和新的动力机制，中国宏观经济预计将在 2017 年后期出现稳定的反弹，并逐步步入中高速的稳态增长轨道之中。

二、南通经济稳步上升

从党中央决定包括南通在内的 14 个沿海城市为对外开放城市开始，这一具有历史意义的重大决策再一次大大推进了沿海地区现代化建设和走向世界经济舞台的进程，加速了南通社会经济的历史性巨变。随着生产关系的大胆调整和改善，市场竞争机制引入后对劳动者积极性和创造力的充分激励和调动，再加上现代科学技术突飞猛进，这一切都使社会生产力获得空前的发展活力。改革开放 30 多年来，南通年度地区生产总值和人均地区生产总值扶摇直上，均翻了六番多，呈几何级数趋势加速度扩张。

2016 年，面对复杂多变的宏观经济环境，南通坚持稳中求进工作总基调，按照"好上又好、能快则快"的发展要求，紧抓项目建设，突出供给侧结构性改革主线，统筹推进稳增长、促改革、调结构、惠民生、优生态、防风险各项工作，全市经济运行总体平稳、稳中有进、稳中提质，符合预期，实现了"十三五"的良好开局。

（一）经济保持平稳运行

综合施策，持续扩大有效需求，着力推进产业创新转型，主要经济指标保持在合理区间。

总体完成年度主要目标。全市实现地区生产总值 6768 亿元，增长 9.3%；实现一般公共预算收入 590 亿元，同口径增长 0.5%；完成固定资产投资 4812 亿元，增长 10%；实现社会消费品零售总额 2633 亿元，增长 10.7%；完成外贸进出口总额 2035 亿元，增长 3.8%，其中，出口总额 1517 亿元，增长 7%；城乡居民人均可支配收入分别达到 39247 元和 18741 元，增长 8.1% 和 8.5%；城镇登记失业率 1.85%；居民消费价格上涨 2.3%；全社会研发投入占 GDP 比重达到 2.61%；完成省下达的节能减排任务。对照市十四届人大五次会议确定的目标，12 项主要指标有 10 项达到或超过目标要求。受"营改增"等多重政策因素影响，经市十四届人大常委会第三十八次会议同意，一般公共预算收入目标调整为 570 亿元，完成调整后的目标；固定资产投资受制造业、房地产业投资增速放缓等因素影响，增幅低于年度预期 2 个百分点，但仍高于全省。

项目发挥稳增长支撑作用。项目推进力度加大、速度加快、质量提升，新开工亿元以上产业项目 730 个，完成投资 974 亿元，分别达到年度计划的 197.3% 和 204.6%。30 个省级、160 个市级重大项目分别完成投资 298 亿元和 830 亿元，超额完成年度计划；华滋海洋工程、默克制药等 57 个项目实现竣工或基本竣工。49 项为民办实事项目较好完成，民生支出占一般公共预算支出的比重达 76%。37 个项目列入国家专项建设基金计划，累计争取资金 70 亿元，居全省前列。

（二）产业转型步伐加快

着力培育战略性新兴产业，加快发展现代服务业，积极优化提升传统产业，转方式调结构取得新成效。

制造业结构趋优。2016 年实现规模以上工业增加值 3330 亿元，增长

9.8%；六大战略性新兴产业完成产值 5074 亿元，增长 11.8%，占规模以上工业产值的 33.9%，同比提高 0.8 个百分点；"3+3"重点产业完成产值 9526 亿元，增速高于规模以上工业 1.6 个百分点；完成国家级开发区、高新技术产业园区 G 级宽带接入，新增工信部智能制造试点示范企业 2 家。新增驰名商标 6 个，获评年度"全国质量魅力城市"。如东海上风电示范基地被列为国家火炬特色产业基地。

服务业快速增长。服务业增加值占 GDP 比重同比提高 2 个百分点，对全市经济增长贡献率达 52.7%、比上年提高 10.2 个百分点。生产性和新兴服务业发展加快，现代物流、金融、信息服务、租赁和商务服务业应税销售增幅均超过 30%。新增省级生产性服务业集聚示范区 3 家，市级以上服务业集聚区达到 60 家，实现营业收入 3550 亿元。旅游业实现总收入 533 亿元，增长 15.2%，依托市旅游集散中心推动城市间互送游客的发展模式在全省推广。

现代农业稳步推进。农业基本现代化得分 85.7 分，全省位次前移 1 位。粮食总产量 337.2 万吨，新增高标准农田 36.4 万亩，家庭农场累计达 3948 家，规模以上农业龙头企业累计达 1250 家，其中国家级 8 家、省级 58 家。如皋获批国家农村产业融合发展试点示范县。

建筑业发展平稳。完成建筑业总产值 6400 亿元，增长 5%，29 家企业入围江苏省建筑业"百强企业"，总数继续位居全省第一。

（三）创新创业活力增强

坚持把创新作为引领发展的第一动力，突出科技创新，促进全面创新。

创新主体持续壮大。全市高新技术企业达到 930 家；完成高新技术产业产值 6883 亿元、增长 12.6%，占规模以上工业产值的 46%、同比提高 1 个百分点；科技进步贡献率提高到 61%。全市新增发明专利授权量 2725 件，万人发明专利拥有量达到 18.3 件。

创新要素不断集聚。新一轮产业人才发展计划和"江海英才"计划推进实施，新引进"国家千人计划"人才 25 名，新增省"双创"人才（团队）49 个；大中型工业企业和规模以上高企研发机构有效建有率达 84.3%。

创新载体建设成效明显。南通高新区获批国家科技服务区域试点单位；新增省级以上研发机构 35 家，国家级研发机构、国家级产业技术创新战略联盟分别达到 7 家、3 家。大众创业、万众创新蓬勃发展，新增省级以上众创空间 7 家，其中，国家级众创空间 3 家，发放"通创币"1000 万元，新增创业 1.34 万人。

（四）重点改革深入推进

南通市积极推进供给侧结构性改革，致力突破重点领域和关键环节，发展动力活力持续增强。

"三去一降一补"取得成效。完成省下达 60 万载重吨船舶、80 万吨钢铁产能化解任务，压减宝通钢铁 167 万吨产能，坚决落实中央关于整治"地条钢"和查处违法违规钢铁产能的工作部署。全市普通商品住宅去化周期缩短至 7.3 个月。上市公司和"新三板"挂牌企业总数达到 109 家，新增直接融资 825 亿元，超过新增银行贷款。降低企业各类成本 105 亿元，规模以上工业企业百元主营业务收入成本 86.8 元。出台关于进一步加强政府性债务管理的意见，推动市级国有融资平台公司市场化转型。六大领域 87 个"补短板"项目完成投资 340 亿元。

陆海统筹重点改革取得新进展。《南通陆海统筹发展土地利用规划》获省政府批准，在全省率先出台市区工业用地先租后让暂行办法，同一乡镇范围内村庄建设用地布局调整试点加快推进，全面完成城市（镇）周边永久基本农田划定，农村产权流转交易市场实现县级全覆盖。设立陆海统筹发展基金，组建中小企业金融服务中心、工业存量资产交易平台和公共资源交易中心，南通基金产业园正式开园，在全国首发"一带一路"企业集合债券 26 亿元，新增海域使用权抵押融资 22.5 亿元。新增个体工商户 6.66 万户、私营企业 2.53 万家，分别增长 21.6% 和 16.7%。叠石桥市场采购贸易方式试点实现出口 26.4 亿美元。

启动全市域港口一体化改革试点。市区、海门市、海安县以及长江镇、石港镇、栟茶镇、吕四港镇纳入国家新型城镇化综合试点。"放管服"改革进一步深化。取消 37 项行政审批事项、291 项职业许可和认定事项，"多证合一"、"一照一码"等商事制度改革全面实行，市场准入、投资建设两大领域审管机制基本建成，"一枚印章管到底"的南通实践引领全国，建设项目审批压缩至 100 个工作日以内，一般工业项目审批从立项到施工许可 50 个工作日内办结。综合行政执法体制改革向纵深推进，在市场监管、城市管理等领域基本实现"一支队伍管执法"。

（五）城乡统筹协调发展

以交通为引领，加快推进新型城镇化建设和城乡互动融合发展，构建一体化发展格局。

综合交通功能进一步完善。北沿江高铁、通苏嘉城际列入国家中长期铁路网规划，宁启铁路复线（南通段）通车运营，沪通铁路南通段、宁启铁路二期加快实施，火车站汽车客运换乘中心改造完成；海启高速、锡通高速北接线加快建设，353省道建成通车，345国道东绕城段、355省道如东段主体基本完成；兴东国际机场改扩建工程有序推进，站坪扩建项目建成投用。

中心城市建设进一步加快。城市道路、停车场等市政设施更加完善，长江路西延、星城路南延、港闸路中段等60个项目竣工，机场大道、园林路北延等项目稳步推进。城市环境更加优化，长江路西延两侧景观带、海港引河西侧绿廊等5个项目基本建成，市区新增绿地600公顷，获评江苏省人居环境奖。绿色低碳交通加快发展，新增100辆新能源公交车，市区万人公交车拥有量达到20标台。

镇村建设水平进一步提升。沿海重点镇、市级中心镇产城融合发展持续推进，19个市级中心镇地区生产总值突破千亿元，沿海8个重点区镇新开工亿元以上产业项目153个。新农村建设加快推进，建成农村公路380公里、农桥204座，镇村公交开通率达80.1%。农村生态环境持续改善，林木覆盖率达24%，秸秆综合利用率达91%。新增省级美丽乡村示范项目建设试点11个，省级美丽乡村、三星级康居示范村累计达89个。

（六）开发开放成效明显

持续推动江海联动发展，"引进来"与"走出去"互动并进，开放发展水平不断提升。

沿海开发深入推进。沿海前沿区域地区生产总值和固定资产投资分别达到1650亿元和1350亿元，75个省沿海开发重大项目完成投资630亿元，工业应税销售超百亿级园区3家。沿海各港区建成万吨级以上生产性泊位9个，其中10万吨级以上泊位3个，吕四港区10万吨级、洋口港区15万吨级航道工程顺利推进，全市港口货物吞吐量达到2.2亿吨。

载体平台功能进一步完善。通州湾、洋口港获批筹建省级开发区，南通经济技术开发区成为长江经济带国家级转型升级示范开发区，海安保税物流中心（B型）获批设立。获批全国首批海洋经济创新发展示范城市，启东海工船舶工业园、洋口港经济开发区获批省首批海洋经济创新示范园区。

开放型经济再上新台阶。注册外资实际到账26.7亿美元，新引进3000万美元以上外资项目96个。新增境外投资12.1亿美元、增长6.1%，其中对"一带一路"沿线18个国家投资5.4亿美元。完成对外承包劳务营业额20.1亿美元，对外承包劳务拓展到90多个国家（地区）。获批中国服务外包示范城市，服务外包执行额达到 17 亿美元。

三、集团融资具有优势

市级国有独资公司的背景为集团融资提供了最好条件。集团与银监部门和各商业银行建立了良好关系，各种短融、中票、中长期贷款动态平衡，拿到的贷款成本低，期限长，尤其是 2015 年拿到的农发行 100 亿元授信，保障了集团资金流持续、稳定与健康。目前，集团正筹备发行企业债券，获取更优建设资金。可以说，未来五年集团资金无忧，能够保障重大项目按期推进，保障资金链安全。运营能力具有核心竞争力。南通沿海开发集团拥有一支年富力强、团结协作、锐意进取的经营班子，自集团组建以来，不断摸索经营思路，构筑经营板块，打造盈利模式，在一张白纸基础上艰苦创业，实现了良好发展，资产突破百亿元，年年实现盈利，且逐年递增，较好地完成了国资委下达的年度经营目标。这支班子不断成熟，定能成为集团"十三五"发展的核心力量，带领集团实现快速发展。

第三节　政策环境

一、国家推动供给侧改革，经济进入新常态

全球经济新一轮调整和国家扩大内需政策带来历史性的机遇，加上中国经济进入新常态，国家推动供给侧改革。一方面，国际区域经济交流与合作的日益密切，国际金融资本加速向实体经济转移，为南通沿海开发承接国际新一轮产业转移、提升对外开放水平创造了新的机遇；另一方面，我国扩大内需政策以及十大重点产业调整和振兴规划等一系列计划的推进，将有利于南通发挥区位和资源优势，强化以内需为主导的产业发展。

2014 年 11 月 9 日，习近平在 APEC 工商领导人峰会上发表主旨演讲，指出中国经济呈现出新常态，有几个主要特点：一是从高速增长转为中高速增长。二是经济结构不断优化升级，第三产业消费需求逐步成为主体，城乡区域差距逐步缩小，发展成果惠及更广大民众。三是从要素驱动、投资驱动转向创新驱动。习近平在中央财经领导小组第十一次会议上强调：要牢固树

立和贯彻落实"创新、协调、绿色、开放、共享"的发展理念，适应经济发展新常态，坚持稳中求进，坚持改革开放，实行"宏观政策要稳、产业政策要准、微观政策要活、改革政策要实、社会政策要托底"的政策，战略上坚持持久战，战术上打好歼灭战，在适度扩大总需求的同时，着力加强供给侧结构性改革，着力提高供给体系质量和效率，增强经济持续增长动力，推动我国社会生产力水平实现整体跃升。这为南通沿海开发集团实现产业转型，适应经济发展新常态提供了政策背景。

二、南通市委、市政府的高度重视是南通沿海开发集团区位资源的最大优势

南通市委、市政府在《国务院关于进一步推进长江三角洲地区改革开放和经济社会发展的指导意见》、《国务院关于依托黄金水道推动长江经济带发展的指导意见》和《国家发展改革委关于印发长江三角洲地区区域规划的通知》要求下，结合《长江三角洲地区区域规划》和《江苏沿海地区发展规划》两大国家规划，推动通州湾江海联动开发示范区建设，加快港产城融合发展，努力打造国家级新区成为南通市委、市政府高度重视的项目，统筹海洋经济与陆域经济、新型工业化与新型城镇化、经济建设与体制创新、资源开发与环境保护，实施陆海互动、江海联动，推进港口、产业、城市一体化发展，努力把示范区建成长江经济带北翼桥头堡、江海联运现代物流集聚区、江海产业联动发展先导区、陆海统筹综合改革先行区。战略中强调要发展一批中心城市，强化区域服务功能。支持绿色城市、智慧城市、森林城市建设和城际基础设施互联互通。推进重点地区一体发展，培育壮大若干重点经济区。节能环保、生物技术、信息技术、智能制造、高端装备、新能源等新兴产业发展得到支持，新型孵化模式也开始被推广，众创、众包、众扶、众筹空间得到政府的鼓励和优惠。南通沿海开发集团所在的南通市是长江三角洲重要的城市之一，该规划将为南通沿海开发集团发展提供重大地缘经济发展背景。《规划》在总体布局的"沿江发展带"和"沿海发展带"中分别提出"充分发挥黄金水道的优势及沿江交通通道的作用，合理推进岸线开发和港口建设"、"依托临海港口，培育和发展临港产业，建设港口物流、重化工和能源基地"，并明确提出"强化核心区与苏北、浙西南地区基础设施的共建共享，延伸城际轨道交通和高速公路，加强上海港与南北两翼港口的合作共建，充分发挥核心区的辐射服务与产业链延伸功能，促

进区域共同发展。"这些无疑给南通这个滨江临海的城市带来重大战略机遇，南通正在全力推进陆海统筹国家示范区的创建，全力推动江海联动开发。南通沿海开发集团作为南通陆海统筹和江海联动的一支主力军，必将受到规划的深远影响，也必将获得强大战略助力。同时，《国务院依托黄金水道推动长江经济带发展的指导意见》等文件的颁布，也为南通沿海开发集团港口发展提供了机遇和挑战。

三、南通港口作为南通发展的必由之路，为沿海港产事业带来机遇

《南通市国民经济和社会发展第十二个五年规划纲要》明确把对大中型企业的扶持提上台面。"综合运用财税、金融、土地等政策，推动生产要素向优势企业集中、向行业骨干集聚，引导骨干企业做大规模、做强主业、做响品牌，培育一批基地型龙头大企业（集团），打造一批'小巨人'企业集群。到'十二五'末，销售收入百亿元以上企业超过20家。培育新兴产业板块，创立区域品牌，形成一批融入国内外产业链的知名产品群和一批产业规模、市场份额、盈利能力在'长三角'乃至全国领先的产业基地和产业集群。"这些政策为南通沿海开发集团港产和科创产业的发展提供了支持。通州湾科创城作为跨江协同产业创新和成果转化的重要基地，是创新创业高端人才、创新型企业和创新创业机构集聚区，要成为"长三角"北翼的产业创新引领区，在具有全球影响力的产业科技创新中心建设中发挥积极作用，并成为其重要的有机组成部分。同时，国家要拓展网络经济空间。实施"互联网+"行动计划，发展物联网技术和应用，发展分享经济，促进互联网和经济社会融合发展。实施国家大数据战略，推进数据资源开放共享。完善电信普遍服务机制，开展网络提速降费行动，超前布局下一代互联网。推进产业组织、商业模式、供应链、物流链创新，支持基于互联网的各类创新。这也为南通沿海开发集团贸易平台的搭建提供了有力的政策支持，南通沿海开发集团的贸易事业必然以此作为腾飞的依据。

四、《中国制造2025》为科创开发带来机遇

《中国制造2025》提出了9大任务、10大重点领域和5项重大工程。其中，9大任务包括提高国家制造业创新能力等；十大重点领域包括新一代信息通信技术产业、高档数控机床和机器人、生物医药等；五项重点工程包括国家制造业创新中心建设、智能制造等。未来，中国将着力发展智能装备和

智能产品；引导产业投资资金和创业投资基金投向先进技术领域；加快制造与服务的协同发展，推动商业模式创新和业态创新；大力发展与制造业紧密相关的生产性服务业，推动服务功能区和服务平台建设。未来将受益的企业主要有两类：一是积极参与升级变革的制造业龙头；二是满足个性化需求的系统解决方案供应商。第二类企业与南通沿海开发集团正在全力开发的科创城相吻合，为科创城开发带来机遇和动力。

第四节　市场环境

一、沿海港口行业挑战中存在机遇

（一）港口货物增速减缓，结构多元化态势明显

受到发展方式等内生性因素和现阶段资源环境等外部因素的约束，我国经济发展面临强制性结构调整。港口货物贸易中对外贸易增速将明显放缓，港口外贸货物增速将相应放缓，货物吞吐量的比重会下降。我国向工业化后期发展，产业结构进一步优化升级，资源环境可持续发展。

（二）港口服务向物流化、高端化发展

与世界港口发展同步，我国主要港口经营模式也逐步由装卸仓储为主向物流中心模式转型。一方面，向港口服务的物流化发展，加快港口与供应链上下游形成以港口码头为中心的有机整体，形成供应链各环节的无缝衔接，为用户提供更加精细、更为迅速、更为安全的服务，以满足对港口物流一体化的需求。另一方面，向港口服务的高端化发展，将港口服务功能向包括航运金融、航运保险、航运信息、载运工具经营与管理等的高端航运服务业扩展，这是未来国际航运中心发展的战略制高点。

（三）港口发展将更加开放

开放的港口是区域经济中心城市形成和发展的重要条件，开放的政策更是港口发展的关键，世界上著名港口基本上都设有自由贸易区，例如汉堡港、香港港、新加坡港等。我国港口对外开放在不断扩大，先后实施区港联动、启动保税物流园区，保税港区是目前我国实施的最为开放的港口政策，作为货运最为重要的港口，将在国家的政策支持下进一步发展。

（四）南通港与"长三角"主要港口市场竞争

南通港作为"长三角"北翼的重要一员，面临着越来越激烈的竞争。由于自身技术条件、基础设施、资金来源等方面的差距，使得南通港在与"长三角"的竞争中显得力不从心。另外，南通港口还面临着来自长江中下游同一港口群内不同港口之间的竞争，即来自与南通港距离较近、腹地交叉的南京港、镇江港、苏州港等港口之间的竞争，南京、苏州、镇江等港口凭借其规模，周边小港口凭借其成本优势，不断挑起价格战。由于当初对这些港口规划不合理、定位不明确，导致了江苏沿江内部港口之间的恶性竞争、自相抑制的现象。

二、产业园区经济转型

当前，我国产业园区发展具有八个趋势：①行业市场化，园区行业市场化发展趋势明显，政府指令性投资行为效益下降；②主体多元化，投资主体日益多元化；③产业垂直化，产业链向着垂直方向延伸，即纵向产业链方向发展趋势明显；④分工专业化，产业园区投资、开发及运营分离的趋势日益明显，呈现高度专业化趋势；⑤布局中心化，国家重点项目落地在环上海、环北京、环广深等地趋势明显；⑥产品标准化，产业园区已呈现出四种典型模式，即产业新城镇模式、产业基地模式、产业综合体模式、产业办公模式等，标准产品的出现，如标准厂房建设、孵化器建设等，有利于降低入驻企业成本；⑦收益服务化，园区收益从物业产权性收益向产品服务收益转型趋势明显；⑧运作资本化，将资产转化为发展的资本，获取更好的利润回报。

三、帆船游艇行业前景看好

目前以游艇休闲为代表的高端休闲业已出现在少数沿海城市，并且呈现爆发式增长趋势。从中国交通运输协会邮轮游艇分会发布的《2014中国游艇产业报告》显示，经历10余年的发展，我国游艇消费完成了从无到有的跨越，实现了以游艇加工制造业为先导到游艇制造与游艇消费全产业链并举的转变。游艇体验、参与和享受的水上休闲运动和泛户外生活等体验，将使中等收入群体成为今后相当长时期内的消费对象。

四、钢材行业出现"新常态"

当前国内外钢铁市场需求下降明显，微利甚至无利已成市场常态，盈利来源单一导致利润低下。对钢贸商来说，"新常态"带来新的挑战，盈利空间越来越小，盈利难度越来越大，盈利模式越来越不适用，导致钢铁流通业的重新洗牌，迫使钢贸企业转型、创新。

五、金融服务行业面临挑战

（一）私募股权投资

2004 年到 2014 年十年时间，尽管金融危机使中国股权投资市场陷入低潮，但是《新合伙企业法》出台、创业板推出和新三板扩容等为股权投资发展提供了良好的政策环境。随着国内资本市场的日益成熟、行业监管政策落定和逐渐完善，中国市场逐步迈入股权投资新时代。若想真正按照市场化的逻辑把握住任何一个战略性新兴产业的脉搏和成就，必须依靠私募股权投资，从风险投资开始，从天使投资开始，每一个环节都在不断地用价格、用交易、用新的交易结构和新的方式展现着战略性新兴产业每一天的成长和发展。

（二）小额贷款行业

目前，我国小额信贷公司补充了多层次多元化小额信贷市场格局，服务小型企业、微型企业、个体经营户、农户。随着我国持续加大"三农"投入和扶持中小微型企业融资的展开，未来几年，小额信贷行业面临巨大的市场需求和良好的政策环境，并有望快速崛起，成为金融市场上的重要力量。然而小额贷款却没有银监会的统一监管。地方政府传统的融资平台和融资模式即将结束，取而代之的将是更加规范的省级地方债券。南通沿海开发集团自组建以来，虽然一直走着实体化运营的路子，但是也不同程度承担着为沿海开发融资的任务，受此政策影响，今后将遵循改革的方向，进行适度的战略调整，并在大政策背景下"带着镣铐艰难起舞"。

第五节　优势分析

一、区位优势明显

"长三角"城市群是世界第六大城市群，经济基础雄厚、城镇体系完善，市场空间广阔，发展前景可观。南通位于"长三角"中心，同时是国家首批沿海开放城市，滨江临海，系扼守江海之门户，区位优势得天独厚；通州湾海域后备土地资源丰富，港口条件优越，具备港口、产业、城市综合性开发条件，发展江海河、海陆空、公铁水多式联运和智能物流独具优势。

二、业务空间广阔

南通沿海开发集团业务覆盖多行业，其中，钢材贸易、金融投资等产业发展态势强劲，盈利空间大；科技教育、商业地产、休闲娱乐等产业看好；港口建设、基础设施建设将带动建材贸易、现代物流等产业发展。

集团负债规模相对合理，融资规模逐年提高，融资渠道比较通畅，主要来自银行信贷。金融创新不断运用，已开展私募股权基金、担保、小额贷款、融资租赁等金融业务。

三、土地资源充足

南通沿海开发集团拥有腰沙1号、2号港池28平方公里的土地使用权，还以低价获得洋口临港工业区5平方公里的土地。科创城一期规划面积5平方公里、二期规划面积10平方公里将是未来的产业发展高地。腰沙围垦完成后的土地资源将为产业发展提供广阔空间。

四、经营能力出色

自南通沿海开发集团成立以来，经营板块日益清晰、绩效显著。高中层管理团队思路清晰、锐意进取、年富力强、经验丰富，且年龄结构合理，大多是来自政府部门与优质企业。员工具有较强的责任感与良好的团队精神，对工作投入度高，执行能力较强，有热情，富活力，具韧性，高效率。两年多来集团已经取得了十分出色的经营业绩。

第六节　劣势分析

一、盈利能力相对薄弱

作为国有企业，承担政府使命，需完成港口建设、科创城建设等重大任务，这些项目部分具有公益性，建设周期长，投资量巨大，主要靠信贷，且回收期长，其他业务刚起步，导致南通沿海开发集团盈利能力较弱，现金流不充足、不稳定。现金流是企业生命所在，寻找新的业务作为补充，才能保证集团持续、稳定、健康发展；与此同时，南通沿海开发集团招商引资面临一定的困难，可能与科创城、通州湾港口发展定位不精准、运作模式不明确有关系。

二、融资结构有待调整

集团融资渠道主要是流动资金贷款，较高比例的流动资金贷款对长周期的重大建设项目资金需求而言未必最优。通常融资目标应该是形成长期贷款、中期贷款、流动资金贷款三者平衡，目前项目建设融资成本不低，而股权融资、上市融资渠道尚未开辟。

三、人力资源储备不足

因园区交通不便，设施不完善，吸引、招聘、留住人才比较困难；集团人才总体匮乏，专业人才短缺；一些部门人兼数职；且新聘员工年轻，缺乏经验；人才储备远不能满足南通沿海开发集团未来发展的需求。

四、体制机制有待优化

完成市政府重大建设项目与南通沿海开发集团按照市场化规则发展之间存在矛盾，更需要政府提供稳定的政策支持；一些项目（如港口建设等）审批，因为管辖部门多，导致项目进展较慢；基于宏观经济形势下行的压力，科创城招商引资也比较困难。

第四章 集团的发展定位

南通沿海开发集团有限公司目前面临江苏沿海开发、"长三角"一体化、"一带一路"等国家战略叠加的机遇，又处在上海自贸区的辐射区，发展前景十分广阔。在对接"一带一路"和长江经济带建设上，集团肩负着重要的责任，为此集团抢抓重大特殊机遇，放大江海特色优势，努力将通州湾建成长江经济带北翼桥头堡、江海联动现代物流集聚区、江海产业联动发展先导区、陆海统筹综合配套改革先行区。

第一节 南通沿海开发的"急先锋"

一、江海联动，优化港口布局

集团所属的通州湾港口为抓住多重国家战略叠加的机遇，不断推进港口的基础设施建设——进行腰沙围垦、深水航道和码头泊位及配套工程建设；并积极运用现代"互联网+"以及先进技术，构建货运等相关电子化服务体系，特别是电子通关等手续建设；完善口岸联检设施建设，健全口岸综合服务体系；通过加强与铁路、高速公路以及江海河航运系统的对接，基本建成港口设施配套、功能完善、集疏运体系健全的现代化深水海港。到目前为止，港口已经建成1号、2号港池，同时，港口将力争在"十三五"期末实现通航。

通州湾港口作为新兴的港口，由于起步较晚，泊位位居中小海港之列，吞吐量一般，因而除了加强自身建设外，还要与南通沿海地区其他港口，如协同洋口港、狼山港、吕四港等开发运作，根据通州湾港区、吕四港区、洋口港区的不同功能，实现错位发展、合作共赢。此外，在南通市政府协调支持下，通州湾港口应该有序引导长江港口向沿海转移，把沿海开发作为已经具有较大集聚规模的沿江开发的延伸和拓展，利用沿江产业体系已经初步建成的优势，把沿江产业链向沿海地区拓展，带动沿海地区新型工业化进程；并充分利用沿海深水港口、丰富滩涂资源、土地储备量大等优势，为沿江先进制造业的开拓和转移、传统制造业的转型升级开辟新空间，从而有利于通州湾港口尽快形成海港规模能力。同时，加强与上海港、洋山港、连云港等大型海港合作，积极参与大港业务分工，通过与上海港的战略合作参与"一带一路"发展机遇。加强与上海外高桥保税区等"长三角"保税区机构合作，争取建立上海外高桥保税区物流保税仓库仓储后备库区。

二、港口与产业双翼齐飞

通州湾港口的建设与科创城的建设都是长期投资的项目，具有资金需求大、回收期长、见效慢的特点，集团要维持港口建设这一大项目的不断跟进，就需要庞大的资金投入。集团作为南通市的新型国企，获得了来自市政府的资金支持，但是这些资金投入只能支撑港口前期的开发，随着建设的不断深入，所需的资金投入会不断增加，为了弥补这巨大的资金缺口，集团需要采取滚动开发的模式，促进集团和港口的可持续发展。

一方面，集团要大力度推进临港产业招商，尽快形成临港产业集聚。产业招商决定了通州湾港口开发的成败。建成大型装备制造基地、能源及大宗货物储运贸易中心、专用及运用深水泊位配套的综合港区，围绕产业转型升级抓招商，重点是港口物流、装备制造、新能源、新材料等产业板块，不断强化招商载体建设，重点瞄准引进基地型、龙头型世界 500 强、国内 500 强企业，从而形成以海洋装备、新能源、新材料等为代表的现代产业集群，有助于通州湾港口区培育出一批具有强大竞争力的面向国际的特色产业集群，建成自主创新能力强、科技水平高、国际竞争能力强、布局合理、环境友好、综合配套性强的现代化产业集聚区。同时，集团还要进行必要的招商推介，精心组织各类招商推介活动，全方位扩大招商信息源，开展以商引商、驻点招商等有效招商形式，集中精力抓好龙头型、基地型项目引进，在重大外商投资项目、重大央企项目、重大新兴产业项目上寻求突破，为港口区有规划地引进相关产业做好宣传铺垫。

另一方面，集团作为一家新型的国企，积极争取各级政府优惠政策支持，要力争建设资金持续稳定，从而维持港口和集团的可持续发展。港口产业及临港工业前期投入较大、回收期较长，争取政策支持非常关键。科学制定港口发展政策，对港口招商引资将会产生重要影响。为此，应积极争取各级政府对港口建设资金的投入；争取国际国内相关金融机构的贴息或无息贷款；争取各级政府部门的优惠政策，特别是地方政府的税收返还、提留等政策。

三、统筹陆海发展，扬帆"一带一路"

基于得天独厚的地理区位优势，南通已然成为江苏对接"一带一路"的重要战略支点，也是江苏沿海开发战略的重中之重。因而构建以通州湾为重点的江海联动新局面不仅是南通市域内的联动，也是代表江苏沿海面向长江经济带的联动。在未来，南通将按照国家和省确定的目标，搞好战略规划、专项规划修编，加快产业集聚，推进港区开发，尽快形成示范带动效应。一方面，通州湾将以港口为龙头、产业为核心、城镇为依托，推动港产城融合发展。提升港口优势，加快建设上海国际航运中心北翼江海组合强港；提升产业质态，做强做优六大主导产业、八大新兴产业和现代服务业，打造"长三角"北翼先进制造业高地；加快完善"一主三副多点"的城镇结构，构建五级城乡空间体系，发挥"一带一路"和长江经济带交汇点城市的承载、传导、辐射作用。另一方面，南通将带领通州湾深入推进陆海统筹改革和对外开放，不仅加强与长江三角洲之间的产业对接，还将溯江而上与长江中上游城市联动发展，东进出海加强与东亚东盟合作交流，深度融入"一带一路"和长江经济带开放体系，加强与长江经济带城市在规划、产业、创新、交通、载体、要素等方面的联动，推动优势产业"走出去"，扩大与"一带一路"沿线国家、地区和城市的合作，放大南通市区位、资源、产业、平台优势，坚持把改革创新贯穿于参与"一带一路"的各领域、各环节，积极探索对外经济合作的新途径、新机制，努力创造可复制、可推广的新经验，争创全省"走出去"先行先试试点城市，为全省乃至全国扬帆"一带一路"探路。

第二节　助推通州湾示范区建设发展的"主力军"

在城镇公司的带领下，科创城的规划和建设按照"创新驱动、引领发展"的定位，实施城市升级行动计划，推动城市精明增长、特色发展，加强生态智慧城市及特色小镇建设，实现城建转型，并使科创城成为了助推通州湾示范区建设发展的"主力军"。

一、推进生态智慧城市建设

集团下属的城镇公司一直以来致力于促使 ECO^2 概念落地，推广普及 BIM、SPEC、被动屋、海绵城市以及地源热泵三联供技术，打造配套完善、环境优良的一流的高职教育园区和产学研协同创新基地，从低碳生态和智慧节能两方面来打造新型的科创新城。

城镇公司专门聘请专业科技人员为科创城在如何利用太阳能进行夏季空调制冷、冬季采暖、冷热平衡调节及供应生活热水等方面出谋划策，大大提高了太阳能的转化利用效率，为科创城构建并应用太阳能蓄能系统做出了巨大的贡献，使得科创城拥有了大幅度利用可再生能源，减少碳排放的动力和能力。除此之外，城镇公司还充分利用水资源，创新构建园区雨水收集系统，既解决了城市内涝问题，又促进了水资源的循环利用。

在城市建筑规划上，城镇公司与亿阳钢杆有限公司、采薇天大 BIM 科技服务有限公司等先进建筑企业展开了密切的合作。亿阳钢杆有限公司是中国最主要的钢杆结构制造商之一，其生产能力处于国内领先水平，技术和质量控制获得欧美多项认证。该公司主要帮助科创城研发智慧照明系统，在科创城内采用物联网和云计算技术，对公共照明管理系统进行全面升级，实现路灯集中管控、运维信息化、照明智能化。而采薇天大 BIM 科技服务有限公司则在科创城建立了 BIM 培训基地，这一基地的建立不仅为科创城建设新未来提供了有力抓手，也掀开了科创城从新技术应用向建筑产业化转变的新篇章。

如今，科创城还在规划建设之中，在节能环保、智慧城镇建设方面也处在不断的建设当中，但是科创城所展现出来的建设理念是极具整体性和前瞻性的，相信在集团与城镇公司的带领下，科创城将会成为通州湾城镇建设的示范区。

二、探索未来城建新模式

在"十三五"期间，城镇公司将继续带领科创城打造智慧科创园区运营新模式，争取在"十三五"期末，建成城市通风廊道、视线廊道和天际线，打造一批富有细腻个性的休闲空间、体现人文关怀的公共设施，形成一批独具魅力的城市客厅；并在此基础上打造功能齐全的科文中心，完善科创城后勤长效管理机制，提升精细化管理水平，形成一站式创新创业服务中心平台。

在未来，城镇公司将在综合性城市建设、科技创新服务、城区运营管理、企业商务服务、高端物业管理等方面进行统一规划，综合建设。在综合性城市建设方面，城镇公司将着重加强城镇的基础设施建设，建设范围涵盖了市政基础设施管养、水电供应保障、公共空间品质提升、国有储备用地管理、园区安保、土地施工监管、消防安全、交通管理、环境整治、局属物业管理、食堂管理、产业数据统计及科技创新创业孵化等，为科创城的企业及居民提供良好的生活环境。

在城区运营方面，城镇公司的城区运营管理将围绕主营业务投入资本及整合资源，与各界大力开展战略合作，不断提升城区综合营商服务能力，打造的优质营商环境激发了科创城的发展活力，如今在科创城这片土地上，不仅入驻了一批上市公司，也吸引了众多创新企业落户，成为国家新一轮改革和现代服务业开放的新高地。

在科技创新服务与企业商务服务方面，城镇公司将构建互联网服务平台，打通线上线下支付通道，建立以实名制互联网账户为基础的网站，实现身份识别、公共服务、便民应用、小额支付等功能的整合，并开发相应的APP和微信公众号，为智慧园区、绿色交通、智能停车、公共服务等功能服务；此外，城镇公司将逐步发展并完善一个全链条创业服务体系，这个服务体系将包含创业服务、孵化器集群、投融资、宣传推广等平台，并将实现工作、交流、展示、培训、服务、融资、居住、健身这八大功能。

在高端物业管理方面，城镇公司将为各创新创业公司提供高端物业管理服务，满足企业商务需求，支持科创城的产业集聚发展，激发科创城在区内的活跃度。

相信在"十三五"期末，科创城的面貌将会焕然一新，成为南通市城镇建设的新样板和参照。

第三节 "大众创业、万众创新"的主平台

一、培育创新平台势在必行

综观当下，全球经济复苏缓慢，国际经济形势不稳定，国际市场需求减

弱，传统产品的国际竞争压力增大，传统工业发展动力遭受了较为严重的削弱，因而国内各家企业必须突破传统发展模式的藩篱和束缚，通过创新实现传统产业新的突破和变革，增加产品本身的质量、技术含量和使用效能等。同时，中央也提出了"大众创业、万众创新"的号召，通过创业创新推动国内经济的全面深化改革，增强国内经济的可持续发展能力，李克强总理曾说："打造大众创业、万众创新和增加公共产品、公共服务'双引擎'，推动发展调速不减势、量增质更优，实现中国经济提质增效升级"，由此可见，"大众创业、万众创新"势在必行，南通有必要培育创新平台，引进并支持各类创业和创新企业，以此来激发市内经济的内生动力，支撑和推动各项机制和体制的改革创新，从而增强全面深化改革的动力和活力。

二、创新平台的建设与发展

南通引导"大众创业、万众创新"的创新平台的建设同样也得到了国家政策的支持。2015年6月国务院出台了《关于大力推进大众创业万众创新若干政策措施的意见》，从9大领域、30个方向明确了96条政策措施，其中专门提及了发展创业创新平台。《意见》指出各省市区域要积极打造若干具有全球影响力的创业创新中心，推动实施小微企业创业基地城市示范，鼓励有条件的地方出台各具特色的支持政策，积极盘活闲置的商业用房、工业厂房、企业库房、物流设施和家庭住所、租赁房等资源，为创业者提供低成本办公场所和居住条件，推动区域集聚发展。而南通沿海开发集团有限公司创建的通州湾科创城正是积极响应中央号召而建立起来的"大众创业、万众创新"的主平台。科创城不同于传统招商引资平台的主要表现在于它探索出来的新型发展路径——"资本助推、人才定制、拎包入驻、无忧服务"，搭建专业招商产业园，探索驻点招商新模式。

当然，为了促进"大众创业、万众创新"平台的建设，南通市也出台了符合本市实情和实际的相关计划和政策，主要内容可以归纳为：①积极引进和招纳大学生创业者、科技人员创业者、留学归国创业者、企业高管及连续创业者等创新创业人才，充分发挥人才集聚优势，为创新创业平台的建设提供强大的人力资源储备。②为创业创新人才提供各类低成本、低门槛、开放式、共享型的众创空间，完善创业创新孵化链。③改善创业创新的融资环境，设立各项支撑创新创业的投资引导资金，打造从创业项目植入到产业化发展全过程的投资、融资服务链。④实现创新与创业相结合，增强线上与线下的互动，为广大创新创业者提供良好的网络空间资源共享空间，争取培育并形成创新创业人才、企业、平台服务机构集聚与活跃度高、协作性与辐射能力强，品牌效应显著的创新创业服务体系。⑤发扬全社会的创业创新文化，使鼓励创新创业、宽容失败的创业创新文化在全社会蔚然成风，这就要求政府及创业创新平台积极与各高校、研究员展开积极的合作，组织举办各类创新创业大赛、创新创业沙龙、创新创业培训活动，在全社会弘扬"无惧失败、勇于创新、敢于创业"的精神理念。

在这些政策的支持下，科创城为成为前沿的创业创新平台，为打造"创新南通"做出积极的贡献，主要从五个方面进行了探索和努力：一是培养创新主体；二是做优创新平台；三是汇聚创新人才；四是营造创新环境；五是鼓励引导科创城内各类项目参加全市、全省以及全国的创新创业交流会和大赛。经过五年的改革发展，科创城正朝着创业要素集聚化、孵化主体多元化、创业服务专业化、运营模式市场化、创业资源开放化的方向发展，科创城已经逐渐成为科研机构集聚、新兴产业引领、创投资本活跃、创新能力突出的创业创新平台。

三、创新平台的未来愿景

"创新南通"的未来发展将以科创城为重点，以产业集聚为核心，聚焦信息软件、海洋产业、新材料 TMT、移动互联网、高端装备制造、现代纺织等，以落户的大院大所为依托，推动产学研紧密合作，致力打造"长三角"产城融合的示范智慧城镇。"十三五"期间完成科创城 2.5 平方公里的开发建设任务，建筑面积达 300 万平方米，招引 60 家创新企业落户，年产值达到 30 亿元。争创省级高新区、国家级孵化器、大学科技园；园区工业应税销售 102 亿元，培育上市企业 10 家。

在市政府和集团的带领下，科创城目标明确，规划合理。在未来，科创城将努力打通创新成果转化为创业品牌的通道，促进"万众"的创新运用于"大众"的创业，鼓励各式各样的创新尽可能多地运用于创业，或是合作参与创业、转让促进创业等。这就需要政府和集团改革科技成果使用处置和受益管理制度，扩大股权和分红激励政策实施范围，完善科技成果转化，使南通市乃至全国范围内的科技创新人员愿意和科创城分享成果受益，从而使科技创新人员愿意来科创城创新、创业，并推进科创转向创业。科创城将进一步引导新兴科技产业的发展。新兴科技产业是先进生产力的代表，是高科技创新的前沿，也是高附加值创业的重点，因而科创城将在未来大力扶持高科技产业的发展，加强与其他高新技术区的交流与合作，借鉴优秀地区的成功经验，开创在高科技产业上创业汇聚的新局面，从而促进南通市经济在深层次上的转型升级。此外，在这个信息化的时代里，科创城还将推动各项产业"互联网化"发展，促进各项产业主动、广泛、深度地与互联网结合，顺应"互联网化"的时代要求，发展并创造出更多更大的经济和社会价值。

第二篇　集团管理

第五章　集团的组织结构

作为有限公司，南通沿海开发集团严格按照《公司法》的要求建立了规范的法人治理结构。集团管理层包括董事会、监事会和下属的四大部门——行政人事部、战略投资部、财务管理部和监察审计部。集团根据发展需要建立了事业部制，具体包括港产事业部、科创事业部、贸易事业部和金融事业部。组建了21家全资、控股、参股子公司，构筑了"集团为决策中心、二级子公司为投资管理中心、项目公司为成本利润中心"的三级管理架构，建立了完善的现代企业法人治理结构。南通沿海开发集团现有董事会成员5人，公司监事3人，公司高级管理人员6人。董事会和经营管理层职责分明，协调制衡，并按照《公司章程》及一系列工作规章规范运行。在监事会的统一监察下，集团拥有完整的、有效率的运营体制。

第一节　集团的管理层

一、集团管理层的职责

现代公司法中，强化公司管理层的地位，赋予公司管理层广泛权力，以使其代表公司进行经营活动时能快速灵活地适应复杂和多变的市场需要。南通沿海开发集团拥有一支高效的管理团队，集团自成立以来，一直积极筹措沿海开发项目所需资金，扎实推进资源资产化、资产资本化、资本证券化，努力构建运营规范、具有长远发展能力的国有投融资平台；承担沿海开发项目的投资与管理，沿海开发基础设施建设、港口航道建设、沿海滩涂资源开发利用、土地以及开发、房地产开发及经营、建设材料与经营、酒店管理、物业服务、房屋租赁等服务；对所投资企业行使出资人职能，实施运营监控，依法选择投资企业经营管理者；承担市政府以及市国资委交办的其他事项。

集团坚持创新和可持续发展理念，围绕港口和科创两大主业，构建金融投资、平台贸易两大辅业，着力解决利润"瓶颈"和资金桎梏，为科创企业提供全面金融服务，为港口建设培育关联产业，形成了主业和辅业相互支撑、互动发展的良好格局，走出了一条具有南通特色的沿海开发新路径。

二、人员结构

集团（含二级公司）现有员工 140 人，男女比例约为 2∶1，平均年龄 33 岁，队伍年轻。其中董事长、总经理 1 人，副总经理 4 人，总经理助理 1 人，中高级管理人员（集团各部门负责人、下属二级企业负责人）17 人，员工中本科学历 70 人，研究生学历 26 人，高学历人才占比高。

集团管理层锐意进取，职工队伍年轻化、高学历。自集团组建以来，经营管理层队伍不断壮大，摸索经营思路，构筑经营板块，打造盈利模式，实现了良好发展。

目前集团在团队建设方面非常重视，调整人员结构，提升团队质量作为新阶段发展的重点。集团成立 5 年来，团队相对年轻，但人数膨胀过快，又缺少必要的高端管理和专业人才，导致集团市场化转型不快。因此，下一步集团将严格按"三定"方案，调整人员结构，控制人员总数，并通过教育培训和建立能进能出用人机制，提升员工总体质量。

在调整员工队伍的过程中，行政人事部是执行此次改革的重要部门。行政人事部的职责包括：

第一，深化制度建设——健全集团管理制度体系，特别是完善事业部及其下属子公司的制度建设，完成集团制度整体汇编成册。

第二，优化工作流程——根据"三定"梳理各事业部内部关系，继续动态做好 OA/ERP 流程管理与优化，确保工作平台高效流畅。

第三，深耕文化建设——围绕集团核心价值观，拓展企业使命、企业愿景，宣传企业文化，做好网站改版及宣传片的策划。

第四，做优服务平台——规范接待流程，强化服务功能，完善服务配套，为集团及下属子公司提供更好、更优的服务。

此外，集团的薪酬绩效制度日趋完善。构建和谐劳动关系，健全以岗位管理为核心，合同用工为基础，劳务派遣为补充的市场化用工制度。推动薪酬制度改革，按照"三定"要求，对事业部实行薪酬总额控制，其中基本薪酬和绩效薪酬各占50%。对经营类和管理类企业实行绩效区别考核，突出经营类的利润考核导向、管理类的任务考核导向，初步形成了收入能增能减，人员能上能下，员工能进能出的激励考核奖惩机制。良好的员工激励也使得集团管理层的人力资源效率大大提高。

三、管理层组织结构的改革

事业部制是一种分权式管理结构，指在企业内部以产品、地区或顾客为依据，将相关的研究开发、采购、生产、销售等部门结合成一个相对独立的组织结构形式。2015年，沿海开发集团完成了事业部制改革。根据"集中决策、分散经营"的指导思想，集团以"强支撑、短流程、高授权、大监督"为改制思路，根据业务属性合并设立了港产、科创、金融、贸易四个事业部，强化市场主体地位，实现独立经营核算。集团本部设立行政人事、战略投资、财务管理、监察审计四个职能部门。通过事业部制改革，初步构建了以人事、财务和审计监控为主，日常运营监管为辅的公司治理新机制。通过强化市场主体地位，实行独立经营、独立核算。为充分调动员工积极性，集团还对事业部下属子公司划分经营类和管理类，实行分类发展、分类监管、分类考核。突出经营类的利润考核导向，管理类的任务考核导向，放大绩效薪酬弹性。目前集团已经确立了"务实、创新、激情、超越"的企业精神，初步形成了团队朝气蓬勃、管理科学规范、运营经济效能的新机制，并得到市国资委业态、质态、时态、状态"四好"的赞誉。

（一）事业部制改革——集团治理构筑新机制

集团以"强支撑、短流程、高授权、大监督"为改制思路，启动了事业部制改革，重新划分集团、事业部、子公司三个层面的责、权、利。根据对事业部制管控要求，集团本部设立四个职能部门，负责管理全局性和跨事业部的事务。具体而言，集团管理层改革之后的四大职能部门分别是：

（1）行政人事部（管人、管事、管安全）。负责集团综合管理、人事任免、绩效考核、安全生产、子公司董事监事委派。

（2）战略投资部（管方向）。负责集团战略筹划，管理对外投资和重大资产投资决策。

（3）财务管理部（管资金）。负责财务管理、预算管理、资金筹集和集中调配。

（4）监察审计部（管风险）。负责风险控制，审计财务、基建工程、经营质量等。

通过事业部制改革，构筑公司治理的新机制，彻底梳理集团的管理流程，建立新的"331管控模型"，即集团具有战略方向决策权、投融资决策权和高管任免决策权，管控预算计划、业绩和产权，协调内外重大关系。建立以人事、财务和审计监控为主，日常运营监管为辅的管控运营机制。

目前集团对于事业部改革的目标是调整业务结构，进一步夯实主业。一方面，重点打造"3+1"开发区域和主业。"3"即腰沙、科创城和游艇3大片区，"1"即金贸平台。遵从"循序渐进、有快有慢"的原则，实施项目滚动开发。腰沙项目分期按序完成40亿元投入，尽快形成10.4平方公里港池陆域和12公里岸线，力争2019年实现开港运营。科创城控制总体建设规模在100万平方米以内，总投资额50亿元以内。加强金贸平台建设，利用金融投资杠杆助推科创城项目落地，通过做强做大钢材、石化等服务平台为腰沙港区的未来发展做好准备。另一方面，剥离非发展主业和非盈利性项目，评估清理低效投资项目。如剥离莱茵达和中南股份；在条件成熟时，可考虑出售或合股酒店、游艇等产业；对不能盈利的三级公司坚决进行清理。

（二）完善国有资产管理模式

国务院在2015年10月印发的《国务院关于改革和完善国有资产管理体制的若干意见》明确指出要推进国有资产监管机构职能转变，改革国有资本授权经营体制，提高国有资本配置和运营效率，协同推进相关配套改革。重点强调了界定国有资本投资、运营公司与所出资企业关系。国有资本投资、运营公司依据《公司法》等相关法律法规，对所出资企业依法行使股东权利，以出资额为限承担有限责任。以财务性持股为主，建立财务管控模式，重点关注国有资本流动和增值状况；或以对战略性核心业务控股为主，建立以战略目标和财务效益为主的管控模式，重点关注所出资企业执行公司战略和资本回报状况。

在此基础上，南通沿海开发集团实现由"管资产"为主向"管资本"为主的转变。通过事业部制改革，集团履行出资人、投资人权利，推动事业部以市场化为导向，独立经营，独立核算。探索内部银行管理模式，集团内部资金实行有偿使用，推动国有资本合理流动，优化配置。通过对子公司划分公益类与经营类，实行分类发展、分类监管、分类考核，提高了国有资产管理的有效性、绩效考评的科学性、资本使用的高效性，更好地实现国有资产保值增值。

另外，公司对领导人员分类管理制度也实现突破，推行职业经理人制度，实行内部培养和外部聘任相结合，推行任期制和契约化管理，以市场化方式聘任了金融事业部和贸易事业部总经理，明确责任、权利、义务，严格任期管理和目标考核，支持人才骨干以出资新设的方式持有二级公司的股份。

（三）内部管控精细化的建设

集团围绕"增强抵御风险能力"，不断加强和规范内部管理，成效明显。集团在内部管控精细化上做出了很多努力。一是规范经营决策行为。完善董事会架构，设立投资决策、薪酬考核和风控委员会，充分发挥好董事会决策、监事会监督作用，推进公司现代法人治理结构。在"三重一大"执行方面，完善科学决策程序，加强对重大决策、重大项目安排、重要人事任免和大额资金运作等事项的决策及监管。二是落实全新的绩效考评机制。在"三定"的基础上，实现工资总额固定，奖励单支的双轨制绩效管理。严格指标任务和经营业绩考核责任，实行工作绩效与薪酬分配、岗位职务相挂钩的机制，按照实际贡献、重点任务权重、工作业绩相匹配的原则，指导与调动员工积极性，充分发挥绩效考核的"指挥棒"作用。三是实施战略投资管控。制定资本性支出预算，完善了内部决策立项手续，对下属公司对外投资进行审批管控，严格落实国资委"三重一大"报批程序。完成三级公司规范管理办法，对集团投资项目实施跟踪管理，对建成项目进行投资后评价。四是全面推进预算管理。加强预算和ERP结合，实行预算系统化控制，跟踪预算控制情况；通过预算管理，有效监管资金计划的执行，确保资金调度安排科学合理，提高资金效能。五是加强监察审计监督。完善组织机构，配齐专职审计员，开展工程审计和专项监察。2016年将对创业社区、科创城已建项目开展固定资产管理专项审计；对在建项目进行概算审计和工程管理内部控制专项审计；并结合企业党风廉政建设等内容，组织开展廉政监察、作风监察、效能监察，推动集团健康良性发展。

以强管理为"保险锁"，完善经营风险防控机制。基于集团存在业务发展快、决策事项多、招商任务重的基本特征，未来集团将在控制开发规模和速度中，进一步强化内部控制管理机制，优化内部资源的优化配置。一是完善全面预算管理，合理控制资本性支出和固定资产购置类的支出规模，减少资金成本；二是提升投资管理，全面梳理已建、在建、拟建工程项目的决策手续，落实对外投资项目投前调研、投中参与、投后跟踪的全流程管理机制，降低投资风险；三是加强三级公司管理，对已运营 2 年以上的三级公司开展全面调研，按照成长能力、盈利能力分类管理、股权调整；四是加强绩效考核，对现有考评体系进一步完善，创新工作举措，让考核之"棒"真正起到奖勤罚懒、优胜劣汰之功效。

第二节　集团的经营层

一、集团经营层的概况

南通沿海开发集团主营业务分为港产、科创、贸易、金融四个事业部。

（1）港产事业部包括江苏通州湾港口发展有限公司和南通通州湾游艇俱乐部有限公司。其中，港口发展公司主要负责推进腰沙开发建设，围垦土地，建设港池，为港口运营打好基础；而游艇公司负责开发建设游艇码头，建立游艇帆船俱乐部，发展水上旅游活动。此外还以南通沿海开发集团城镇建设有限公司为主体，以通州湾示范区基础设施建设和城市功能配套完善为两大重点，投资科创城道路、热、电、污水处理等基础设施。

（2）科创事业部以南通通州湾科教产业投资有限公司为主体，通过开发建设科创城，抓教育和产业项目并举，以产业发展为核心，未来形成智能化的高端创新园区，获取经营现金流和投资收益。

（3）贸易事业部以南通沿海开发集团商贸有限公司为主体，通过搭建钢贸平台、拓展经营范围，为集团发展带来现金流和利润。

（4）金融事业部主要为南通沿海开发集团平台搭建和产业孵化造血。其中，南通海汇资本投资有限公司主要做好集团金融服务，通过资本做大平台，带动沿海产业发展、获取较好投资回报。

二、集团控股的子公司组成

南通沿海开发集团下设二级子公司 10 家，隶属于四大事业部。其他类型 1 家。

（一）港产事业部

江苏通州湾港口发展有限公司，经营范围：滩涂围垦、港口码头、航道等基础设施、配套设施建设，港口岸线经营，货物装卸、物流、贸易经营等。

南通通州湾游艇俱乐部有限公司，经营范围：为游艇及旅游开发、提供管理服务、游艇销售、会员服务、土地开发等。

南通沿海开发集团城镇建设有限公司，经营范围：土地一级开发、投资及商务信息咨询、自有房屋租赁及普通货物仓储。

南通沿海莱茵达投资有限公司，经营范围：房地产开发，包括住宅及配套的商业地产开发。

江苏通州湾中南城市开发建设有限公司，经营范围：围垦工程设计、施工。

（二）科创事业部

南通通州湾科教产业投资有限公司，经营范围：大学教育和职业教育、科研产业化、商业和城市化。

洋口港南通国际产业园开发有限公司，经营范围：园区开发、工程建设及管理、实业投资、招商咨询及服务、物业管理、建筑工程材料销售。

（三）贸易事业部

南通沿海开发集团商贸有限公司，经营范围：沿海港口产业、物流、贸易。

（四）金融事业部

南通海汇资本投资有限公司，经营范围：投资与资产管理服务、资本运营管理服务、投资咨询服务、企业管理咨询、财务咨询、产权监督管理服务、建筑工程材料的销售。

南通众和担保有限公司，经营范围：中小企业信用担保、咨询服务、投资及中介等服务。

（五）其他类型

南通交通建设投资有限公司，经营范围：筹措交通建设资金，管理交通建设基金，交通投资咨询。南通沿海开发集团不参与经营。

三、集团的三级子公司情况

三级子公司 13 家，股权关系如下：

（1）江苏通州湾港口发展有限公司下设：南通通州湾商务酒店有限公司。

（2）南通通州湾科教产业投资有限公司下设：江苏慧智云信息技术有限公司、南通蓝鹏信息科技有限公司、江苏蓝韬科技有限公司、江苏微众文化传媒有限公司、南通唯凡企业管理有限公司、南通智慧海洋科技园管理有限公司、南通智慧海洋产业研究院有限公司。

（3）南通沿海开发集团城镇建设有限公司下设：南通中节能沿海建筑能源有限公司。

（4）南通海汇资本投资有限公司下设：南通市禾裕科技小额贷款有限公司、南通衡麓投资管理有限公司。

（5）洋口港南通国际产业园开发有限公司下设：南通国润租赁有限公司。

（6）南通沿海开发集团商贸有限公司下设：西本新干线南通有限公司。

表5-1详细地说明了南通沿海开发集团对于下属事业部门和公司的控股情况和比例。

表5-1　南通沿海开发集团与下级公司的股权关系

序号	公司名称	注册资本（万元）	持股比例/出资人	持股情况
1	南通沿海开发集团有限公司	300000	100%，南通市国资委	全资
1.1	江苏通州湾港口发展有限公司	50000	56.25%，南通沿海开发集团	控股
1.1.1	南通通州湾商务酒店有限公司	1000	100%，江苏通州湾港口发展有限公司	全资
1.2	南通通州湾游艇俱乐部有限公司	10000	100%，南通沿海开发集团	全资
1.3	南通通州湾科教产业投资有限公司	10000	60%，南通沿海开发集团	控股
1.3.1	江苏慧智云信息技术有限公司	1000	60%，南通通州湾科教产业投资有限公司	控股
1.3.2	南通蓝鹏信息科技有限公司	1000	51%，南通通州湾科教产业投资有限公司	控股
1.3.3	江苏蓝韬科技有限公司	8000	51%，南通通州湾科教产业投资有限公司	控股

续表

序号	公司名称	注册资本（万元）	持股比例/出资人	持股情况
1.3.4	江苏微众文化传媒有限公司	1000	45%，南通通州湾科创城产业投资有限公司	参股
1.3.5	南通唯凡企业管理有限公司	500	30%，南通通州湾科教产业投资有限公司	参股
1.3.6	南通智慧海洋科技园管理有限公司	1000	50%，南通通州湾科教产业投资有限公司	控股
1.3.7	南通智慧海洋产业研究院有限公司	1111	90%，南通通州湾科教产业投资有限公司	控股
1.4	洋口港南通国际产业园开发有限公司	25000	100%，南通沿海开发集团	全资
1.4.1	南通国润租赁有限公司	30000	20%，洋口港南通国际产业园开发有限公司	参股
1.5	南通沿海开发集团城镇建设有限公司	5000	100%，南通沿海开发集团	全资
1.5.1	南通中节能沿海建筑能源有限公司	2000	40%，南通沿海开发集团城镇建设有限公司	参股
1.6	南通沿海莱茵达投资有限公司	10000	60%，南通沿海开发集团	控股
1.7	江苏通州湾中南城市开发建设有限公司	50000	20%，南通沿海开发集团	参股
1.8	南通沿海开发集团商贸有限公司	10000	100%，南通沿海开发集团	全资
1.8.1	西本新干线南通有限公司	1000	40%，南通沿海开发集团商贸有限公司	参股
1.9	南通海汇资本投资有限公司	55000	100%，南通沿海开发集团	全资
1.9.1	南通市禾裕科技小额贷款有限公司	20000	20%，南通海汇资本投资有限公司	参股
1.9.2	南通衡麓投资管理有限公司	1000	40%，南通海汇资本投资有限公司	参股
1.10	南通众和担保有限公司	50000	10%，南通沿海开发集团	参股
1.11	南通交通建设投资公司	10000	100%，南通沿海开发集团	全资

第六章 集团的党委组织建设

国有经济是我国国民经济中的主导力量。国有企业是我国经济的主体，国有企业的党委组织在企业中担负着特殊的使命。国有企业的党组织在经济发展的过程中应充分顺应新中国发展格局，适应新时代国有企业的改革方向，顺应完善社会主义市场经济的要求。党组织在国有企业中应起到引领作用，这主要体现在政治方向的把握和政治原则、政治立场的监督上。

南通沿海开发集团在党委的正确领导下，坚持创新和可持续发展理念，深化事业部制改革，推进产业项目招商，筹措沿海开发资金，加速开发建设步伐，走出了一条具有南通特色的沿海开发新路径，有效实现了国有资产的保值增值。党组织的战斗堡垒作用和党员先锋模范作用的充分发挥，也为集团圆满完成各项目标任务提供了坚强的政治保证和组织保证。南通沿海开发集团在中共中央政治局关于改进工作作风密切联系群众的"八项规定"和中共江苏省委关于改进工作作风密切联系群众的"十项规定"的政策遵循下，形成了集团自身的党委组织体系。

第一节 集团党委基本情况与党建工作特色做法

一、党委基本情况

南通沿海开发集团党委现有党员48名，其中党委副书记1名，领导班子架构还有待建设。2016年1月15日，为了进一步理顺集团及事业部下属公司党组织管理关系，完善组织架构，加强党员管理，党委对原有的三个党支部进行调整，改设成集团直属党支部、港产事业部党支部、城建事业部党支部、科创事业部党支部共四个党支部。每个党支部配备支部委员 3 人，其中支部书记、组织委员、纪检委员各 1 人。

二、党建工作特色做法

中共十八大以来，集团党委积极响应党中央和上级组织部门的号召，以"两学一做"学习教育为主抓手，创新党建思路，强化党员教育，规范党内生活，推动党建工作迈上新台阶，做出了有益探索。集团党委扎实开展"两学一做"学习教育等党风廉政活动，为各项任务完成提供保障。举行纪念建党 95 周年大会，开展了"坚定理想信念，保持党员本色"专题党课，重温了入党誓词，并对优秀党员进行了表彰。组织开展了经营班子履职待遇和业务支出自查自纠，进行"两个责任"清单的推进和整改。加强信访专查，切实回应社会关注。通过系列党风廉政教育活动，营造了风清气正的良好工作环境，开创了党风廉政工作的新局面。

（一）严格组织生活，讲好支部党课

讲好支部党课是严格党的组织生活的重要工作方法，集团党委通过"主题明、内容实、方式好、效果好"的党课，提升支部的凝聚力和战斗力，充分发挥党支部创业的战斗堡垒作用，如通过制定"两学一做"党课计划，确定了每一堂课的主题和讲授内容，全年安排党课不少于 4 次；围绕"结合沿海中心工作，立足岗位做合格党员"安排一次党课。还有第二种方式是通过明确党课讲授人员的方式，除了常规的支部书记带头讲党课、领导干部到支部示范讲党课和普通党员结合自身实际参与讲课的基础上，还注重外部教学，邀请省委相关专家前来讲授，党课效果显著，有效提升了基层党组织的凝聚力。

（二）围绕党的领导，丰富党建载体

坚持党的领导、加强党的建设，根基在基层，集团党委通过形式多样的载体增强支部的领导力，提升支部党建工作水平，其主要做法是：强化学习载体；除了传统的下发《习近平总书记系列重要讲话读本（2016 年版）》等学习资料外，创造性地运用"互联网+"思维构建基层党支部学习载体。充分利用集团 OA 办公系统、网站、QQ、微信等网络社交工具，建立了支部工作微信群，定期发布学习内容，实现了资源互惠共享。强化媒介载体；充分利用电脑、投影仪、视频系统等新媒介载体，采取 PPT、视频短片等方式宣讲，以简洁明了的语言、形象生动的画面，让全体成员直观鲜

明地知道党的建设。强化组织载体；集团党委组织四个党支部、全体48名党员在城市绿谷开展"凝心聚力学党章党规，逐步沿海做合格党员"的户外拓展培训。

三、党组织发挥集团领导核心和政治核心作用情况

2015年，集团实行事业部制改革后，虽然党委与子公司经营层之间的关系发生了较大改变，但领导核心和政治核心的作用没有改变；相反，通过对党支部进行调整，进一步加强了领导核心作用。集团党委设立了直属党支部，组成人员涵盖了集团经营班子、集团职能部门负责同志，通过定期召开党政联席会，按照"集体领导、民主集中、个别酝酿、会议决定"的原则进行民主决策确保集团长远和全局重点工作、重大决策。党委对四个方面的管控是体现得比较明显的：一是战略投资管控，通过制定资本性支出预算，完善内部决策立项手续，严格落实国资委"三重一大"报批程序。二是全面推进预算管理，如加强预算和ERP结合，实行预算系统化控制。三是新设监察审计部，开展工程专项审计。四是推动与市场接轨的薪酬绩效改革，对经营类和管理类企业实行绩效区别考核。

好的方面是实现了党的领导和公司治理的有机统一，较好地达成了"四个对接"：一是对接集团发展愿景，制定和落实好集团"十三五"发展规划和年度重点工作。二是对接集团发展需求，开展领导力、创新思维、产业招引、金融和投资系统培训，提升全体人员的业务水平和工作技能。三是对接集团业务需求，启动员工5年执业规划，并加强与市人才办、智联招聘等部门合作，推动内部培养和外部人才储备、选人、用人机制建设。四是对接党组织标准化建设，继续完善党的制度建设。

不足方面：一是集团在党的基层组织、党建制度上均实现了同步，但是党务干部配备、党建工作和经营工作的同步考核未到位。二是虽然完成了党支部调整、确定了支部书记人选，但除了集团直属党支部以外，其余三个支部的党务干部同步配备尚未全部到位。

四、党委"创先争优工作制度"

为建立集团党建工作的长效机制，持续开展"创先争优"活动，形成你追我赶的工作氛围，集团制定了"创先争优工作制度"，主要包括以下内容。

（一）目标公示制度

各党支部每年 7 月初，按照集团党委的工作要求，结合所在支部的工作、党员和员工的思想实际，制定党支部"创先争优"目标和具体措施，同时指导党员制定个人"创先争优"目标和具体措施，并以适当方式进行公示，接受群众监督。

（二）工作点评制度

集团党委每半年对各党支部的三个文明建设情况，由分管领导进行点评，全年由党委点评。不断研究重点工作推进中遇到的新情况、新问题。

（三）示范创建制度

组织党员开展以争创优秀党员、"党员先锋岗"党员示范窗口为主要内容的党员示范活动。通过先进典型的示范，带动党员在思想政治觉悟、服务科学发展、操作技能和工作业绩等方面有明显的进步，充分发挥党员先进性。

（四）评比评议制度

党委在每年七一前，组织所属支部就党组织和党员年初"创先争优"目标履行情况，向全体党员和群众代表进行述职，群众对党组织和党员工作情况进行现场评议。评议结果作为党组织和党员评比的重要依据。

（五）总结表彰制度

党委每年检查一次党支部党建工作，组织党支部和党员就本年度党建活动情况进行认真总结，并结合相关评议结果做好选树典型，激励表彰先进。

第二节 集团党员教育管理和基层支部建设情况

集团在对党员的教育管理中，重点是开展了"两学一做"学习教育，坚持学习与实践相结合，教育与沿海开发大局相结合，两手抓，两促进。

一、"学"得扎实，重在基层

组织集团和南通市市直机关工委约 200 名入党积极分子在通州湾科创城，开展了为期 3 天的党章、党史、党纪、党性修养等全方位的党的知识的学习。学习过程中还邀请市委党校领导就学习习近平总书记系列讲话精神做了全方位解读，并且集团坚持以支部为核心，丰富学习活动内涵，如参观南通县抗日民主政府旧址，重温入党誓词；参观忠孝文化园，汲取传统文化提升党性修养等系列活动，充分激发了基层党员的政治热情和工作激情，有效推进了"两学一做"学习教育活动向纵深发展。把黄海大讲堂作为开展"两学一做"教育的全新载体，定期举办"廉政国学讲座"，将"两学一做"的思想性、教育性融于讲座，扩大了学的范围，筑牢了学的基础。

二、"做"得具体，树立形象

党委把"政治意识、大局意识、核心意识、看齐意识"当作检验政治素质的"试金石"。这集中体现在，集团班子坚决维护上级党委的权威、认真执行上级组织的决定，坚定落实南通市委、市政府沿海开发陆海统筹发展的重大决策部署，深入贯彻全市项目建设动员大会的精神，以实际行动向上级组织要求看齐。集团在沿海开发的改革大局中，把发展沿海、建设沿海作为最大的政治，立足港口开发，科创城建设，投身产业转型升级。在工作中，党员干部自觉地将党的纪律和规矩转化为自觉行动，弘扬务实踏实的态度，真抓实干的劲头，艰苦奋斗的作风和无私奉献的精神，千方百计抓项目促发展、齐心协力抓管理促改革，挖掘增长潜力，确保集团年度各项重点工作按照既定部署和时间节点保质保量完成。集团党员干部围绕"中心工作"争做合格党员，把工作一线当作"两学一做"主战场。如集团的腰沙工程，海上施工风险大，特别是汛期有台风大潮，港发公司党政领导干部不惧风险，深入海边一线，靠前指挥部署防台抗汛工作，发挥了党员的先锋模范作用。

三、"建"得细微，推动党建

一方面，要推动党支部建设规范化，增强对党员的日常教育和管理能力，做好发展新党员工作，保证支部活动正常化，更好地发挥党支部的战斗堡垒作用。另一方面，加强工会群团工作，发挥桥梁纽带作用。完善工会群团各项工作制度，在职工中开展各类劳动竞赛和合理化建议活动，增强职工的责任感和主人翁意识。坚持党建带工建，加强工会组织自身建设，提高服务职工的能力和水平。全面加强团组织建设，组织培养共青团员，大力推进共青团工作。

第三节　集团党建工作面临的新问题

一、党建面临的新形势

（一）组织架构发生新变化

集团党组织由原来与企业行政或经营层之间的单一关系，变成了与董事会、监事会、经营层之间的多维关系，从而提出了党委应如何理顺和处理好与董事会决策层的制衡关系、如何理顺和处理好与监事会之间对决策管理层的监督关系、如何理顺和处理好与经营层之间的工作关系等，面临一系列新课题。

（二）内容和运作发生新变化

随着集团的深入发展，为了吸引更多的社会资本参与沿海开发，集团在发展过程中探索混合所有制，先后与莱茵达置业、韩通集团、中南建设集团、上海西本新干线等企业组建国有控股及参股的资本多元化"混合型"企业，使原"纯"国有企业职工的身份发生了转变，集团下属企业的内部组织结构、岗位设置、激励机制、薪酬分配方式也随之发生了深刻变化，致使员工与企业的经济关系和市场行为显性化，党组织的政治关系出现了微妙的变化，致使集团党建工作面临许多新情况、新任务和新挑战。

（三）群体和管理发生新问题

集团作为 2012 年新设立的企业，普遍年轻人居多，特别是党员队伍中年轻党员的比重偏大，并且分布于南通市区和通州湾示范区之间，党员教育管理需要用网络、移动等新媒体、新平台来创新教育宣传手段。

二、当前党建工作存在的问题、原因

（一）党组织的权威和作用减弱

由于思想上对党建工作的重要性、必要性认识不足，行动上忽视"两手抓"的互补性，导致基层党组织建设呈现"说起来重要、干起来次要、忙起来不要"的现象。集团由于受企业分散和点多面广的结构多元影响，以致在基层组织建设上，存在保证监督难到位的困局。有的单位片面强调抓工程建设和物质文明，忽视了精神文明和党建工作的必要性，时常步入以生产经营为中心，考核以利润为重心，评比以业绩做定论的误区。

（二）党的组织机构和生活制度不健全

从组织机构看，基层党支部成员未能配备到位，人员发展不到位。2015年集团下属党支部只有一个支部发展了一名新党员。从组织生活看，全体党员以参加集团党委组织生活为主，有的基层党支部基本上没有安排组织生活，有的企业主要负责人对开展组织生活认识偏颇。

（三）党务工作者素质不能适应企业改革发展的需求

有的党务工作者理论基础不扎实，业务能力跟不上；有的党务干部职责意识不强，对党建工作缺乏应有的重视，放松了对党建工作的领导；有的党务干部，不注意学习，对党建工作知识知之不多、不深，在解决具体问题时能力差；有的党务工作者不注重知识更新和观念更新，用老办法解决新问题，造成问题越积越多。

（四）党费收缴中存在的问题

集团党费虽然能够全额收缴，但仍然存在着一些问题，主要表现在：一是个别党员和党支部未能按时、主动缴纳党费，还存在催缴现象。二是部分流动党员的党费收缴不及时，有拖交党费现象。

总结问题产生的原因：一是思想不重视，集团处于初创发展期，坚持以经营发展为中心，忽视抓党建，思想政治工作被弱化。二是集团党的领导班子不健全，集团党政班子中，一把手是民主党派，因此集团只配备了党委副书记，正书记职位一直空缺，缺少了强有力的组织领导。三是活动开展不正常，基层支部未建立活动制度，负责同志往往也兼任经营性职务，影响了党建工作的正常开展，导致有组织无活动，有形式无实质，"以会议落实、以文件落实"的现象。

三、党建工作的措施

加强领导班子建设：集团党委将根据上级组织的意见，结合实际，尽快建立完善集团党委班子，选举党委委员，明确职责分工，切实履行党委职能，努力建设"政治素质好、经营业绩好、团结协作好、作风形象好"的领导班子团队。

加强培训教育：以"两学一做"活动为契机，开展常态化、经常化的党内学习培训，不断提升党务工作者的理论基础、业务能力、素质水平，不断提高解决具体问题、解决新问题的能力。

丰富党内活动：紧扣"两学一做"主题，开展党员同志们喜闻乐见的组织活动，增强党员职工的责任意识、主人翁意识，激发党员干部的创新活力和工作积极性，积极开展专项业务培训和传统国学培训，拓展党员的理论视野，增强知识积累，提升干事创业能力。

围绕党费收缴：一是建立《党费收缴制度》，明确《党章》对党员管理的要求、党费缴纳的数额、党费计算的依据、党费缴纳的时间等；二是指定专人负责党费管理，要求各党支部也选派素质高、责任心强的支委负责收缴党费，保证党费收缴的准确性和严肃性；三是定期对党费收缴与管理工作自我检查、总结成功经验，发现不足，及时纠正。

第七章　"三重一大"决策制度

南通沿海开发集团是南通国资系统为数不多的率先实行全面预算管理、ERP管控的国企，建立了重大事项决策制度，重大项目均能遵照市委、市政府决策部署进行开发建设。集团注重文化建设，制定了沿海人的"八不"准则，形成了"务实、创新、激情、超越"的企业精神，锤炼了一支想干事、干成事、不出事的管理团队。短短四年，集团相继获得市、省文明单位称号。在集团管理模式中最具特色的为"三重一大"决策制度。

第一节　"三重一大"决策制度概要

一、"三重一大"决策制度的必要性

为进一步促进集团企业领导人员廉洁从业，规范决策行为，提高决策水平，防范决策风险，保证企业科学发展，实现国有资产保值增值，根据《公司法》、《国有企业领导人员廉洁从业若干规定》、《关于进一步推进国有企业贯彻落实"三重一大"决策制度的意见》、《关于建立健全市属企业"三重一大"决策制度实施办法有关事项的通知》等法律法规和有关文件精神，结合南通沿海开发集团实际，确定"三重一大"决策制度。

二、"三重一大"的定义

"三重一大"是指公司重大决策、重要人事任免、重大项目安排和大额度资金运作事项。

重大决策事项，指依照有关法律法规、公司章程、制度规定，应当由党

委会、董事会、总经理办公会、职工代表大会决定的事项。

重要人事任免事项,指公司直接管理的领导人员以及其他经营管理人员的职务调整事项。

重大项目安排事项,指对公司资产规模、资本结构、资源配置、盈利能力以及生产装备、技术状况等产生重要影响的项目的设立和安排。

大额度资金运作事项,指超过规定限额的资金调动和使用。

三、"三重一大"事项决策坚持的原则

（1）依法决策。必须遵守国家法律法规、党内法规和公司规章制度,保证决策合法合规。

（2）规范决策。必须依据职责、权限和议事规则进行决策,按规定应当报股东（大）会或股东单位审批的必须报批。

（3）民主决策。充分发扬民主,广泛听取意见,防止个人决策专断。

（4）科学决策。决策前应当充分调研论证,必要时要进行专家论证、技术咨询、决策评估、公示等程序。

第二节 "三重一大"事项的主要范围

一、党委会审议或决策事项

（1）贯彻执行党的路线方针政策、国家法律法规和上级重大决策、重要工作部署的意见和措施。

（2）研究决定党的组织和制度建设、反腐倡廉工作、精神文明建设、思想政治工作、企业文化建设的重大问题。

（3）研究决定公司领导班子成员分工及公司中层正职以上人员兼职。

（4）研究决定公司管理干部的选拔、任用、考核、奖惩、责任追究等事项,公司人才队伍建设及后备干部的培养和管理,各级党代表、人大代表、政协委员等初步人选候选人推荐。

（5）研究决定公司及重要子公司以市场化方式公开选聘经营管理人员的原则、程序、方式等。

（6）研究决定公司薪酬和奖金分配的原则、公司各级管理人员履职待遇和业务支出的总体方案。

（7）研究决定重大安全责任事故、群访集访等突发事件的处理意见，重大违纪案件、法律诉讼（或仲裁）、经济纠纷以及影响公司稳定的重大事件的处理意见。

（8）对董事会、总经理办公会拟决定的事项中关系公司改革发展稳定的重大问题进行讨论研究，提出意见和建议。具体包括：对公司章程及重要规章制度研究提出指导性意见；对董事会议事规则、总经理办公会议事规则研究提出指导性意见，研究公司内部组织架构、经营管理流程、岗位设置以及人员编制的重大原则问题；企业发展战略和中长期发展规划、企业生产经营方针、企业资产重组和资本运作以及重大项目投资中的原则性方向性问题；企业重要改革方案以及职工分流安置、劳动保护等涉及职工切身利益的重大事项。

（9）其他需要公司党委会集体讨论研究或决定的重要事项。

二、董事会审议或决策事项

（1）决定公司的经营计划和投资方案。

（2）制订公司的年度财务预算方案、决算方案。

（3）制订公司的利润分配方案和弥补亏损方案。

（4）制订公司增加或者减少注册资本金以及发行公司债券的方案。

（5）制订公司合并、分立、解散或者变更公司形式的方案。

（6）依法决定公司内部管理机构和人员编制的设置、调整方案。

（7）依法决定聘任或者解聘公司经营班子成员。

（8）制定、修改、废除公司基本管理制度。

（9）审议决定公司年度投资计划，年度投资计划内的具体投资项目（包括股权投资、固定资产投资和金融资产投资）。审议属于重点管控范围的股权投资项目，包括：子公司500万元以上的股权投资项目；第三层级及以下子公司的股权投资项目；高风险和参股性的股权投资项目；自有资金不足或资产负债率高于70%子公司的投资项目；不属于企业主业范围以及年度投资计划外的投资项目。

（10）审议决定公司本部20万元以上大宗物资（设备）、10万元以上的服务采购方案。

（11）审议决定公司年度资金调动和使用计划以及超预算的资金计划和使用事项。

（12）审议决定公司及子公司对外捐赠、赞助事项。

（13）审议决定公司借出资金、对外（含子公司）担保、理财计划以及超计划借出资金、融资、担保、理财等事项。

（14）审议决定公司及子公司50万元以上的资产处置、20万元以上的损失核销事项。

（15）审议决定公司及子公司改制、兼并重组、上市以及资产置换、产权转让、重要资产的质押、拍卖等事项。

（16）审议决定公司重大会计政策调整、会计估计变更和重大会计差错更正。

（17）审议决定公司及子公司领导人员薪酬和奖金分配方案、公司各级管理人员履职待遇和业务支出管理方案。

（18）制订公司章程的修订草案。

（19）其他应由董事会审议和决定的事项。

三、总经理办公会审议或决策事项

（1）研究贯彻落实公司党委会和董事会决定、决议和部署的工作安排。

（2）研究决定公司及子公司投资计划内的股权投资项目方案。

（3）研究决定固定资产投资项目（含固定资产、无形资产购置，自建自用以及以持有物业为目的的房地产项目）方案。

（4）拟订公司战略规划草案并向党委会、董事会提出战略规划建议。

（5）拟订公司年度经营计划方案。

（6）拟订公司年度投资计划和拟提交董事会审议的项目投资方案。

（7）拟订公司年度预算内所有资金调动和使用的方案；研究决定公司年度预算内所有资金调动和使用事项。

（8）拟订公司对外借贷、融资、担保计划并提交董事会审议。

（9）拟订新增金融投资额度分配及实施方案。

（10）拟订公司管理机构和人员编制调整、设置方案及基本管理制度并提交董事会审议，研究制定具体经营管理规定。

（11）拟订公司薪酬调整方案并按规定提请党委会、董事会或职代会审议。

（12）拟订公司资产调整、产权转让、重要资产的质押、拍卖等事项并提交董事会审议。

（13）其他应由总经理办公会审议和决定的重要事项。

四、职工代表大会审议或决策事项

（1）审议并通过企业改制破产、兼并重组过程中的职工分流、安置方案。

（2）选举或罢免企业职工董事、职工监事。

（3）审议企业中长期发展规划、改制方案、重大改革措施等重大事项。

（4）审议有关劳动报酬、工作时间、休息休假、劳动安全卫生、保险福利、职工培训、劳动纪律以及劳动定额管理等直接涉及职工切身利益的规章制度或者重大事项。

（5）审议职工福利基金使用、企业公益金使用、住房公积金和社会保险费缴纳等事项。

（6）其他应由职工代表大会决定或审议的事项。

第三节　决策方式和程序

一、决策方式

（1）"三重一大"事项决策时，应根据职责范围确定决策机构，并以会议集体讨论审议的方式履行程序，不得以传阅、会签或个别征求意见等方式代替。紧急情况下由个人或少数人临时决定的，应在事后及时向党委会、董事会或总经理办公会报告，按程序予以追认。党委会、董事会或总经理办公会认为临时决定不正确的，应当重新决策。

（2）研究公司改革以及经营管理方面的重大问题、涉及职工切身利益的重大事项、制定重要的规章制度等，应当事先听取工会的意见和建议。需职工大会或职代会审议或通过的，需召开职工大会或职代会。

二、决策程序

（1）"三重一大"事项决策程序包括会前、会中、会后三部分，一般应当包括调查研究、论证评估、酝酿沟通、集体讨论、规范表决、组织实施、监督执行、责任追究等环节。

（2）"三重一大"事项提交会议集体决策前，提交议题的职能部门应按照董事会、总经理办公会的决策范围制定翔实的议案，并经分管负责人审核和主要负责人确认。主要负责人提出的决策建议可作为会议议题。

（3）对拟决策议题，分管负责人和职能部门应进行广泛深入的调研论证并组织稳定风险评估。对专业性、技术性较强的事项，决策前须进行专家论证、技术咨询或决策评估。涉及企业规章制度、经济合同、重要法律事务的内容应由公司总法律顾问及法务机构进行法律审核把关。

重要人事任免事项，应当事先就相关人员的廉洁从业情况征求公司或上级纪检监察机构的意见。

大额度资金运作事项，应对资金使用的必要性、预期收益、风险规避等内容进行全面分析评判并形成议案。

重大项目安排事项，职能部门对项目初审后应提交咨询评估机构进行评估并形成书面意见。集体决策前，职能部门应向与会人员提交尽职调研报告、经认定的咨询评估机构或专家出具的论证、咨询或评估报告、项目可研报告、公司总法律顾问及法务机构出具的法律审核意见书、拟合作方资信情况等相关资料。

（4）"三重一大"事项决策前，参与决策人员之间、部门之间应进行充分沟通。决策事项议案及调研报告、可研报告、法律审核意见书等有关材料应经主要负责人、分管负责人审阅后按有关规定提前送达，保证其在会前充分了解相关情况。职代会决策事项应将有关情况提前7日印发给职工代表。

（5）"三重一大"事项决策会议出席人数应达到规定人数方可召开。其中，党委会、董事会、总经理办公会应有2/3以上应到人员出席方可召开。

（6）与会人员应充分讨论并分别发表意见，主要负责人最后发表意见，并按少数服从多数原则对讨论事项总结出结论性意见。在其他参会人员未充分发表意见前，主要负责人一般不发表倾向性意见。会议决定多个事项时，应逐项研究、逐项表决。

（7）"三重一大"事项决策应全程纪实并形成会议记录，包括决策事项、决策过程、决策参与人及意见、决策结论等。会议记录、纪要及相关调研论证材料等所有决策过程资料应存档备查。

（8）"三重一大"事项的落实，应按照领导班子分工确定牵头领导、工作部门及责任人，遇有分工和职责交叉的，由领导班子主要负责人明确一名班子成员牵头。

第四节 纪律与责任要求

一、纪律要求

公司党委、董事会及经营层成员个人不得决定应由集体决策的事项。对集体决策形成的决定，所有成员必须坚决执行，个人不得改变集体决策结果。如果个人对集体决策有不同意见，可以保留或向上级反映，在没有做出新的决策前，不得擅自变更或拒不执行。

"三重一大"事项决策会议应严格按照预定议题进行，不得临时动议议题或表决事项。紧急情况必须临时动议的，动议人必须书面陈述理由，并作为会议资料保存。与会过半数（含半数）人员不同意临时动议的，会议不讨论临时动议事项。

在"三重一大"事项集体决策过程中，对于有实质性争议事项，应推迟议决。待重新调研，意见成熟后，再提交会议讨论。会议原则通过但具体事项尚需完善的，分管负责人及职能部门应尽快落实完善措施，并在下次会议上向参会人员书面报告相关情况。

"三重一大"事项决策会议尚未正式公布的内容，与会人员不得外泄。应公开或公示的事项，应按要求予以公开或公示。建立回避制度，在讨论与本人及直系亲属或其他关联人有关的议题时，本人应回避。

二、责任追究

集体决策因违反法律法规的规定或不符合决策规则、程序和纪律要求，给国有资本权益、职工合法权益造成损失或不良影响的，公司主要负责人应承担直接责任，参与决策的其他成员应承担相应责任。表决时曾表明异议并在会议记录中有明确记载的决策成员，免予责任追究。

违反"三重一大"决策制度的责任追究主要包括以下情形：

（1）集体决策违反法律法规或相关制度规定的；

（2）未履行集体决策程序，由个人或少数人决定替代集体决策，或因特殊原因未经集体决策而由个人或少数人临时决定、事后又不及时报告，以及虽事后报告但经集体决策程序认定临时决定不正确的；

（3）重要人事任免事项，违反组织人事管理规定程序的；

（4）对"三重一大"决策事项未广泛征求意见或充分调研论证而导致决策失误或产生大规模群访、集访事件的；

（5）职能部门未充分履行尽职调查责任、未提供真实情况和完整的可行性方案或知情不报而导致决策失误的；

（6）拒不执行集体决策或擅自改变集体决策的；

（7）在决策执行和组织实施过程中，有关人员和部门发现可能造成损失或影响而不及时报告并采取相关措施的；

（8）决策事项涉及与会人员本人或其利益关联方、本人未予回避的；

（9）违规拆借资金额度、重大投资项目，规避集体决策或法定招标程序的；

（10）违反保密纪律，泄露集体决策内容或涉密材料，造成不良影响和后果的；

（11）会议记录不规范甚至篡改、销毁会议记录的；

（12）其他违反"三重一大"决策制度而造成重大损失或严重不良影响的。

三、监督检查

公司董事长、总经理分别为董事会、总经理办公会实施"三重一大"决策制度的主要责任人。公司领导班子成员应根据分工和职责及时向领导班子报告"三重一大"决策制度的执行情况。公司领导班子应向上级组织部门、国资监管部门及时报告贯彻本实施办法的情况。

公司自觉接受上级纪检监察机构和监事会对贯彻落实"三重一大"决策制度情况的监督检查。公司纪委应将领导班子成员执行"三重一大"决策制度的情况作为向纪检监察机构报告工作的重点内容。

公司执行"三重一大"决策制度的情况，作为领导班子及其成员年度考核、党风廉政建设责任制考核、经济责任履行情况审计评价和监事会年度监督检查的重要内容，并作为领导班子民主生活会、述职述廉和厂务公开的重要内容。

第八章 企业文化

在经济全球化的时代背景下，企业间竞争已从有形的产品竞争转向运营机制、品牌、服务、产品创新、企业文化、社会资本等方面的竞争。企业文化是一个企业软实力的象征，具备独特的、优质的文化的企业可以在激烈的竞争中稳步前进。

企业文化一般可以分为制度文化、精神文化、行为文化和物质文化四个方面。制度文化包括对企业的管理与制度建设、企业组织机构的建设与整合等；精神文化包括企业精神、企业哲学和企业责任等；行为文化包括企业的风格、企业影响力等；物质文化包括业绩目标、企业硬件环境、员工工作生活条件、企业形象等。其中，精神文化是企业文化的核心部分，是文化软实力的原动力。

优秀的企业文化的形成不仅需要管理者主观因素的努力，更需要客观因素的作用，如时间的积淀。企业文化的建设绝不是一朝一夕的事情，企业必须将文化建设融入日常管理之中，如将企业文化建设同员工的培训、企业管理机制制定以及绩效考核结合在一起，并经过长时间的打造、磨合、熔炼才能形成优秀的企业文化。

第一节　企业文化的发展历程

南通靠江靠海靠上海、承南启北，是富有特色的江海旅游门户城市和国家历史文化名城，是首批对外开放的 14 个沿海港口城市之一。大江大海赋予了南通鲜明的江海特征。南通集"黄金水道"与"黄金海岸"于一身，素有"江海门户"之称。江风海韵孕育了南通灿烂的江海文化。

集团自 2012 年成立以来，主动融入"一带一路"和长江经济带建设，聚焦通州湾，积极筹措沿海开发资金，在通州湾示范区建设了腰沙、科创城、创业园、游艇俱乐部、通州湾商务中心和莱茵东郡六大工程，并形成了港产、科创、城建、金贸四大事业部，资产突破百亿元。"十三五"期间，南通沿海开发集团将奋发进取，致力打造成港口与产业两翼齐飞、金融与贸易强力支撑、建设与绿色科技高度协调的综合性现代企业集团，真正成为南通沿海开发的"急先锋"、助推通州湾示范区建设发展的"主力军"、大众创业万众创新的"主平台"。

南通沿海开发集团自 2012 年成立以来，不断调整自己的企业文化定位，在公司成立之初就高度重视文化建设并且将文化建设作为自身的重要任务。

图 8-1 展示了南通沿海开发集团的企业标识，其以蓝色为主色，象征着湛蓝的天和蔚蓝的海，洁净的白色点缀其间。整体设计是以一个和谐的大圆球为主体，酷似地球村的整体概想，表达了南通沿海开发集团以通州湾为主战场、以大南通沿海为起点、以全球为视野的发展格局，走出南通，海纳百川。四条白色江河流向海洋形成了"江河海洋汇"的瑰丽意象，贯通了江河和海洋，现在和未来，表达了南通沿海开发集团"通江达海、海纳百川、包容博大、孜孜进取"的精神。从整理来看，它寓意着南通沿海开发集团立足南通优越的地理优势、响应国家政策支持，走向全球，建设家园。

图 8-1 南通沿海开发集团的企业标识

对于一个发展历史并不是很长的企业更需要加紧建设企业文化，形成企业内的凝聚力。在五年的发展过程中，集团的制度文化建设也渐渐进入正轨。南通沿海开发集团在企业文化建设方面的基本思路是"集团员工的集体文化大家建设"，认为文化的核心是组织成员将共同形成的精华形成共同信奉的价值观来打造，因为这种来自共同的经历会更难忘，更坚固，而企业文化建设的实施方针是"循序渐进、引导适应、开放融合"。

此外，南通沿海开发集团高度重视先进事例，通过表彰在工作中突出的年轻人，形成一种青年文化，这种文化就是认真工作，不怕吃苦，将自己的才智奉献给集团的发展。这里就有一个典型的例子：今年 33 岁的顾健在 2014 年新春伊始加入到科创城建设的大军，时光荏苒，短短两年时间，科创城从一片荒芜到如今的初具规模，每一个学子、每一家企业都见证着他曾经挥洒过的汗水。有人说："态度决定你的成败，态度决定你的高度。"在工作面前，态度决定一切。没有不重要的工作，只有不重视工作的人，不同的态度成就不同的人生。作为科创城招商中心一员的顾健，敬业、勤奋、忠诚、进取是他的工作态度、人生目标，伴随着科创城的不断成长、提升。他所学专业为精细化工，入职科创城前主要在部门管理和特定产业领域内的研究方面见长；投资、财务、法务、宏观经济、产业规划、行业政策等方面缺乏经验，为其所不擅。学习是一种信仰，不断提升着自己，是走向成功的关键。他在两年的时间里，处理过重大投资、企业资产监管、审计等，帮助、指导入驻前企业运作模式筹划等；学习国家宏观经济政策寻找适合科教城的产业发展之路。如今，他逐渐成长为一个全面的复合型人才。成长的背后是沧桑，两年来他以海为家，将沿海梦、科创心作为进取的动力。无数个日日夜夜加班加点，错过了多少曾经每次必达的孩子家庭活动日。可如今，短短两年多的时间，面对着科创城 3000 名入驻员工、47 家入驻企业、超 10 亿元的年度开票销售，所有的付出都值了！凭借认真踏实的工作态度和一丝不苟的敬业精神，顾健连续两年被集团授予"优秀员工"称号。这种"先进人物"激励机制也是很好的企业文化的体现，通过价值观的正确定位给企业的良好运行创造正面的条件，砥砺大家一起前行。

第二节　企业精神："务实、创新、激情、超越"

新型国有企业的发展离不开自身精神的建设，目前南通沿海开发集团的企业文化建设处于上升阶段，经过逐步演变并进一步提炼，形成了属于南通沿海开发集团的企业精神，即"务实、创新、激情、超越"，集团希望在公司成立 10 周年、20 周年乃至更多年份时集团上下已经富有这些特色。

一、务实

做人需要立足实际、脚踏实地，做企业更是如此。集团高度重视务实精神，在集团的每一个项目建设中如果没有员工勤勤恳恳、认认真真的努力，项目要求是达不到合格目标的，做企业来不得半点虚假，搞虚假的事情就是搬起石头砸自己的脚，得不偿失。集团对员工的培训、高管的管理、项目的建设都是严格按照规章制度，做到立足实际、踏踏实实地做企业。在市国资委的正确领导下，南通沿海开发集团认真落实全市推进南通沿海开发和陆海统筹发展的重大决策部署，紧紧围绕通州湾开发建设，深化事业部制改革，推进产业项目招商，筹措沿海开发资金，加速开发建设步伐，提升项目营运能力，实现了国有资产的保值增值，集团 2015 年便荣获"南通市文明单位"的称号。

二、创新

创新是企业发展的灵魂，南通沿海开发集团是全市六大国有平台中最年轻的，毫无疑问也应该是最有活力、最有闯劲、最有创新精神的。南通沿海开发集团正是在创新精神的引领下不断突破原有模式，主动适应经济新常态，不断进行创新改革，用科技创新增添新活力，释放新动能，全力建设科创载体，全力完善科创机制。一是建立创新创业扶持体系，带动科技人才向科创企业集聚，加速产业资本向创新企业流动，推动创新政策向科技型企业倾斜。二是支持"大众创业、万众创新"，科创城星火社区获批市级首批众创空间。三是成立沿海产业基金，首批募集 2.28 亿元，延展科技创新服务链，统筹项目、人才、资金和政策部署，推动资本与技术在科技研发、中试应用、产业化方面全流程、深度融合。四是积极实施知识产权战略，完善知识产权工作体系，帮助江苏卓展、蓝鹏、蓝波等科技型企业突破核心技术，申请国家发明专利，提高技术创新和知识产权创造、运用、保护能力，为入城企业科技创新提供强大支撑。

三、激情

激情是一种强烈的情感表现形式，它能调动身心的巨大潜力，使人才有强大的动力去完成工作和实现梦想。作为个体需要激情，激情是生命的活力、是事业的动力、是旺盛的战斗力。作为群体、企业更需要激情，企业的激情往往会凝聚、升华为一种具有鲜明特殊的精神，这种精神经过长期累积与沉淀，就会成为一种具有传承力、渗透力和辨识度的独特企业文化。

南通沿海开发集团职工队伍呈现出年轻化和高学历的特征，他们极富激情，工作中意气风发、锐意进取，一方面促进了集团的快速发展，另一方面也极大地推动了集团激情精神的培育、构建和形成。

此外，集团还致力于建立和完善一整套行之有效的教育人、激励人、监督人的制度和机制，这无疑是点燃、助燃、永葆激情的必要措施和重要环节。

四、超越

做企业就是要树立高远目标，不断超越自己，追求行业领先。南通沿海开发集团就是在这样的追求下形成了不断超越的精神，在激烈的竞争中抓住国家政策支持的机会，以坚强的企业信心、强有力的企业领导和百倍的努力求得更充分的发展，使南通沿海开发集团成为重点企业并且保持这种领先地位。不断超越是推动南通沿海开发集团不断进步、不断取得新突破的精神源泉。

第三篇　职能管理

　　根据对事业部制管控要求，南通沿海开发集团本部设立四个职能部门，负责管理全局性和跨事业部的事务。

　　（1）行政人事部（管人、管事、管安全）：负责集团综合管理、人事任免、绩效考核、安全生产、子公司董事监事委派。

　　（2）战略投资部（管方向）：负责集团战略筹划、管理对外投资和重大资产投资决策。

　　（3）财务管理部（管资金）：负责财务管理、预算管理、资金筹集和集中调配。

　　（4）监察审计部（管风险）：负责风险控制、审计财务、基建工程、经营质量等。

第九章　行政人事部

第一节　行政人事部概况

良好的行政人事管理可以促进企业的发展。企业制度主要用于约束、引导员工的行为。如果一个企业的行政人事制度设计得合理，可以起到事半功倍的作用，帮助企业内部理顺工作分工，便于内部管理。作为2012年成立的新型国企，南通沿海开发集团在自身历史不够长远的情况下努力探索适合集团的管理模式，合理规划行政人事制度的安排，形成了初具成效的行政人事管理制度。

南通沿海开发集团行政人事部主要有以下三个方面的职责：第一，管理服务；第二，人力资源管理；第三，督查督办。

一、管理服务工作

集团的首要工作是制订下发全年重点工作计划，进行任务分解。负责完成集团相关管理制度的起草和推行制度的执行工作，掌握试行管理制度的执行情况，及时反馈意见，对出现的问题反复进行研究论证并最终修改完善，并且对原有制度进行了完善和汇编，对各单位、各部门工作流程适时进行梳理调整，全方面提升办公室的 OA 系统、ERP 系统管理效能。集团高度重视安全生产管理工作，加强安全生产管理，调整了集团安委会成员，定期组织安全生产工作会议，组织开展专项安全检查，组织开展"安全月"活动。正常召开办公室条线工作会议，及时传达集团各项工作精神，部署办公室重点工作，集团在内部建立了个人周计划工作制度，并时刻进行工作交流。集团围绕经营中心工作，及时为各单位、部门做好协调服务工作（各类会议的协调服务、对外联系、后勤保障以及各公司在科创城集中办公等）。

二、人力资源管理工作

集团高度重视人力资源管理战略性安排，人力资源的管理是一件高度专业的事项，需要集团给予重视和科学合理的安排设计。集团结合自身状况，及时完善人员信息库，积极完善集团招聘机制，并及时与主管部门进行对接，组织好年度人员招聘工作，建立人才库。人力资源部门在 2016 年度很好地完成了市管干部基本情况及个人重大事项申报，做好干部选拔的任用考察，根据上级要求，积极做好干部的民主测评。一个良好的人力资源管理制度离不开员工的培训工作，集团也高度重视员工的培训工作，制订了年度培训计划，开展了各类业务知识培训。

（一）引入第三方专业机构，将招聘制度化、规范化

企业的发展离不开优秀人才的智力支持，怎么吸引人才、留住人才，让优秀的人才充分发挥才智贡献力量是企业领导人尤为关注的问题。对于初创企业，在人力资源管理方面有很多事项需要建立完善，尤其是人才的招聘。凭借着优良的地理位置与良好的人才环境，南通沿海开发集团与第三方机构展开合作，委托相关方进行合理的制度设计与人才招聘，将招聘制度化、规范化，为企业的长远发展奠定了良好的基础。

（二）集团的薪酬制度改革

南通沿海开发集团十分重视企业员工的薪酬体系设计，推动薪酬制度改革，加强绩效管理，对事业部实行薪酬总额控制，对经营类和管理类企业实行绩效区别考核，突出经营类的利润考核导向、管理类的任务考核导向，初步形成了收入能增能减，人员能上能下，员工能进能出的激励考核奖惩机制。良好的员工激励也使得集团管理层的人力资源效率大大提高。

三、督查督办

根据市政府要求，集团制定了集团的年度重点工作任务，并及时上报进展情况。做好政府"创新奖"的立项工作，并及时进行跟踪调查整理工作。根据集团领导要求，努力做好内部督查督办工作。

第二节　集团人力资源管理状况

人力资源管理可以说是居于企业发展的核心位置，人力资源的战略价值越来越受到企业的重视。科学有效的人力资源管理能够调动员工的积极性，发挥员工的潜能，为企业创造价值，给企业带来效益，确保企业战略目标的实现。企业的一系列人力资源政策以及相应的管理活动主要包括：企业人力资源战略的制定、员工的招募与选拔、培训与开发、绩效管理、薪酬管理、员工流动管理、员工关系管理、员工安全与健康管理等。

一、人员组成

集团（含二级公司）目前在职员工共 160 人，男女比例约为 2：1，平均年龄 33 岁，队伍年轻，其中，合同制员工 130 人，劳务员工 30 人（7 名驾驶员），上级委派及挂职 2 人。其中，董事长、总经理 1 人，副总经理 4 人，总经理助理 1 人，中高级管理人员（集团各部门负责人、下属二级企业负责人）17 人。员工中本科学历 70 人，研究生学历 26 人，高学历人才占比高。

二、集团人力资源管理现状诊断

(一) 公司人力资源管理理念存在的问题

1. 人力资源没能充分发挥作用

各公司缺乏战略性人力资源管理观，人力资源管理与公司的发展战略尚处于事务性结合阶段，尚未起到为企业高层战略决策提供依据，充当助手的作用。

2. 公司人力资源基础工作还存在瑕疵

如离职手续的办理，有时人已经离职了，离职报告等才姗姗来迟（到集团手中），离职前工作的交接，固定资产的交接等还没有清单、台账等基础资料，存在劳动纠纷的风险，每月的工资补贴的发放存在拖拉现象，不能按照规定 8 日前发放到位，同样存在劳动纠纷风险等。

3. 各单位、部门的人力资源管理意识不强

公司除人力资源部门外，其他部门负责人少有人力资源管理意识，难能

主动将部门负责人工作与人力资源结合考虑问题，由于缺乏人力资源管理意识，公司部门负责人也很少将人力资源管理理念贯彻于日常管理之中，当然高层也同样存在这些问题。

（二）人力资源规划问题

1. 尚未形成动态和发展形态的人力资源规划

从公司目前的情况来看，尚未进行人力资源的中、长期战略规划，常常"头痛医头，脚痛医脚"，依据职位空缺或临时紧急任务招人、聘人，缺乏发展观和动态观。

2. 集团在人力资源各方面缺乏有效市场接轨

集团在薪酬制度，培训计划等方面已经较原来有较大变化，但还未与市场接轨。

（三）员工的培训与开发

集团向来重视员工培训，自2016年初以来，集团不但制订了具体的全年培训计划，还围绕计划先后组织了将近15场各类培训，受训人次达到近400人次。从培训表现来看，集团人员对于培训持积极态度，参与人数众多，反映也较好，但培训工作与员工开发中还存在一定问题。各家公司的培训计划性、培训次数、培训质量存在差异化，有的公司可以做到每月有培训，但有的公司半年都没有培训，说明培训工作还处于一种被动参与的情况，不能做到主动开展的状态。而且集团的人力资源状况缺少评估和反馈环节，由于各公司没有建立科学的培训效果评估体系，在一个培训周期或培训项目结束后，就无法对培训的效果进行科学的评估和跟踪，致使不能客观、全面地评价培训的真正作用，另外，缺少反馈环节，对今后开展培训工作缺乏借鉴意义。

（四）绩效考核

目前公司现行的绩效考核基础工作薄弱，没有建立详细、完整、规范的绩效考核及其实施管理制度，致使绩效考核工作的信度和效度不高。公司目前尚未形成绩效管理体系的系统思想，绩效管理和绩效考核的概念不清。员工与上级极少有效完成绩效面谈和改进指导，绩效考核结果限于薪酬的发放，无法作为企业高层管理层决策或人力资源管理部门制定人事政策的依据。缺少岗位说明书及岗位职责，考核指标难以量化，造成考核难以评分，考核难以摆脱印象打分，与工作表现挂钩得不够密切。

（五）劳动用工新问题

个别单位 2016 年上半年人员引进在原有形式（合同制招聘，劳务制招聘）基础上，出现了服务外包的新形式，在调研中发现，有些公司已经开始通过这一形式用人。调研中显示，这些公司迫切需要服务外包是因为当前人员数量及部分质量无法满足现有工作强度；无法通过公开招聘招到合适员工，劳务用工目前也受到限制；服务外包风险较小。所以针对上述情况，集团认为不提倡用服务外包的形式，用人流程不仅欠规范，而且对集团人力资源的统一管理也带来负面的作用。服务外包形式最多仅限于经营型的公司，管理型的公司不应使用，外包服务的工作岗位或内容只能是临时性、服务性岗位，不能用于公司的管理类岗位；服务外包应纳入集团统一管理范畴，各公司应在内部挖潜上做文章，并建立能进能出的用人机制。

（六）集团人力资源部对于工作的思考

集团发展进入新的阶段，在所有中高层中树立真正的战略性人力资源管理意识，将人力资源管理理念融入集团的经营管理、生产管理、项目管理中，做到每个直线经理人都是人力资源管理的责任人。进行科学、规范的员工工作分析，审视梳理工作流程，完善人力资源管理流程。各公司、部门要梳理各自的人力资源规划，同时人力资源相关部门依此推出配套的人才储备计划和人才梯队规划、激励政策等。提高员工的岗位匹配度，实现人尽其才，人事相宜。梳理岗位职责和岗位说明书，找到量化考核指标的方法，使得考核真正有据可依。努力认真做好员工的职业规划，设计员工职业发展通道（成长线路、成就体现），让员工相信未来有发展。

第十章 战略投资部

第一节 战略投资部简介

一、战略投资部

南通沿海开发集团战略投资部是集团的四大部门之一，主要负责集团发展战略研究，编制集团中长期发展计划；负责集团对外投资事务管理，统筹集团直接对外投资事项的论证、尽调、投资等工作，审核各事业部对外投资事项；负责集团固定资产投资管理等。

目前，南通沿海开发集团战略投资部共有 3 人，其中部长、职员、借调人员各 1 人。战略投资部管理职能如表 10-1 所示。

表 10-1 战略投资部管理职能

序号	管理项目	资料报送要求	备注
1	资本性支出管理	集中报送下一年资本性支出计划，应附项目详细描述、预期目标、投资估算和收益分析作为立项依据；年度预算调整，须作书面说明	经集团总经理会确定后，由董事会审批下发，原则不予调整，由于设计变更及不可抗原因，年中集中调整一次
2	投资管理（对外投资）	商业计划书（项目建议书）、投资意向书、项目合作方资信背景与资质、各事业部内部决策意见、投资部认为须补充的其他材料	

序号	管理项目	资料报送要求	备注
3	投资管理（报表动态管理）	固定资产投资情况报表月报、招商情况月报、各公司运营情况快报	
4	特殊经营行为管理	补贴事项须提供对应财政或园区补贴、奖励政策；资产捐赠或划拨事项须履行上级国有资产管理部门报批程序	涉及补贴、减免、捐赠或划拨等经营事项，须上报集团审批
5	关联交易管理	关联人或公司背景资料、拟交易事项说明	须集团审批后予以实施
6	土地交易管理	土地交易事项说明	须集团审批后予以实施
7	战略规划管理	发展战略、宏观研究	
8	董事会会议	董事会议题于会议召开两周前报送集团审理	

二、战略投资部主要职责

（一）集团战略筹划

集团战略投资部负责集团发展战略研究，编制并组织实施集团公司中长期战略规划，职责包括以下几个方面。

1. 规划制定及研究

（1）在集团战略规划指导下，制订公司发展战略规划，组织制订公司三年发展规划，指导各部门制定各项规划；

（2）组织国内宏观经济、公司经营分析等研究，为公司战略规划制订提供依据；

（3）协助公司领导监督公司的规划实施情况，建立规划监控体系和规划实施的反馈制度；

（4）根据市场变化和规划执行情况，组织进行公司规划的修订。

2. 项目发展策划与执行

（1）根据公司发展战略，寻找、筛选和培育符合公司发展战略的投资项目；

（2）组织开展市场研究，明确项目定位；

（3）组织开展项目投资收益初步分析与测算；

（4）组织项目的可行性研究，编制项目可行性分析报告，并组织评审；

（5）根据集团整体投资规划，拟订公司投资规划、年度投资计划和投资方案，并组织相关评审；

（6）在集团相关部门指导下，组织项目前期的联系、考察、洽谈与合同拟定；

（7）组织编写项目策划方案，并组织评审。

3. 计划统计管理

（1）根据公司整体战略目标和各分项战略，组织公司各部门制订年度投资、经营计划，并汇总为公司年度经营计划；

（2）组织各专业部门编制项目分项计划，汇总后形成项目总体开发计划；

（3）定期组织召开经营分析会议，分析项目运营状况，识别和控制运营风险；

（4）监控各部门和项目的计划执行结果，监测和分析各部门每月经营目标及各项指标完成情况，及时发现偏差，并对偏差进行分析评估，必要时按流程调整计划。

（二）管理集团公司及下属单位的对外投资决策

战略投资部为集团对外投资管理部门，对集团公司、集团公司全资子公司、控股公司以及由集团公司直接管理的参股公司（以下简称"控股公司"）以资金、资产或其他方式进行的对外投资行为实施规范管理。

投资行为包括：基本建设投资；技术改造、技术引进、技术开发投资；环保、节能投资；商品房建设投资；对外收购、兼并、股权交换；合资项目中资本金投资（含增资）以及对原有企业、公司改制形成的投资或新建企业发生的投资等，包括资金、人力、知识产权等投入到某个企业、项目或经济活动，以获取经济回报的商业行为或过程。集团公司、控股公司对其自身进行的投资，简称为"对内投资"，反之简称为"对外投资"。

对外投资行为的管理活动范围包括：①项目推荐、申报和受理；②项目审查与评估、审批；③协助项目的筹资；④监控和协调项目实施；⑤参加项目竣工验收；⑥投产营运考核评价；⑦总结投资经验等。

根据《南通沿海开发集团对外投资管理制度》的规定，集团公司对单个项目的累计投资额度不得超过公司注册资本的20%，但报经市国资委及董事会审批的特殊项目除外。对外投资行为必须符合国家有关法规及产业政策，符合集团公司发展战略和产业规划要求，有利于形成集团公司的支柱产业、骨干企业和增强集团公司市场竞争力，有利于集团公司的可持续发展，并有预期的投资回报。

战略投资部负责对外投资项目申报审核工作。对于不符合集团公司发展战略和产业发展规划的项目，以及申报材料不完整、不真实的投资项目，不予受理或退回项目申报。根据《国资委对出资企业"三重一大"事项报告备案实施办法》以及内部授权的要求，集团及控股公司对外投资项目需分类别、分层级审批。

战略投资部对集团直接对外投资或者受理的对外投资项目组织内部论证，做出投资分析意见书报总经理室，由总经理室决定是否报董事会进行投资决策。经董事会批准的年度对外投资计划及预算，经规定程序后，由总经理对计划内的对外投资项目进行逐项审查及批准。战略投资部将集团公司董事会的审议结果原则上 10 个工作日内反馈项目单位。对批准投资的项目，由战略投资部拟文批复或转报上级政府主管部门批复。对已批准的对外投资项目，涉及集团公司出资、贷款或资产评估等事宜，由项目单位和有关部门按相关程序办理，并执行采购制度的有关规定。

集团公司及控股公司对外投资的实施程序如图 10-1 所示。

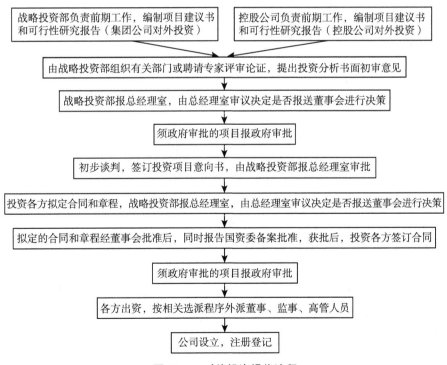

图 10-1 对外投资操作流程

（三）管理集团公司及下属单位的固定资产投资决策

战略投资部归口管理集团公司固定资产投资管理工作，负责集团公司本部及所属公司投资项目的审查、登记和监控，根据审批权限规定负责管理项目的立项审批工作。

所谓固定资产投资项目，指集团公司及下属单位（以下简称项目单位）按规定用各种资金安排的基本建设、更新改造和技术措施（含设备、设施的购置及改良）等固定资产投资建设项目（以下简称建设项目）以及列入集团公司固定资产目录的其他项目。为准确反映固定资产投资的规模及构成，根据项目性质和用途，结合管理要求，固定资产投资项目可分为以下几类：①业务开发；②增加产能；③设备替换（设施更新）；④节约成本；⑤提高效率；⑥其他。

根据《南通沿海开发集团固定资产投资管理制度》的规定，建设项目按过程分为项目的前期工作、实施过程和后评价工作三个阶段，项目单位必须严格按照项目建设程序做好相关工作。建设项目必须由项目单位直接提出要求，对暂未明确项目单位的新建项目，由集团公司战略投资部组织开展前期工作，再将建设任务移交项目单位。项目单位必须按要求做好固定资产投资项目的统计工作，如实、按期地上报统计报表。固定资产投资统计工作必须坚持实事求是的原则，任何人不得随意修改统计数字和变更统计项目。

第二节　集团的战略管理

一、集团的使命愿景与战略定位

（一）使命愿景

致力于打造集现代港口、科创投资、城市建设、金融贸易为一体的沿海开发领域大型企业集团；高效履行南通市委、市政府赋予的沿海开发战略任务，让政府满意；致力于为员工创造施展抱负的平台和为员工提供有竞争力的薪酬激励，得到员工拥护。

（二）战略定位

立足南通，面向"长三角"，贯彻南通市委、市政府沿海开发决策部署，筹措沿海开发资金，提升沿海开发项目运作能力，不断推进资源资产化、资产资本化、资本证券化。培育港口产业和科技创投两大产业集群，构建大宗商品贸易、金融投资两大平台，以港口开发、科创城运营为基础，以城市建设为支撑，以产业发展为核心，以金融商贸为后盾，将集团建设成为南通沿海开发的急先锋、助推通州湾示范区建设发展的主力军、"大众创业、万众创新"的主平台。

（三）本部职能

协调处理与政府层面关系，争取政策支持；与社会各界保持沟通联络，维护企业社会形象；制定集团发展战略规划，督促执行，评估效果；确定下属企业设立、并购、重组、出让等重大事项；在国资委授权范围内，确定下属企业领导班子人事任免、薪酬考核分配等重大事项；对下属企业重大项目投资进行评估分析；与外脑紧密合作，为重大投资决策提供咨询意见等。

二、集团发展战略的演变

南通沿海开发集团有限公司注册成立于 2012 年 5 月 18 日，成立之初，集团经营管理层开始设想"沿海港口、沿海产业、沿海城镇、沿海资本"四驾马车并驱前行的发展模式，近四年开发建设中，适时根据内部外的战略形势，不断深化战略协同路径，坚定不移地实施"科教引领、创新驱动、产城融合"的发展策略，同时，集团坚持资产经营和资本运作相互促进，实业发展和金融服务"双轮驱动"，并取得了卓著成绩。

（一）聚焦沿海开发，初步形成四大板块格局

南通沿海开发处于"长三角"经济一体化和江苏沿海大开发两大国家级发展战略的机遇叠加期。在国家宏观政策方面，《江苏省沿海地区发展规划》、《长江三角洲地区区域规划》分别获批；在南通市级规划方面，市委、市政府 2011 年制定了关于基本实现现代化和建设"一中心、三城市"的宏伟目标，并提出了《关于加强市属国有资产经营公司建设和管理意见》；在区位优势方面，南通已全面融入上海 1 小时都市圈，区位优势独特；在经济环境方面，国内银根逐步放松，沿海开发将成为稳增长的推进器，调整产业结构、促进经济转型的加速器，吸引了金融机构和社会资本的广泛关注。

在这样的背景下，2012 年 5 月 18 日南通沿海开发集团有限公司注册成立。2012 年 5 月，集团内部框架已经建立，人员逐步到位；集团注册资本 30 亿元，由市政府陆续注入；相继成立了南通滨海园区港口发展有限公司

以及通州湾开发建设、新家园建设、水利开发、文旅发展等5家符合信贷政策的项目公司；集团开始建设滨海会馆和腰沙围垦通道一期工程等一批项目。截至2012年底，经过筹建半年来的准备工作和初期运营，集团尝试探索了一些开创局面的思路。

集团成立后便面临一些不小的挑战：第一，主要建设项目位于通州湾，临海交通基础设施薄弱，产业规模小，港产城互动不足，缺乏大产业支撑；第二，用地用海困难，通州湾被抵押土地解套难度较大，用海政策要求较高、审批周期较长；第三，沿海开发投入大，周期长，产出少；第四，专业性、技术型人才缺乏。

集团初步的发展定位为"助力全市沿海开发，加快滨海园区建设"，以政府视角全力筹措沿海开发资金、提升沿海开发项目运作能力为两大重点，致力于发挥推动南通沿海开发的主力军作用，全力加快通州湾建设，同时，积极以企业视角，运用经济手段，以资本为纽带，促进全市沿海区域和港口统筹发展。为此，集团经营管理层在集团建立初期，将业务内容分为四个板块。

1. 沿海港口板块

腰沙项目拥有宝贵深水岸线、后续可形成大量土地资源以及具备市级政策支持的优势。集团与南通滨海园区控股发展有限公司、中交华东（上海）股权投资基金合伙企业（有限公司）合资设立并控股南通滨海园区港口发展有限公司（以下简称"港发公司"），重点推进腰沙工程建设，加快通州湾港区2#港池陆域形成工程；集团经营管理层希望未来可以通过资本途径，与南通沿海地区如东、海门、启东开展战略合作，在洋口港、东灶港、吕四港投资发展港口产业，实现江海联动发展，港口错位发展。但是经初步估算，仅整个二港池的开工建设需投资30亿元，建设时期5年，大规模的纯投入，对集团和港发公司的资金能力提出了巨大挑战。

2. 沿海产业板块

集团与园区管委会合资并控股南通通州湾科教产业投资有限公司（以下简称"产业公司"），负责科创城项目产业招商、教育集聚、资本招引。项目计划占地面积5平方公里，拟建成集多层次教育、前沿技术研究、科学成果转化、创业项目孵化、优势产业集聚、各项配套商业生活设施齐全的城市综合体，计划用5~8年时间完成总投资约100亿元。但科创城以高额补贴、资产划拨等方式进行教育产业集聚，虽然短期内赶进度、出形象，对通州湾凝聚人气具有一定的推动作用，但整体上投入远远大于产出，对于未来的经营路径，对集团的经营管理层提出了重要难题。

3. 沿海城镇板块

集团以下属二级全资公司南通沿海开发集团城镇建设有限公司（以下简称"城镇公司"）为开发主体，负责集团在通州湾的基础设施建设和城市功能配套完善，投资道路、电、热、污水处理等，并进行土地一级开发，相继动工建设通州湾商务中心项目、科创城项目。对于未来城镇公司的发展路径，集团经营管理层则一致认为，应在必要的时候进行转型。

沿海港口板块和沿海产业板块，分别以腰沙项目和科创城项目开发建设为代表，两个项目是市委市政府交办的建设任务，具有较强的行政色彩，具有政府类工程的特点，即投资期长、投资量大、见效期缓，也直接造成集团的融资任务较重；为此，集团经营管理层自 2012 年以来，就开始筹划资本板块的布局。

4. 沿海资本板块

集团及下属二级公司南通海汇资本投资有限公司（以下简称"海汇公司"）以参股形式，2013 年分别入股南通众和担保有限公司、南通市禾裕科技小额贷款有限公司、南通衡麓投资管理有限公司、南通国润融资租赁有限公司，并开始寻找投资项目，提升现金流能力；另外集团下属另一家二级公司南通沿海开发集团商贸有限公司（以下简称"商贸公司"）则积极拓展钢材贸易市场，做大业务规模，为集团的资信评级做好准备。

（二）进行事业部制改革

经过两年多的运作，集团围绕陆海统筹，引领南通沿海开发。但集团经营管理层认为，随着南通沿海开发集团的规模不断壮大，旧有的管理模式已不太适应集团发展的要求，具体表现在：

集团总经理管理跨度和幅度过大。集团董事长、总经理以及副总经理均担任着多家子公司法人代表，有的还必须直接进行管理。过大的管理跨度往往会造成企业相应子系统目标功能作用承担的失控，致使失去一些子系统的目标功能作用，因为管理控制力度不够而不能完整地、全面地达到既定的目标要求，从而降低企业组织的效率和效益。

没有形成合理的战略方案。集团战略目标跃然清晰，但还没有形成与之配套的科学、系统的战略分解和实施方案；战略运营平台不健全，未能充分发挥集团的战略指导作用。

集团缺乏清晰的母子公司的功能定位。不少子公司组建后，由于各自的战略定位不清晰，母公司去做子公司的工作，而子公司却代替了母公司应承担的职责，结果，集团的整体竞争力不仅没有得以互补和加强，反而削弱了下属各子公司的竞争力。

集团总部管理职能不全面。总部组织设置及内部管理相对薄弱，现有组织机构设置不能很好地支持集团战略发展。

集团经营管理层认为，集团的组织结构为母子公司结构的管理模式，虽然集团公司设有综合管理部、战略投资部和战略投资部三个职能部门实施管理；但子公司经营相对独立，实行不相关多元化经营，且分别具有价值链上产、供、销的完整功能；为完善集团组织架构和加强内部管理，经过参考国内外企业成功的重组改革经验，决定采用事业部制进行组织变革。

于是，经过统筹部署，集团对旧有的决策流程打乱重建，并决定按照"集中决策、分散经营"的指导思想，以"强支撑、短流程、高授权、大监督"为改革思路进行管理流程再造。在集团总部职能层面，设置了行政人事部（管人、管事、管安全）、战略投资部（管方向）、财务管理部（管钱）、监察审计部（管风险）；在业务层面，对四大业务板块的决策流程进行打乱，重新设置了四个事业部，强化了"集团为决策中心、二级公司为投资管理中心、项目公司为成本利润中心"的三级管理架构。

港产事业部：港口及临港产业事业部，以集团下属港发公司以及南通通州湾游艇俱乐部有限公司为主体，负责投资建设通州湾腰沙工程，建成了15万吨码头泊位，腰沙实现临港产业销售70亿元；发展游艇港，引进港口码头、临港产业项目向通州湾港区集聚；并承担整合沿海沿江公共码头资源，推进上市。

科创事业部：科教及创新事业部，以集团下属产业公司和洋口港南通国际产业园开发有限公司为主体，以科创城项目投资建设为基础，加强与各类教育研发机构和人才团队合作，引进风投基金、产业基金，孵化、投资、引进战略高新产业，培育产业集群，打造成"长三角"极具创新能力的新型科技城镇，最终将在2020年形成工业销售30亿元，培育在新三板、创业板上市公司10家。

城建事业部：城镇建设事业部，以集团下属城镇公司、莱茵达公司、中南合资公司等主体，立足集团建设项目，研发环保节能新型建筑技术并推进产业化，通过推行ECO^2建设理念，采用BIM、SPEC等技术，打造构建城市新型绿色节能建筑商，实现发展转型。

金贸事业部：金融及商贸事业部，以集团下属海汇公司和商贸公司为主体，通过发挥资本优势，发展供应链金融和平台贸易，为集团公司带来现金流和利润，为沿海港产城一体化发展提供强劲支撑。未来发展目标为，管理金融资产达到 100 亿元规模；贸易额突破 100 亿元规模，为沿海港口发展创造吞吐量。

集团经营管理层期望，通过深化改革，创新发展路径，将集团打造成为南通沿海开发的主力军、"大众创业、万众创新"的主平台。

（三）在实践中调整变革

集团四大业务板块的发展，带来了投资决策管理负荷、管理跨度和幅度过大等问题，同时，国家层面则出台了"两带一路"（即丝绸之路经济带、长江经济带和 21 世纪海上丝绸之路）战略，内部环境的变化对集团的统筹协调能力提出了挑战，集团经营管理层开始重新审视定位方向，对企业管理流程再造。

第一，内部公司整合。在进一步开发建设科创城项目中，集团经营管理层发现，城镇公司和产业公司在建设机制方面存在较多的业务重叠，为此 2015 年集团经营管理层考虑设计产业公司与城镇公司融合方案，通过专业外包、办理并行等方式简化流程，提高建设效率，控制建设成本，确保科创城良性循环。

第二，金贸事业部细分。集团经营管理层在 2016 年一季度经济运行活动分析中发现，商贸公司收入及利润仍一枝独秀，但目前经济看淡，政策对商贸公司支持有天花板，力度有限，贸易可能难以做大，且贸易本身风险较大；同时，海汇公司投资参与的基金投资收益有周期，参与的一级半市场 2015 年的行情让大家看到了市场凶残的一面，风险巨大。为进一步加强风险防范，集团经营管理层决定，对金贸事业部再次进行调整，商贸公司和海汇公司分别进行公司法人治理结构完善，重新委派了高级管理人员，以期实现更好的发展水平。

在集团"十三五"发展规划中，集团经营管理层进一步明确了发展定位：立足南通，面向"长三角"，以港口开发、科创城运营为基础，以城市建设为支撑，以产业发展为核心，以金融商贸为后盾。坚持市场化运作、实体化运营，打造集投资、建设、运营、管理、服务为一体，培育港口产业和科技创投两大产业集群，构建大宗商品贸易、金融投资两大平台，成为南通地区的大型投资企业集团，助推南通经济社会发展。

在未来"十三五"发展中，集团经营管理层希望通过进一步内部资源整合和外部优秀平台的引入，将集团建设成为南通沿海开发的急先锋、助推通州湾示范区建设发展的主力军、"大众创业、万众创新"的主平台，打造港口与产业两翼齐飞、金融与贸易强力支撑的综合性现代企业集团，最终在"十三五"期末，集团总资产达到 250 亿元，销售与净资产 50 亿元，管理金融资产与贸易额双双超 100 亿元。

三、"十三五"期间集团的发展思路与规划目标

（一）指导思想

深入学习党的十八大以及十八届三中、四中、五中全会精神，贯彻落实《中共中央、国务院关于深化国有企业改革的指导意见》、江苏省《关于全面深化国有企业和国有资产管理体制改革的意见》以及南通市委市政府关于深化国资国企改革的决策部署，抢抓江苏沿海开发、"一带一路"、"长三角"一体化国家战略叠加机遇，以通州湾为主战场，以项目建设为抓手，以产业集聚为核心，以内部管理为支撑，促进南通沿海开发集团稳健、快速、可持续发展，成为全市沿海开发的主力军。

（二）规划原则

规划前瞻原则：理念前瞻高端，定位科学精准，业态优化合理，组织精益高效，项目可靠可行，实施简洁明了，建议点墨成金。

资源集成原则：通过科学的经营模式，高度集成政策资源、港口资源、园区资源、土地资源、财务资源、人力资源以及外部可能利用的一切资源等，通过构建平台将资源转化为资本，从而放大资源效应。

系统最优原则：本着系统论原理，从系统的整体性、层次性、自组织性等角度，兼顾政府使命、港口建设、园区招商、集团效益、对外合作等维度，整体推进四大板块协调发展，优化配置人才、土地、资金等资源，通过组织结构实现系统最优、集团效益最优，并使子系统处于最优自组织状态。

可持续发展原则：规划集团发展未来，促进集团可持续发展，在确保持续完成市政府使命基础上，从发展定位、业态布局、管理模式、实施策略等方面基本保证集团近期、中期、远期的稳定、持久收益。

（三）规划目标

根据南通沿海开发集团成立以来的经营与建设情况，根据相关预测方

法，提出到 2020 年，南通沿海开发集团（合并）营业收入达 102.5 亿元，利润总额达到 0.83 亿元，总资产规模达到 250 亿元，净资产规模达到 47 亿元。

（四）发展举措

"十三五"时期是南通沿海开发向纵深推进的重要阶段，南通沿海开发集团将认真贯彻落实市委、市政府关于沿海开发和陆海统筹的重大决策部署，以服务沿海开发为己任，以全面深化改革为动力，推进资源资产化、资产资本化、资本证券化，形成"港口、园区、金融、贸易"四大产业板块为支撑的集团主业新格局，成为南通沿海开放开发的主力军，通州湾创新创业的主阵地，为全市好上又好、能快则快发展多做贡献。

一是坚持平台化打造，着力加快重点工程建设。继续突出腰沙和科创城两大重点工程，进一步增创港城融合新优势。加快腰沙二港池整体建设进程，尽快形成 12 平方公里港池陆域和 9 公里岸线，启动通州湾港口建设，以资本为纽带探索与上海港、长江中上游"2+N"港口合作机制。扎实推进科创城教师学生公寓、创智云坊、SOHO 办公、标准厂房等 39 万方新开工项目建设，全面提升科教城品质，建设智能生态、绿色环保的科创新城。

二是坚持立体化招商，着力加强重特大项目招引。发挥土地及岸线等资源优势和华电项目引领作用，加大临港产业招商力度。瞄准"信息技术、海洋工程、高端装备、现代都市"产业方向，加快产业链发展，推进科创产业向中高端升级。科技孵化推动产业开发，以引进领军型创新创业团队为目标，孵化一批科技领军企业。推动产业承接转移，针对上海四个中心建设和上海自贸区，做好产业配套和产业延伸。发挥产业投资基金和人才定制在招商引资中的作用，以"资本+技术"为桥梁，通过"招才引智"大力培育新兴产业。

三是坚持多元化经营，着力推动产业转型升级。创新商业模式，推进"互联网+"行动计划，大力发展互联网平台经济。商贸平台瞄准"沿海大宗贸易交割地"，打造南通地区领先的钢贸信息中心、物流配送中心和定价结算中心。启动战略石油能源储备研究，拓展线上线下石化商品交易，实现"交易标准化、服务专业化、物流金融化"。金融平台立足通州湾，辐射整个南通沿海前沿区域，聚焦股权投资重点开展基金招商。继续推进"百亿沿海产业基金"募集，加强与省级投资平台和国内知名投资企业的战略合作，投资沿海项目，服务沿海企业。游艇旅游业充分发挥"首届通州湾杯帆船赛"效应,整合游艇、帆船、摩托艇、海钓等特色项目;打造游艇特色休闲度假区,建设海鲜、休闲、娱乐、购物街区,实现综合产业多业态集聚,满足游客"一站式"需求。

四是坚持资本化运作,着力创新投融资机制。通州湾的开发,离不开资本运作支持。创新优化投资结构,形成长、中、短期的投资组合,集聚要素滚动开发。在完成政府交办的基础建设项目的前提下,引入市场机制,寻找立足沿海、服务沿海的赢利项目。创新多元融资方式,巩固商业银行融资,继续突破政策性银行融资、债券、短融、中票等低成本融资方式,大力发展互联网金融、组建产业基金,开拓自贸区、境外融资渠道,降低融资成本。创新混合开发模式,坚持股权与债权相结合,长期与短期资本结合,吸引各类资本集聚。加强与央企以及其他社会资本合作,吸引社会资本共同投资开发,降低集团负债率。创新平台经济。以平台"造血"功能推动可持续发展,以资本助推科教城新型产业孵化,挖掘适合在沿海落户的项目,配置天使、PE、VC投资基金,培育上市公司,在多层次资本市场实现收益。打造小贷、担保、创投、融资租赁等各类金融平台,为入园企业提供快捷服务。

五是坚持规范化管理,着力完善现代企业制度。规范经营决策行为,继续探索在资本层面与非公有制经济的混改,充分发挥董事会决策、监事会监督作用,严格执行"三重一大"决策机制。完善绩效考评机制,对事业部下属子公司实行分类发展、分类监管、分类考核。放大绩效薪酬弹性,推动形成收入能高能低、干部能上能下、员工能进能出的考评机制。提升风险防范能力,实施战略投资管控,严管资本性支出预算和对外投资。全面推进预算管理,实行预算系统化控制,确保资金计划科学合理,稳健安全。开展专项审计,结合企业党风廉政建设,组织开展廉政、作风和效能监察,推动集团健康良性发展。

第十一章　财务管理部

第一节　集团的财务状况

一、集团财务的基本情况

自 2012 年成立以来，南通沿海开发集团一直由南通市政府授权市国资委出资并管理，实收资本 30 亿元。2016 年全年完成营业收入 12.53 亿元，增长 51%，实现利润 1857.38 万元，净资产收益率 0.41%。截至 2016 年末，集团融资余额 51.1 亿元。

表 11-1 为南通沿海开发集团 2013~2016 年的资产负债情况。截至 2016 年末，集团资产总额达到 106 亿元，负债总额 73 亿元，所有者权益总额 33 亿元。

表 11-1　南通沿海开发集团 2013~2016 年资产负债情况

单位：万元

项目	2013 年	2014 年	2015 年	2016 年
资产总额	720308.19	1221411.77	1200278.29	1069759.09
负债总额	293193.33	782750.28	860146.55	736509.20
所有者权益总额	427114.86	438661.49	340131.74	333249.89

二、集团财务盈利点分析

目前集团主要盈利点包括：贸易收入、资本投资收入、资金理财收入、税收收入、土地收入、政府补贴等，2013 年至 2016 年 10 月末集团收入情况如表 11-2 所示。

表 11-2　2013 年至 2016 年 10 月末集团收入情况

单位：万元

项目	2013 年	2014 年	2015 年	2016 年	合计
资金理财收入	11308.51	23146.97	16349.67	13055.53	63860.68
资本投资收入	—	2112.91	13385.75	—	15498.66
政府补贴收入	—	94.00	4854.38	—	4948.38
土地收入	1074.50	5360.00	8735.32	8445.69	23615.51
税收收入	30.68	250.30	5028.04	—	5309.02
贸易收入	7593.64	31726.60	81513.92	82887.41	203721.57
合计	20007.33	62690.78	129867.08	104388.63	316953.82

三、集团财务规划目标

2016 年，集团总资产规模达到了 106 亿元，在此基础上，集团提出，到 2020 年，南通沿海开发集团营业收入将突破 40 亿元，利润总额达到 1 亿元，总资产规模达到 250 亿元，净资产规模达到 100 亿元。

如表 11-3 所示，南通沿海开发集团在近五年的经营活动，表现出了良好的上升态势，集团对于未来五年的发展有着更为宏大并且客观的要求。在南通沿海开发集团"十三五"规划中，根据南通沿海开发集团成立以来的经营与建设情况，采用相关预测方法，明确指出在未来五年中的财务指标目标，见表 11-4。

表 11-3　南通沿海开发集团审计报告数据

单位：万元

审计主要指标		2012 年	2013 年	2014 年	2015 年	2016 年
经营规模	营业收入	3808.66	34505.96	66383.02	87689.37	125348.36
	增长率	—	805.99%	92.38%	90%	43%
	资产总额	327115.34	740132.58	1293790.30	1156295.22	1026499.25
	增长率	—	126.26%	74.81%	-5%	-11%

续表

审计主要指标		2012 年	2013 年	2014 年	2015 年	2016 年
盈利能力	利润总额	2541.21	4716.34	5576.44	5448.77	1857.38
	增长率	—	85.59%	18.24%	410%	−66%
	利润率	0.67	13.67%	8.40%	6%	1%
投资收益	净资产	231784.81	442679.57	457742.57	308209.69	309964.45
	增长率	—	90.99%	3.40%	−21%	1%
	净资产收益率	—	1.07%	1.22%	1.56%	0.45%
辅助指标	资产负债率	—	40.19%	64.62%	70.64%	66.88%
	资产周转率	—	4.66%	5.13%	7.58%	12.21%

表 11-4　南通沿海开发集团"十三五"规划目标

单位：万元

财务指标	2016 年	2017 年	2018 年	2019 年	2020 年
营业收入	120000	150000	200000	280000	400000
资产总额	1400000	1600000	1800000	2100000	2500000
利润总额	5000	6000	7000	9000	12000
净资产	450000	500000	600000	800000	1000000

第二节　集团的投融资状况

一、集团投融资的现状

集团 2016 年全年完成营业收入 12.53 亿元，增长 43%，实现利润 1857.38 万元，净资产收益率 0.45%。推进重点项目建设，完成项目投入 13.88 亿元，其中腰沙二港池投入 3.53 亿元，科创城项目 10.34 亿元。

二、集团投融资情况介绍

（一）项目投资情况

南通沿海开发集团主要实施了商务中心、创业园、莱茵东郡、腰沙、科创城、游艇等项目工程，截至 2016 年末，已累计完成投资额 29 亿元。

（二）融资情况

2013～2015 年，集团顺利完成了市国资委下达的融资指标，截至 2016 年末，集团融资余额 51.1 亿元。

2015 年以来，集团在做好传统融资方式的基础上，多渠道扩大融资途径，多领域筹集发展资金，为重点项目的快速推进提供金融支撑，融资转型步入新方向。一是对接中国平安保险集团资产管理公司，新增 10 亿元的城市发展基金，有效补充集团流动资金。二是积极对接政策性银行，集团与国家开发银行江苏省分行缔结战略合作伙伴关系，与中国农业发展银行江苏省分行签订了总额 100 亿元人民币的战略合作协议，为集团筹得了授信期限长、利率水平低、资金总额大的发展资金，实现了在国家政策银行融资新突破。三是涉足银行间债券市场，谋划非公开定向债务融资（PPN），积极与券商、北京银行等中介机构对接，拟发债 10 亿元。

三、富有特色的集团投融资方式

（一）国有融资平台的优势

集团充分利用自身国有融资平台的优势。集团市级国有独资公司的背景，为融资提供了良好的资质。集团与银监部门和各商业银行建立了良好关系，各种短融、中票、中长期贷款动态平衡，贷款成本低，期限长，尤其是 2015 年农发行 100 亿元授信，保障了集团资金流持续、稳定与健康。未来五年集团资金无忧，能够保障重大项目按期推进，保证资金链安全。

（二）尝试供应链金融

供应链金融（Supply Chain Finance，SCF），既是商业银行信贷业务的一个专业领域（银行层面），也是企业尤其是中小企业的一种融资渠道。通过利用 SCF 业务，商业银行将核心企业和上下游企业联系在一起，提供灵活运用的金融产品和服务。SCF 是公司与银行间达成的一种面向供应链所有成员企业的系统性融资安排。

立足于南通沿海开发集团的背景，集团经营管理层认为下属商贸公司通过做大贸易平台，逐渐建立了从上游钢厂、下游贸易商和终端、仓储物流等供应链关系，于是，积极与上海银行等联系，开始尝试开展 SCF 业务洽谈，讨论建立供应链金融平台服务方案。

集团经营管理层参照世茂控股"N+1"上游企业供应商批量授信案例，认为 SCF 业务的重点在于线上操作和贷后管理，最终集团结合商贸公司和西本南通公司的业务流程，制作了相应的 SCF 方案，包括批量授信模式、风险缓释措施、e 融资业务平台对接、虚拟账户体系、分户核算管理等。未来，集团经营管理层将持续开展利用外部优势资源，实现集团的业务规模进一步增长，以及实现供应链金融整合发展。

（三）筹措资金支撑建设的新路径

成立以来，集团克服自身融资抵押物少等诸多困难，不断创新融资方式，多措并举筹措资金。

首先，积极开展融资。在政府融资平台公司信贷融资不断趋紧的形势下，集团积极争取交行、中行等多家银行支持。尤其是 2015 年农发行 100 亿元授信，保障了集团资金流持续、稳定与健康，为保障集团资金运转平衡发挥了重要作用。

其次，参股各类基金和地方金融服务机构。集团已参股科技小贷、融资担保、融资租赁、基金等公司；组建江苏毅达创投基金；筹划百亿元沿海开发产业投资基金；私募基金获证监会备案，累计募金 8000 万元；与农发行签订 100 亿元大单，共推通州湾江海联动示范区建设。

最后，为园区建设提供支撑。集团和园区合作成立的 3 家合资公司，注册资本 7 亿元，其中集团出资 90%。3 家合资公司总计为园区融资 20.36 亿元，承担了三余镇旧城拆迁和安置房建设、临海高等级公路滨海园区南段、滨海大道东延、黄河路西段、春江路西延等重大基础设施工程。

通过对资金的多途径管控，在集团领导的指挥和带领下，顺利完成多项新增融资及存量融资到期贷款周转。

四、集团投资管理的管控

集团的投资管理工作围绕"合规、台账、标准与补课"四个目标开展。

合规方面，分三块：一是对外投资的规范，集团下属公司新增的对外投资项目或涉及补贴、资产合作的，均严格履行内部审批制度，由投资部提出初审意见，并报总经理办公会通过后，方可实施；二是对工程建设，要求下属各公司按下达的资本性支出预算组织实施，建立合同台账管理体系，配合财务部对付款程序进行梳理，做到预算项目与实际支付相符合，规范建设项目过程管理；三是对固定资产购置类，按当年初下达预算额实施，相关合同进行报备，大额合同在审计部尚未建立情况下，代总经理室进行审核。

台账方面，建立了投资统计报表月报制，定期掌握集团总体投资形象进度；并按时完成国资委要求填报的集团固定资产投资季报。要求各公司按集团下达的资本性支出预算，进行项目分解，组织实施，同时建立台账管理体系；对相关合同进行备案或审核。港发公司基本落实到位，与城镇公司、产业公司正协商中。

标准方面，主要与城镇公司进行沟通，对工民建项目进行分类，按概算及参考同类工程项目，结合滨海园区实际情况，提出的建安造价参考单价，便于集团控制项目投资规模。对港工建设方面，主要是协商优化设计、施工方案，在满足规范前提下，合理节约建设成本。

第三节　集团的财务管理

一、南通沿海开发集团财务管理的措施

集团的财务管理是集团内部完善经营风险防控机制的重要组成部分。基于集团存在业务发展快、决策事项多、招商任务重的基本特征，未来集团将在控制开发规模和速度中，进一步强化内部控制管理机制，优化内部资源的配置。一是完善全面预算管理，合理控制资本性支出和固定资产购置类的支出规模，减少资金成本；二是提升投资管理，全面梳理已建、在建、拟建工程项目的决策手续，落实对外投资项目投前尽调、投中参与、投后跟踪的全流程管理机制，降低投资风险。

随着集团规模扩大、业务增加，各种不确定因素的影响导致财务风险也不可避免，主要表现在筹资活动、投资活动、资金回收等方面。从集团财务状况来看，由于集团承担着政府融资投资职能，投资大、回收期长，导致近几年债务比例不断提高、资产流动性偏弱。因此，南通沿海开发集团在财务风险控制方面做了以下几项应对措施：第一，建立合理的资本结构，创造良

好的筹资环境。第二，进行多角经营，分散投资风险。第三，树立风险意识，规范决策流程，提高决策水平。第四，加强企业的财务预算管理。第五，充分利用 ERP 信息系统进行财务监控。

2016 年，集团财务管理部在领导的带领和指导下，围绕集团全年重点工作，积极推进各方面工作。具体而言，主要做到了以下几点：

（一）改善融资结构，降低融资成本

一是集团融资长期、中期、短期相结合，融资结构进一步改善。截至 2016 年底，集团融资余额 51.1 亿元，其中，5 年以上融资占比 58%，1~5 年占比 39%，1 年以下占比 3%。

二是进一步拓展融资途径，扩大融资授信额度。2016 年继续拓展银行融资业务，新增授信 28.06 亿元；同时，开展了 PPN 私募债、企业债、超短融等发行准备事项，为配合审计、评级、尽职调查、评审反馈意见等做了大量工作。截至 2016 年底，集团可用授信余额 122.7 亿元。

三是大幅度降低融资成本。2016 年受益于整体资金面宽松，集团积极拓展融资渠道，也使得融资提款选择面更广。因此，集团实行融资提款比价政策，按照资金成本孰低原则提款。2016 年新增贷款平均利率 4.88%，比上年下降 2.37%。

四是做好融资日常管理及保障工作。首先做好每笔贷款到期还本、定期付息及贷后管理等日常工作。其次做好集团为国资其他平台的担保工作。截至 2016 年底，集团对外担保余额为 46.395 亿元，其中园区余额为 20.79 亿元，其他平台余额为 25.605 亿元。

（二）加强资金管控，合理安排资金

一是做好资金计划管理工作。主要工作包括：每月做好资金计划的汇总、初审及上报，根据资金计划做好资金调度，妥善安排资金；同时，也做好资金计划的执行监管工作，对部分单位资金计划进行抽查，统计分析各单位资金计划执行情况。通过资金计划和资金调度，最大限度地压缩账面资金余额。

二是做好资金风险管控工作。2016 年集团财务根据各单位实际情况，列出资金风险清单并进行风险排查，提出资金安全风险防范措施，提请各单位整改。特别是针对集团账户多而分散的问题，安排集团各单位整理现有账户并完善账户管理。另外，安排集团各单位填报资金、融资、担保情况报表，通过每月定期报表分析，加强资金后续监管。

三是做好资金理财工作。根据风险可控的原则，将闲置资金进行理财、对外拆借和到期收回，每月做好拆借资金利息结算，及时办理利息开票及利息催收工作。2016 年办理资金对外拆借 5 笔，收回到期理财资金 10 笔，资金管理效益明显，资金净收益 5347.01 万元。另外，为了充分发挥账面短期资金收益，办理闲置资金保本理财 34 笔，理财收益 201 万元。

（三）重视日常管理，加强财务基础工作

一是做好日常业务处理。做好财务支出审批，及时完成资金收支业务；做好会计业务处理，及时完成财务结账及报表编制；做好资金计划，及时填报资金计划表；做好银行账户管理，及时完成资金日报表填报。

二是做好关账年报工作。做好年度关账，顺利完成了 2015 年度审计工作，根据审计报告组织做好 2015 年度账务调整工作；与会计师事务所沟通意见，完成修改提交管理建议书；配合审计局完成地方政府债检查确认工作。

三是做好各种报表报送。完成国资委 2015 年度国有出资企业员工薪酬核定相关表格填报工作。完成 2015 年度企业所得税汇算清缴工作。及时做好税务纳税申报及国资委、财政局等部门日常统计报表的填报工作。

（四）围绕集团中心工作，强化财务规范化管理

2016 年审计局对集团进行审计以及国资委监事会检查，集团财务认真准备、全力配合、逐项整改。

首先，集团财务组织各单位财务人员，对照财务规范化要求，对各年度所有财务凭证进行审核排查，将发现的所有问题事项进行整改和采取补救措施。

其次，积极配合审计局做好审计相关工作，及时完成审计局需要的各项资料，对审计局提出的财务问题予以解释和反馈。对审计局、会计师事务所、国资委监事会在审计检查中发现的问题，安排各单位进行整改。

最后，加强财务检查。集团财务精心部署，制定检查要点和检查方案，安排专人组织检查。对财务检查情况进行汇总，认真分析，编写财务检查报告。召集财务人员召开通报会，深刻沟通和剖析财务问题。跟踪各单位财务检查问题的整改情况，并组织进行复查。通过组织、分析、通报、整改等一系列措施，把财务检查工作系统化，使得财务基础工作更加规范化。

（五）加强 ERP 系统控制，完善预算管理

首先，完善和提升 ERP 系统功能。一是完善预算控制功能。集团财务

与用友公司及集团各公司沟通费用预算及项目预算控制的具体事项，排查预算控制盲点和风险点，并及时采取改进措施。二是完善供应链模块管理功能。由于集团部分下属公司未使用供应链管理，存货核算不规范，2016年集团财务牵头对产业、蓝鹏、慧智云等单位实施了供应链管理，进一步加强存货的管理及核算。三是着手启动资金管理模块功能准备工作。为了配合内部银行管理的实施，集团财务多反面研究了资金管理系统，并形成较为成熟的操作办法，为后期内部银行管理实施奠定了基础。四是做好实行ERP内部服务工作。2016年集团财务联合用友公司和专业服务人员，及时解决集团IT方面的问题，提出完善方案。

其次，完善预算编制和执行。一是改进预算编制方法。在往年预算编制基础上，2016年引入利润导向和考核利润概念。通过预算编制进一步理清了企业经营思路；通过预算考核进一步强化了可持续发展理念。二是提升预算执行的刚性与可操作性。2016年集团财务实行预算分季度录入，通过ERP系统自动控制预算各项支出。同时，跟踪预算执行情况，通过预算调整机制及时解决实施过程中出现的问题，便于各单位操作。

（六）探索研究分析，为集团管理出谋划策

一是探索内部银行管理模式。根据2016年度重点工作部署，集团财务研究了内部银行实施方案。集团财务走访了江苏农垦集团等单位，学习其他单位的成功管理经验；同时，与软件公司进行沟通，研究如何把资金管理系统与内部银行管理充分结合。根据本集团实际管理要求，最终形成适合我们集团的《内部银行管理暂行办法》。2016年10月至12月，集团财务初步试行了内部银行方案，取得较好效果，为后期正式实施奠定了基础。内部银行管理模式将进一步科学、有效地调控内部资金，提升集团内部各单位自主运营能力。

二是进一步做好财务分析，提升整体财务管理水平。2016年集团财务分析方面做了如下工作：第一，及时做好年度财务分析和季度财务分析工作，定期召开财务分析会议，发现经营管理过程中的问题和"短板"，为改善管理提出建设性建议。第二，做好预算执行情况分析工作，及时将预算执行中的问题提交各单位整改。第三，做好每个季度利润目标考核分析，为集团考核管理提供依据。第四，做好日常财务数据监控分析，特别是针对商贸板块业务特点，编制格式化的分析表格并要求每月定期上报。通过定期核查分析各单位账面数据，通过财务数据看问题，并将问题提交各单位整改。

（七）做好财务规划，防范财税风险

一是做好集团长期财务规划。为配合集团整体长远规划，集团财务与产业公司、港发公司一起研究科创城和腰沙项目长期收支平衡问题，并编制了收支平衡方案表。通过长期财务规划，进一步明晰了集团财务管理思路和方向。

二是做好集团年度财务预测。2016 年各单位利润比较吃紧，集团财务认真研究利润点，提出规划方案。针对每个利润点，集团财务分任务抓紧落实，确保完成年度利润目标。

三是做好集团税收风险排查。2016 年集团财务联合税务事务所，对集团及下属单位各年度的纳税情况进行清理。通过纳税清理，整理出涉税问题清单，提出整改建议和税收筹划思路，大大降低了集团税收风险。

（八）加强财务团队建设，服务集团重点工作

一是加强财务条线人员业务管理，确保集团会计业务处理统一协调。

二是加强财务人员培训，提升财务人员业务水平。集团财务安排各单位参加外部培训，同时也根据集团财务人员需求安排了营改增等内部培训。

三是加强集团财务业务交流，定期组织各单位财务负责人召开会议，就重点财务问题和工作进行讨论。

二、完善财务内控体系

在完善财务内控体系方面，以集团公司发展战略和总体目标为出发点，研究确定覆盖整个集团公司的内控体系框架，分别按照内部环境、目标制定、事件识别、风险评估、风险反应、控制活动、信息与沟通、监督八个要素，以有效防范经营风险为主要内容，确定相应的风险管理制度和风险控制措施，并使之能够有效运行。其中，重点环节包括财务运行、商贸大额贸易、项目招投标、工程建设、基金投资等领域，沿海集团存在高风险，需要加强内部管控，防范各种风险。财务风险方面，一是融资风险。贷款计划得不到批准或筹集资金不能满足业务发展需求。宜采取合理安排融资计划、拓展融资渠道等措施。二是投资风险。对外投资不能按期收回本金，不能获得预期收益。应通过加强投资可行性研究，强化投资后管理等措施化解。三是资金回收风险。在商贸中应收账款无法收回形成坏账。应通过加强应收账款管理，确定客户的信用等级，确定合理的应收账款比例等方式化解。四是现金短缺风险。可能因营运过程中流入现金小于流出现金而引发财务支付危

机。应采取确立财务预警指标系统，编制滚动式现金流量预算，向银行争取短期的信用贷款等措施化解。

三、集团预算编制的相关内容

资金预算管控方面，集团要求财务部门加强预算和 ERP 系统的结合，实行预算系统化控制，核实资金计划与预算控制的相符性。

根据集团预算编制的相关办法，预算编制原则主要包括如下方面：①全面性原则—每项预算应包含该项目或事项的全部内容，同一项目或事项的预算不得拆分。②合理性原则—预算编制应当有详细的预算方案，事由合理、依据充分。③准确性原则—预算分类正确，数据计算准确。④实事求是原则—各单位要根据市场状况及本单位的实际需要，合理确定本单位的预算额度。⑤全员参与原则—预算编制需要全员参与，各单位要树立全局观念，做好综合平衡。

在依据集团经营发展战略目标及年度经营目标、集团年度财务预算编制的要求、国家有关政策法规和集团有关制度规定的基础上，集团的各部门可灵活选择采用固定预算、弹性预算、滚动预算、零基预算、概率预算等方法进行编制。在年度预算的编制上，应当实行"全员参与、上下结合、分级编制、逐级汇总、综合平衡"，具体的流程包括：①下达目标。集团预算管理委员会在分析各方面形势的基础上，提出预算期的总体目标，下达给各预算执行单位。②编制上报。各单位在接到预算管理委员会下达的预算目标和政策后，要求由各部门根据自身实际草编预算，各单位预算管理小组汇总预算数据后，将本单位的预算方案上报集团预算管理办公室。③初审汇编。预算管理办公室对各单位上报的预算方案进行初次审查汇总，并编制集团预算方案报预算管理委员会审查。④审查平衡。预算管理委员会对集团预算方案进行审查，最终形成全面预算报告。⑤审议批准。预算管理委员会将汇编的正式全面预算报告报董事会审议。⑥下达执行。预算管理委员会将董事会审议通过的预算方案分解成一系列的指标体系下达给预算执行单位执行。

四、集团财务管理部门的发展方向

在现有工作的基础上，集团的财务管理部门对自身的发展提出了更进一步的要求。

（1）进一步拓展直接融资，做好新增融资的洽谈对接及到期贷款的周转，降低融资成本。

（2）加强资金计划管理，合理高效地安排好账户资金。

（3）做好内部银行实施工作。

（4）做好预算管理，完善 ERP 系统，做好财务控制；配合做好集团预算考核工作。

（5）继续做好财务分析工作，提升整体财务分析水平，为集团领导提供及时有效的数据。

（6）围绕规范管理要求，继续落实财务规范管理的各项工作。同时，加强财务团队建设，不断提升财务团队整体水平。

第十二章 监察审计部

第一节 集团的法务建设

一个企业的良好运行不仅需要合理的组织机构，更需要完善的规则与对风险的把控。法务建设是企业主体需要重视的一项事务，优秀的企业法务管理可以从公司的治理结构、风险的管控、知识产权的保护、重大的危机管理等层面服务于公司，从而给公司带来经济效益。

目前，中央企业开始实施法治工作新的五年规划目标（2015～2019年），从法律风险管理体系建设、依法治企管理体系建设、法律工作体系建设、合规管理体系建设、法律顾问制度建设、法律价值创造等做出部署。

南通沿海开发集团成立已有五年的时间，作为新型国有企业，集团非常重视法务团队建设。目前集团处于快速成长期，2016年南通沿海开发集团的工作亮点在于目标任务、工程建设、产业发展、平台经济等层面实现新突破，尤其集团的金融与商贸平台的打造，这种投资业务、融资业务、基金业务无不需要法律团队的风险把控、合同签订的注意义务等，在未来发展规划中，集团强调要以盈利为目的，进一步夯实集团利润中心，以产业投资基金为方向，继续做好"百亿沿海产业基金"的募集工作，加强与省高投、上实集团等知名企业战略合作，全力推进金元证券50亿元城市发展基金组建工作，落实凯城投资1亿元、实领创新1.5亿元产业投资基金，充分发挥资本招商优势，提供金融服务。

如果说经济效益的追求是眼前的显性利益，那么集团的法务建设是隐性利益。集团的法务建设的工作重点是围绕编制预算、加大相关资金的投入，定期组织法务人员参加合同、金融交易、知识产权保护、劳动纠纷的解决、诉讼程序的培训等，提高从业人员的法律知识水平，这也迫切需要引进一些知名院校的法科专家参与决策咨询，完善人才培养机制。

第二节　集团的纪检监察工作

从中央八项规定到反对"四风"，从党的群众路线教育实践活动到"三严三实"专题教育，党的十八大以来，以习近平同志为总书记的党中央始终把党风廉政建设紧紧抓在手上，言必信、行必果，党风政风为之一振、社情民风为之一新。国家政党建设尚为如此，对于一个企业来说，其自身高管人员的廉洁自律对企业的发展也是至关重要的。随着我国国有企业改革的进一步推行，企业纪检监察工作成为建立现代企业不可缺少的重要环节。

根据国家相关法律、法规、各级纪检监察机关的有关规定，南通沿海开发集团结合集团自身条件和实际情况，制定了南通沿海开发集团的纪检监察工作制度。集团的纪委在集团党委领导下开展纪检工作，由集团纪委书记全面负责纪检监察工作，集团监察审计部组织承办具体的业务。在集团所属的各事业部，由事业部党支部行使纪检职能；集团的本部党支部配合集团纪委做好集团各部门的纪检监察工作，集团及各事业部纪检监察部门及人员履行纪律检查和行政监察两大职能，其工作职责主要是：

（1）监督检查集团各部门、各事业部党组织、党员、下属公司干部贯彻执行国家法律法规，党的方针政策、集团及事业部下属公司决议决定和规章制度的情况。

（2）协助集团党委抓好党风廉政建设，履行纪检监督责任，督促检查落实党风廉政建设责任制的情况。

（3）受理对集团及事业部党组织、党员和领导干部违反党纪、政纪行为举报。

（4）调查处理集团及事业部党组织和党员、干部违反党纪政纪的行为或提出处理建议。

（5）受理党员、干部不服党纪政纪处分的申诉。

（6）会同有关部门做好党风党纪和廉洁从业的教育、宣传、调研等工作。

（7）做好工作监察，重点做好作风监察、效能监察、廉洁从业监察。

（8）参与重大经营管理活动，实行事前、事中监控，事后监督。

第三节 集团的审计工作

审计部门作为一个企业的构成部分尤其国有企业的组成部分，对于国有资本的正确运行起到很好的监督作用。

南通沿海开发集团不断创新开拓业务范围，企业的内部审计不仅是一种管理措施，更是监督和评价企业内部经营活动的制度。通过专业的审计制度，集团可以很快地对其会计信息进行监督、评价，对企业的资产状况、经营状况进行初步把握，并防范财务风险。

集团不断加强对审计工作的重视，完善审计机构，设计独立审计模式。2016 年以来，集团在市委、市政府的决策部署下，在市国资委的关心指导下，深入贯彻十二次党代会精神，按照"好上又好、能快则快"的发展要求，聚焦项目建设、强推产业招引。集团发展总体平稳，在重点打造的股权投资、债权投资、金融服务和资本招引方面，规模达到了 1.52 亿元，对于这些项目的审计工作已经落实到位，审计人员的优秀素质也为集团的发展做出了重要贡献。

第四篇　业务管理

2015 年，南通沿海开发集团完成了事业部制改革。根据"集中决策、分散经营"的指导思想，以"强支撑、短流程、高授权、大监督"为改制思路，重新划分集团、事业部、子公司的责、权、利，根据业务属性合并设立了港产、科创、金融、贸易四个事业部。

（1）港产事业部：包括江苏通州湾港口发展有限公司和南通通州湾游艇俱乐部有限公司，其中，港口发展公司主要负责推进腰沙开发建设，围垦土地，建设港池，为港口运营打好基础；游艇公司负责开发建设游艇码头，建立游艇帆船俱乐部，发展水上旅游活动。此外，还以南通沿海开发集团城镇建设有限公司为主体，以通州湾示范区基础设施建设和城市功能配套完善为两大重点，投资科创城道路、热、电、污水处理等基础设施。

（2）科创事业部：以南通通州湾科教产业投资有限公司为主体，通过开发建设科创城，抓教育和产业项目并举，以产业发展为核心，未来形成智能化的高端创新园区，获取经营现金流和投资收益。

（3）贸易事业部：以南通沿海开发集团商贸有限公司为主体，通过搭建钢贸平台、拓展经营范围，为集团发展带来现金流和利润。

（4）金融事业部：主要为南通沿海开发集团平台搭建和产业孵化造血。其中，南通海汇资本投资有限公司主要做好集团金融服务，通过资本做大平台，带动沿海产业发展、获取较好投资回报。

第十三章　港产事业部

港口及临港产业事业部（简称"港产事业部"）是南通沿海开发集团四大业务板块之一，也是集团发展的两大重点业务之一。

港产事业部目前有两家控股子公司：江苏通州湾港口发展有限公司和南通通州湾游艇俱乐部有限公司。其中，江苏通州湾港口发展有限公司主营业务包括滩涂围垦，港口码头、航道等基础设施、配套设施建设，港口岸线经营，货物装卸、物流、贸易经营等；南通通州湾游艇俱乐部有限公司负责开发建设游艇码头，建立游艇帆船俱乐部，发展水上旅游活动等。

第一节　江苏通州湾港口发展有限公司

一、港发公司简介

江苏通州湾港口发展有限公司（以下简称"港发公司"）成立于2012年6月6日，由南通沿海开发集团有限公司控股、南通滨海园区控股发展有限公司、中交华东（上海）股权投资基金合伙企业（有限合伙）2家企业参股组建，注册资本5亿元。

港发公司经营范围主要包括：滩涂围垦；滩涂资源综合开发利用；临港产业招商，港口码头建设、管理；港口信息、技术咨询服务；港口机械、设施、设备租赁和维修服务；国际、国内货运代理；建筑工程材料的销售等。目前，港发公司主要负责推进腰沙开发建设，围垦土地，建设港池，为港口运营打好基础。

港发公司下设办公室、财务部、工程部、前期部、运营部5个职能部门，分别承担公司运行中的各项职能。

此外，江苏通州湾港口发展有限公司有下属全资子公司南通通州湾商务酒店有限公司，投资兴建的通州湾商务中心目前已成为通州湾示范区对外商务接待的重要场所，经营业务包含餐饮、会务、住宿、办公租赁等。

江苏通州湾港口发展有限公司的发展历程如表 13-1 所示。

表 13-1　江苏通州湾港口发展有限公司发展历程

日　期	事　　件
2012 年 6 月	南通滨海园区港口发展有限公司成立
2013 年 3 月	二港池一期通道正式开工
2014 年 12 月	二港池一期通道圆满竣工暨二期通道开工
2015 年 4 月	二港池匡围一期、项目管理基地开工
2015 年 12 月	公司更名为江苏通州湾港口发展有限公司，项目管理基地圆满竣工暨匡围二期开工
2016 年 1 月	二港池西区龙口成功合拢
2016 年 3 月	腰沙围垦二期通道顺利通过交工验收
2016 年 4 月	二港池东堤龙口成功合拢
2016 年 8 月	通州湾腰沙 A3 段顺利通过交工验收

二、我国沿海港口行业的发展前景

（一）港口货物增速减缓，结构多元化态势明显

目前我国受国际金融经济危机影响还在延续，经济发展进入新常态。受到发展方式等内生性因素和现阶段资源环境等外部因素的约束，我国经济发展面临强制性结构调整。经济增长将转向重点启动"内需消费"，经济结构要优化升级。其对沿海主要港口货物贸易产生较大影响：对外贸易增速将明显放缓，港口外贸货物增速将相应放缓，在货物吞吐量的比重会下降；我国向工业化后期发展，产业结构进一步优化升级，资源环境的可持续发展，港口煤炭、原油、铁矿石增长将趋缓，集装箱虽将继续保持总体增长态势，但增速也会明显放缓；而依托于先进制造业和新能源产业发展，未来天然气、滚装汽车、液体化工、粮食等货类将成为港口新兴增长点，需要加强对新兴货类设施的规划和建设。

总的来看，未来我国沿海港口货物吞吐量将由快速增长转向平稳增长，投资逐年递减，2010~2015 年沿海港口建设完成投资分别为 836.87 亿元、1006.99 亿元、1004.14 亿元、982.49 亿元、951.85 亿元、910.63 亿元，规模以上沿海港口各类货物吞吐量分别为 56.4 亿吨、63.6 亿吨、68.8 亿吨、75.6 亿吨、80.3 亿吨、78.4 亿吨。

（二）港口服务向物流化、高端化发展

与世界港口发展同步，我国主要港口经营模式也逐步由装卸仓储为主向物流中心模式转型。以上海港为代表的我国沿海主要港口都已呈现出由装卸业向上下游延伸，打造港口服务业产业链的发展态势。我国沿海港口顺应世界港口发展趋势，向港口服务的物流化和高端化发展。一方面，向港口服务的物流化发展，加快港口与供应链上下游形成以港口码头为中心的有机整体，形成供应链各环节的无缝衔接，为用户提供更加精细、更为迅速、更为安全的服务，以满足对港口物流一体化的需求。另一方面，向港口服务的高端化发展，将港口服务功能向包括航运金融、航运保险、航运信息、载运工具经营与管理等的高端航运服务业扩展，这是未来国际航运中心发展的战略制高点。

（三）港口区域化整合全面展开，港口将呈层级化发展

为适应全球经济危机催生世界经济发展模式转型，特别是我国经济发展方式转变要求，我国港口正经历着"以合为主"的又一轮港口变革。这次整合的内容和范围都有较大的扩展。未来港口的竞争将主要体现为港口群间的竞争：区域内大中小港口的有效衔接布局、功能互补，专业化合理分工，将有助于提高港口群的竞争力；港口群整体功能的不断完善，将有助于形成合力强化其服务国际国内的能力。

（四）港口发展将更加开放

开放的港口是区域经济中心城市形成和发展的重要条件，国际重要港口所依托的港口城市一般都是经济发达、充满活力的城市，甚至是地区性、国际性的经济中心、物流中心、商业中心和工业中心（如香港、纽约、伦敦、东京、汉堡、鹿特丹等）。而开放的政策更是港口发展的关键，世界上著名港口基本上都设有自由贸易区，例如汉堡港、香港港、新加坡港等。我国港口对外开放在不断扩大，先后实施区港联动、启动保税物流园区，保税港区是目前我国实施的最为开放的港口政策，但距离国际上通行的自由贸易区政策还有一定差距。

三、港发公司的战略定位

（一）通州湾港口独特的优势

1. 区位优势明显

通州湾新区位于我国沿江沿海"T"字形经济带交汇处，黄金水道和黄金海岸的交汇点，地处我国经济最发达的"长三角"核心区，紧邻上海开发开放的最前沿——浦东新区和上海自贸区。并且，随着苏通大桥、崇启大桥相继贯通，通洋高速、海启高速建设，沪通铁路即将开工，通州湾全面融入上海1小时都市圈。

2. 港口资源优越

经南京水科院多年研究论证，通州湾海域可建设30万吨级深水航道，形成约150公里深水岸线，可建设500个适合不同功能需要的深水泊位，可规划建成一个5万~30万吨级大中小泊位相互配套、功能齐全、能力超10亿吨的综合性现代大型深水港口群，是中国东部沿海不可多得的深水海港资源。

3. 开发空间广阔

通州湾海域0米以上滩涂均与岸滩连接，开发条件好，围垦成本小，非常适合滚动开发。通过对腰沙、冷家沙、三夹沙等沙体大面积围垦，将形成450多平方公里陆域用地，为大规模港产城综合性开发提供广阔空间。

4. 联运条件便捷

通扬、通吕、通启、九圩港四大运河连接长江、通达沿海，遥望港河、如泰运河两大高等级内河疏港航道，可通过江海水水中转，放大沿江港口集散功能、拓展沿海港口疏运功能，形成江港海港多港式联运、分工协作的综合运输格局。

（二）腰沙项目开发的意义

通州湾港区的开发建设承载着"长三角"辐射带动中西部地区协调发展的重大责任，承载着上海国际航运中心加快建设的战略重任，承载着江苏沿海"洼地"快速崛起的战略使命，不仅是南通市、江苏省的重大事项，更是关乎全局的大事，具备建设国家级示范区的基础和条件。

腰沙项目拥有宝贵深水岸线、后续可形成大量土地资源以及具备市级政策支持的优势。目前，江苏通州湾港口发展有限公司重点推进腰沙工程建设，加快通州湾港区2#港池陆域形成工程；集团经营管理层希望未来可以通过资本途径，与南通沿海地区如东、海门、启东开展战略合作，在洋口港、东灶港、吕四港投资发展港口产业，实现江海联动发展，港口错位发展。

（三）公司的发展定位

鉴于经济腹地和发展实际，通州湾港短期内发展物流港走不通，只能走产业招商带动建港的路子，"十三五"期间，通州湾港的主要目标是产业港。

公司凭借通州湾港口周边优质的土地资源，以完善港口产业链为主线，积极培育港口及航运设施工程建筑、装卸搬运运输代理、货场仓储、智慧物流（含仓储）、滨海休闲旅游等港口业务；构建海洋工程、海洋生物医药、通讯设备制造、新材料、船舶修造等海洋产业集群。以通州湾港口开发为基础，引进战略投资人、知名船舶公司，联系资源供应商、共同进行港口产业投资建设运营，将港发公司发展成为"长三角"地区重要的港口开发建设与投资运营商。

根据市委、市政府对南通沿海开发集团的相关要求，港口公司力争经过5~10年的努力，把公司打造成为具有投资、建设、营运等综合能力的港口开发和运营商，将通州湾港区建设成为具有集装箱、大宗散货、件杂货、油气储运等多种通用及专用泊位的区域航运中心和临港先进制造业基地。

四、腰沙项目的建设情况与面临的困难

（一）腰沙项目的建设情况

江苏通州湾港口发展有限公司自成立以来，便主要推进腰沙开发建设，围绕一、二港池的形成，先期建设腰沙一期通道、二期通道，从而形成港池的框架。腰沙项目全面采用 EPC（设计施工总承包）模式，工程建设稳步推进，一期 7.5 公里通道建成交付；二期 5.5 公里导堤建成通车；总投资 12.76 亿元的二港池匡围工程全面展开，12 平方公里陆地及 9 公里岸线框架，初步成型。目前已完成约 16 公里的导堤建设，形成可开发土地面积 900 多亩。

目前，公司重点规划推进的腰沙临港产业发展区作为通州湾港区重大产业项目落户的核心区域，规划发展总面积为 28 平方公里，主要发展产业类型为海工装备、重型装备、交运设备制造、商贸物流、综合能源等。规划片区包括"一个中心"——江海联运中心，发展煤炭、矿石、棉花等大宗散

货仓储联运;"两个产业园区"——临港装备制造园区和沿海商贸物流园区;"三个码头作业区"——集装箱、通用码头作业区,干散货码头作业区以及综合能源码头作业区。远期根据招商引资发展需求,有序开发,适度超前,形成滚动开发并逐步达到良性循环的态势。

2012~2015年,江苏通州湾港口发展有限公司已经取得的经营业绩如表13-2所示。

表13-2 江苏通州湾港口发展有限公司审计报告

单位:万元

审计主要指标		2012年	2013年	2014年	2015年
经营规模	营业收入	—	2908	5068	2299
	资产总额	66227	81880	150341	71693
盈利能力	利润总额	468	712	1241	-15
投资收益	净资产	50339	50839	51762	51437
	净资产收益率	0.93%	1.40%	2.40%	-2.2%

(二)腰沙项目面临的困难

1. 用海报批难

通州湾开发基础弱,起步难,任务艰巨。南通沿海开发集团作为市属国有企业,认真贯彻政府指示,但作为一只强有力的"看得见的手"来承担通州湾开发重任,也难免遇到一系列要素制约难题。

港发公司自2012年成立以来一直肩负着腰沙开发建设的重任。为完成市委、市政府提出的"加快通州湾腰沙开发建设,7月份完成华电区块吹填成陆,确保重大项目成功落户"的目标,港发公司适时启动二港池工程。但受国家海洋局等部门政策影响,腰沙项目存在用海报批政策壁垒,28平方公里区域整体用海建设方案难以获批,为加快实施港池围海工程项目,配合华电工程落地,港发公司参照全国普遍做法,边报批边建设,也因此承担了部分高额的行政处罚金。但采用这样的做法加快了二港池的成型进度,大大降低了施工安全风险,并节约建设成本2亿元以上。

2. 可持续发展后劲不足

南通沿海开发集团是市政府为充分发挥国有资本的撬动功能而成立的国有投融资平台,初衷是以南通沿海开发集团拉动通州湾的开发建设。集团成立以来，一直承担着沿海区域性综合开发任务，业务覆盖面广、开发难度大，其注册资本金的资产结构和资产质量优势不明显，成立时虽拥有交投公司、苏通大桥公司股权，但并不具有实际经营权，也就是说，在成立时，南通沿海开发集团为纯粹的"投融资平台"，并无经营实体。

当前，南通沿海开发集团腰沙和科创城两大主体项目尚未形成主业，仍处于开发阶段，面对超百亿元的通州湾开发蓝图，南通沿海开发集团的资金显然捉襟见肘。尽管集团聚焦主业，想方设法通过融资获得了大额的投资资金来支撑通州湾的项目开发建设，通过整体出售、股权转让等方式退出相关项目，进一步调整经营布局，但从长期来看，集团腰沙和科创城两大主体项目投入大、产出慢，后续开发能力明显不足，也导致了集团可持续盈利难度加大。

一方面，项目后续开发能力不足。按照集团目前的开发计划，腰沙二港池围垦需投入近40亿元，科创城项目一期投入还需近50亿元，以及其他配套工程，合计投资总额近百亿元。集团注册资本金30亿元，以资产负债率75%标准（警戒线）估算，还需近90亿元的授信负债，考虑集团注册资本金仅9亿元的现金出资，可以说，集团以不足10亿元的现金资产，通过充分发挥国有资本的撬动功能，基本实现了项目一期开发资金的平衡。但是，未来随着项目的后续开发体量的逐步增大，集团面临的资金压力、开发要求越来越高，导致项目后续开发能力明显不足。

另一方面，可持续盈利难度加大，存在不确定性。南通沿海开发集团在建项目前期投资大，回收期长，见效慢。截至2016年末，腰沙和科创城共已累计投资39亿元，项目建设到产业落地时间长，其间几乎无与投资支出相匹配的经营性现金流入，预计2025年之后才能实现盈利。此外，随着项目推进，资金理财收入将逐步减少，资本投资具有一定的市场周期性，未来，南通沿海开发集团的收入组成主要取决于政府补贴、土地出让和税收收入，根本上还是取决于项目运作和集聚的发展程度，目前仍很微薄。因未来项目开发的不确定性，集团可持续盈利能力难度不断加大。

3. 产业集聚优势不明显

由于示范区是一个刚刚起步的年轻园区，基础配套设施不齐全，再加之供给侧结构性改革带来的影响，南通沿海开发集团在示范区进行大项目招引愈加困难。虽然腰沙围垦10.4平方公里土地、10千米岸线初步成型，但水电路等配套工程尚不健全，无法满足临港产业的落地。

一方面，优质项目招引难。受宏观环境下行影响，临港产业招引存在较大困难，落地项目的数量、质量、单体规模、产业层次等都不太乐观。

另一方面，政企职能分开难。在产业落地、招商引资的过程中，南通沿海开发集团承担了较多的政府行政职能，如办教育、搞招商、建园区、提供公共配套服务等。在安全管理、社会责任等方面承担较高的行政风险，导致企业支付大量的行政管理成本，集团效益难以改善，核心竞争力不明显。

4. 未来港池清淤成本很高

南通位于长江入海口北岸，南通东部沿海滩涂是由长江下泄泥沙淤积而成的新大陆，在这里建设港口需要考虑的一个重要问题就是泥沙的不断淤积。未来港池清淤成本将会很高。

5. 全球港口贸易不景气

最近几年全球经济低迷，国际货运物流不景气。波罗的海干货指数（BDI）是反映在海上运送各主要原材料所需价格的指标，在出现经济危机的时候，商品市场不景气、价格暴跌、海上贸易量急剧下降都会引起运费的下跌，BDI随之下跌，故BDI也被当作国际经济的晴雨表。根据最新的波罗的海航运指数显示，航运界目前总体状况不佳，运力出现过剩，尤其是在集装箱和干散货市场。

全球港口数量越来越多，而港口航运总的吞吐量和港口的贸易量没有明显增加。并且，近三年来全国沿海港口的投资量也有下滑的趋势，因为港口的保有量比较多，再加上港口投资期很长，资金成本很高，投资回收难。

五、腰沙深水港区项目"十三五"期间建设规划

（一）港发公司"十三五"期间主要建设内容及目标

深水港区是通州湾示范区开发建设的核心所在，腰沙港区的围垦将可形成5万~15万吨级的建港条件，同时腰沙港区围垦形成的大量土地，又可为示范区临港产业的落户提供土地资源。"十三五"期间，集团将继续投资建设腰沙深水港区项目。主要建设内容：完成小庙洪航道建设，满足5万吨级航道通航需求；围垦形成15平方公里的土地；完成二号港池建设，形成10千米岸线；建设4个五万吨级泊位；启动四号港池建设；启动网仓洪航道建设。

围绕二港池开港通航，2016~2019年期间，港口发展公司拟投资约45亿元人民币，完成北区吹填、建成两个起步码头、完成支航道建设项目。具

体如下：

（1）二港池吹填：2016 年北区吹填完成 50%；2017 年完成北区吹填，东区吹填完成 50%；2018 年完成东区吹填；2019 年完成西区吹填及港池开挖成型。

（2）防沙导流堤及支航道及助航设施建设：2017 年启动建设，2018 年完成。

（3）码头建设：2017 年启动码头建设，完成一个泊位，2018 年完成第二个泊位，2019 年完成后方堆场，具备开港条件。

（4）市政管网、公共配套、水电主干线建设：北区于 2018 年开工建设，2020 年完成，东西区根据项目需求按时序建设。

（5）临港小镇及一港池区域：临港小镇建成集办公楼、展厅、商务楼、特色小镇为一体的对外窗口，一港池区域完成一期通道内侧防护，随招商情况启动后续项目建设。

规划江苏通州湾港口发展有限公司自 2016 年至 2020 年营业收入目标分别为 0、0、2 亿元、4 亿元、10 亿元；利润总额目标分别为 0.1 亿元、0.1 亿元、-0.1 亿元、0.2 亿元、0.5 亿元。

江苏通州湾港口发展有限公司"十三五"规划目标见表 13-3。

表 13-3　江苏通州湾港口发展有限公司"十三五"规划目标

单位：亿元

财务指标	2016 年	2017 年	2018 年	2019 年	2020 年
固定资产投入	8	12	12	12	12
入驻企业数	0	2	4	6	8
营业收入	0	0	2	4	10
利润总额	0.1	0.1	-0.1	0.2	0.5
资产总额	18	32	45	58	70
净资产	5.2	5.3	5.2	5.4	5.9

（二）实施路径

1. 港口建设模式

继续推进吹沙围垦、深水航道和码头泊位及配套工程建设。积极运用现代"互联网+"以及先进技术，构建货运等相关电子化服务体系，特别是电子通关等手续建设；完善口岸联检设施建设，健全口岸综合服务体系；通过加强与铁路、高速公路以及江海河航运系统的对接，基本建成港口设施配套、功能完善、集疏运体系健全的现代化深水海港。建成1号、2号港池，力争在"十三五"期末通航。

当前，港口投融资渠道日趋多元化，中外合资、外资独资、国营及民营资本参股港口投资、民营资本独资、港口企业上市，这五种形式是我国当前港口投资主体多元化的主要形式，也是我国港口融资渠道多元化的具体表现。BOT（BT）投融资模式是目前国际上比较流行的一种适合基础设施建设的融资方式，专门用于港口基础设施建设的主要是地主港模式。在地主港模式下，土地和基础设施的所有权和港口管理职能则一直由政府实施控制和管理，比较符合通州湾目前的情况。

2. 临港产业园区

通州湾港产城一体化发展道路是港口开发成败的关键，其中产业发展是核心。

一是加强沿江沿海港口资源整合，形成港口规模能力。通州湾港口起步晚，泊位位居中小海港之列，吞吐量一般，宜与洋口港、狼山港、吕四港等协同考虑，科学定位。在南通市政府协调支持下，抓住长江生态保护性开发的契机，政府主导，资本助力，市场运作，有序引导长江港口向沿海转移，尽快形成海港规模能力。同时，加强与上海港、洋山港、连云港等大型海港

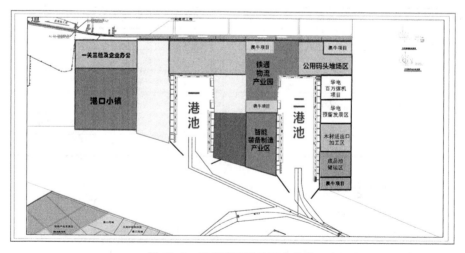

图13-1 通州湾二港池产业分布

合作，积极参与大港业务分工，通过与上海港的战略合作参与"一带一路"发展机遇。加强与上海外高桥保税区等"长三角"保税区机构合作，争取建立上海外高桥保税区物流保税仓库仓储后备库区。

二是大力推进临港产业招商，尽快形成临港产业集聚。产业招商决定了通州湾港口开发的成败。建成大型装备制造基地、能源及大宗货物储运贸易中心、专用及运用深水泊位配套的综合港区，围绕产业转型升级抓招商，重点是港口物流、装备制造、新能源、新材料等产业板块，不断强化招商载体建设，重点瞄准引进基地型、龙头型世界 500 强、国内 500 强企业。突出招商推介，精心组织各类招商推介活动，全方位扩大招商信息源，开展以商引商、驻点招商等有效招商形式，集中精力抓好龙头型、基地型项目引进，在重大外商投资项目、重大央企项目、重大新兴产业项目上寻求突破。

围绕通州湾港区二港池临港工业配套服务区的功能定位以及区位条件优势，集团及公司有针对性地开展了大量的产业调研及企业考察、招商工作，并初步梳理出适合二港池产业落地的六大产业方向（见表 13-4）。

表 13-4　通州湾二港池临港产业六大招引方向

序号	产业方向	招商重点
1	重型装备制造产业	依托本地海工装备制造优势，招引重点企业项目 对接企业：中船重工（武船）、南京港机、中交疏浚修造船项目等
2	物流产业	结合香港、新加坡专项招商及国内企业对接情况，布局物流及相关产业链项目 对接企业：和黄、九龙仓、四川铁通物流汽车滚装项目、新加坡环通物流、香港物流协会、丰树集团、林森物流集团、苏州物流商会等物流企业
3	能源产业	围绕建设绿色、智慧港口，打造新能源产业基地 对接企业：华电、中海油、中石化、新奥能源、沃特能源等
4	粮农储运及临港加工产业	结合四川铁通物流的农产品供应链、澳洲活牛进口加工项目、太仓木材加工基地等考察对接情况，深化产业研究，加快合作推进
5	矿石产业	根据临港传统产业项目，发展矿石产业链 对接企业：天元锰业、宝矿国际、上海罗泾港等矿石贸易集散地
6	节能环保产业	围绕节能、绿色建材及海水淡化等环保项目，打造节能环保产业园 对接企业：恪思穹顶、中建材（装配式建筑）、中节能等环保相关的企业

三是争取各级政府优惠政策支持，力争建设资金持续稳定。港口产业及临港工业前期投入较大、回收期较长，争取政策支持非常关键。科学制定港口发展政策，对港口招商引资将会产生重要影响。为此，应积极争取各级政府对港口建设资金的投入；争取国际国内相关金融机构的贴息或无息贷款；争取各级政府部门的优惠政策，特别是地方政府的税收返还、提留等政策。

四是做好港区土地资源规划利用，确保土地开发集约高效。临港工业的布局范围广、土地占用量大，通州湾港区土地围垦建设成本高，要十分注重节约利用，提高单位土地面积的资本量。因此，要从前期规划角度预先调整、优化好当地的资源结构，促进土地合理开发利用，达到优化土地资源配置和优化产业布局的目的，推动土地的集约利用。在符合土地利用总体规划的前提下，对列入临港工业发展规划的重点项目力争保证土地供给。

第二节　南通通州湾游艇俱乐部有限公司

一、游艇公司简介

南通通州湾游艇俱乐部有限公司（以下简称"游艇公司"）成立于2013年3月，由南通沿海开发集团有限公司和江苏韩通集团有限公司共同出资设立。公司注册资本1亿元人民币，经营范围包括游艇及旅游开发提供管理服务、游艇销售、会务服务、土地开发等。公司位于南通滨海园区（通州湾）港池内，地处"长三角"核心区，位于江苏沿江经济带与沿海经济带的交汇处，是南通沿海前沿区域承南启北的中心节点，交通方便，地理位置优越。公司占地面积1000亩，拥有2公里的黄金海岸线，总投资26亿元，分期开发建设游艇销售与服务、会展中心、海上休闲、水上运动中心、海滨度假酒店、高档海景住宅为一体的产业集群。

公司下设四部一室，分别为：工程部、策划部、运营部、财务部、办公室，分别承担各项职能。

二、帆船游艇行业的发展前景

以往，帆船运动被认为是奢侈品，价格高、不亲民，制约了帆船运动在中国的发展。按照国际惯例，当人均 GDP 超过 6000 美元，游艇产业会随之进入高速发展阶段，2016 年中国人均 GDP 已达到 8865 美元，已经进入游艇帆船行业的黄金发展期。

（一）游艇业行业前景看好

目前，以游艇休闲为代表的高端休闲业已出现在少数沿海城市，并且呈现爆发式增长趋势。从中国交通运输协会邮轮游艇分会发布的《2014 中国游艇产业报告》显示，经历 10 余年发展，我国游艇消费完成了从无到有的跨越，实现了以游艇加工制造业为先导到游艇制造与游艇消费全产业链并举的转变。2014 年我国游艇制造业产出规模接近 80 亿元，国内游艇消费市场规模约为 30 亿元。全国共拥有 149 家游艇俱乐部（码头）、近 1 万个水上泊位和 2700 个干舱，但至今游艇公共码头几乎空白。在国内拥有游艇数量方面，报告统计，8 米以上商务休闲游艇保有量在 3700~4000 艘之间，5 米以上钓鱼艇、帆船、快艇 12000 艘左右，中国各类游艇拥有量合计约为 16000 艘。据奢侈品权威研究机构财富品质研究院预计，中国游艇产业从 2014 年开始将保持每年不低于 30% 的市场增长率。未来 5 年内，市场规模保守估计将超过 150 亿元。国际上除 2.5% 的 80 英尺以上的超级豪华游艇是奢侈品外，84% 的游艇其实是 40 英尺以下的中小游艇，如帆船、钓鱼游艇，完全是城市白领阶层都能体验、参与和享受的水上休闲运动和泛户外生活方式，价格在人民币 50 万~100 万元的低档游艇将最受欢迎，中等收入群体是今后相当长时期内游艇的主力消费群体。

2015 年 8 月 11 日，国务院办公厅发布《关于进一步促进旅游投资和消费的若干意见》（以下简称《意见》），部署改革创新促进旅游投资和消费工作。在《意见》第二部分特别提到促进游艇旅游的内容，这无疑对目前冷清的中国游艇市场是一个利好的消息，《意见》指出："培育发展游艇旅游大众消费市场。制定游艇旅游发展指导意见，有规划地逐步开放岸线和水域。推动游艇码头泊位等基础设施建设，清理简化游艇审批手续，降低准入门槛和游艇登记、航行旅游、停泊、维护的总体成本，吸引社会资本进入；鼓励发展适合大众消费水平的中小型游艇；鼓励拥有海域、水域资源的地区根据实际情况制定游艇码头建设规划。到 2017 年，全国建成一批游艇码头和游艇泊位，初步形成互联互通的游艇休闲旅游线路网络，培育形成游艇大众消费市场。"

（二）帆船运动全民时代来临

随着我国经济、社会和人文的发展进步，帆船运动迅速兴起，各地的帆船运动基地如雨后春笋般出现。2014 年底，国务院下发的《关于加快发展体育产业促进体育消费的若干意见》（国发〔2014〕46 号）表明了政府风向。根据国家统计局数据，2016 年中国人均 GDP 为 8865 美元，已经进入帆船运动的全民时代，未来帆船运动前景看好。以青岛为例，近几年，青岛着力深化"帆船之都"城市品牌，在国内首次推出"帆船之都"专项旅游产品，将体育与文化、旅游相结合，开创国内帆船品质旅游的先河。2015 年，青岛国际帆船周·青岛国际海洋节接待游客总量超过 100 万人次。国际顶级帆船赛事引进和举办，直接拉动了青岛本土帆船游艇高端船艇装备制造业的发展。2015～2016 年赛季克利伯环球帆船赛所用船艇全部为青岛制造。通过举办国际帆船赛事，推动了城市帆船普及，培育了帆船人口，增强了帆船产业内在消费潜力。

三、游艇公司的战略定位

（一）游艇公司的开发条件

1. 游艇行业的优势

随着国内外游艇、帆船的推广，特别是世界知名帆船赛事在国内央视体育的直播，国内开始对游艇文化、帆船运动不断了解，越来越多的人参与其中。在人们物质文体生活日益充足的今天，游艇和帆船必将成为由高端消费群体开始逐渐推广普及到大众群体的项目。而游艇消费需求的提升无疑会带动游艇码头、游艇研发、游艇教育培训、游艇运输、游艇维修、燃料加注、水上娱乐、餐饮服务和旅游地产等一大批相关行业的迅速发展。

江苏的游艇配套业也具备一定的基础优势，由于江苏游艇旅游相关基础设施建设起步较早，市场潜力大，对全国游艇的吸引力较大。

2. 地理位置优越

南通通州湾游艇俱乐部有限公司位于南通滨海园区（通州湾）港池内，地处"长三角"核心区，东邻上海、西接南京、扬州、北连苏北腹地，南临长江主航道、与张家港隔江相望，位于江苏沿江经济带与沿海经济带的交汇处，是南通沿海前沿区域承南起北的中心节点，交通方便，地理位置优越（见图 13-2）。

图 13-2 通州湾游艇俱乐部地理位置

（二）游艇公司的战略定位

游艇公司的发展目标是打造国际一流的游艇俱乐部，完善其上下游产业链及附属配套设施，建设全产业链的游艇小镇。该项目位于正在开发建设的滨海园区通州湾港池内侧。港池长度1.7公里，宽度0.8公里，岸线长度1.7公里，周边配套用地约722亩，共设置10个功能区，拟分期分批滚动开发，逐步打造集游艇制造、游艇销售、游艇服务、会展中心、海上休闲、水上运动、教育培训、度假宾馆、高档海景住宅及商业配套为一体的游艇产业集群，最终形成新的全国性游艇旅游度假中心。

项目规划300个黄金水道泊位，配套商业购物、商务会所、会展中心、海上运动中心、游艇俱乐部等业态。

此外，未来形成游艇小镇的建设也是形成沿海增长极的重要突破口，对于培育南通沿海新的经济增长点、打造宜居、宜业、宜游的滨海新城具有十分重要的作用。

四、游艇公司重点项目建设情况

游艇公司项目起步工程为400米水上平台，30个游艇泊位，2000平方米的俱乐部展示厅，总投资8000万元，已于2013年6月底完成交付。

游艇公司已开发建设滨海游艇俱乐部占地面积约 0.2 平方公里，总投资约 10 亿元，单独木制别墅，以休闲度假为主旨，打造高端别墅区，开发集餐饮、娱乐、商务、住宿、船只停泊、维修保养、驾驶训练等多功能于一体的高档游艇俱乐部，供高端人士度假休闲、居住养老、年度聚会、商务活动。通州湾游艇俱乐部项目经过近两年的市场培育和试运营，已经逐步取得了一定知名度，游艇俱乐部目前已建立 20 个通用水上泊位，停泊 4 艘游艇、30 余艘帆船、2 艘橡皮艇、2 艘钓鱼艇，提供游艇航海体验、海上婚纱摄影写真、海上婚庆典礼、游艇驾驶培训、帆船训练等多种服务。

游艇俱乐部积极拓展市场，加强对外合作，占地 1000 亩的游艇港建成"江苏省帆船帆板运动协会通州湾培训基地"和"淮海工学院体育学院实习基地"。成立了南通首家海钓俱乐部，成功引进了 Ocean Master（澳玛斯特）游艇 4S 店落户南通销售，代理国际排名第一的"博纳多"帆船销售，打造游艇特色产业集聚区。

游艇俱乐部还积极开展特色项目，申办各种海上赛事活动、游艇展，培植和推广游艇消费和海上运动，提高社会影响力和美誉度，将通州湾打造成长三角一流的游艇俱乐部、全国范围内重要的水上运动中心。2015 年 9 月 11～14 日，游艇俱乐部成功举办了首届"通州湾杯"国际帆船邀请赛，该项赛事是江苏省内首个帆船赛。2016 年 9 月 9～11 日，第二届"通州湾杯"国际帆船邀请赛在南通通州湾游艇俱乐部举行。高水平帆船赛事的举办，不仅为培育游艇产业，带动周边旅游、餐饮、商业等现代服务业打下基础，也将助力南通进一步宣传沿海开发战略，扩大通州湾江海联动开发示范区的影响，打造南通的国际化体育赛事品牌，为通州湾新区的体育及旅游产业注入新的活力。

此外，2016 年 10 月 27 日，一年一度的"中国杯"帆船赛将在深圳大亚湾正式拉开帷幕，通州湾游艇俱乐部帆船队携"江风海韵号"首次征战中国杯帆船赛，经过四天六轮的海上角逐，通州湾游艇俱乐部帆船队获得了巴伐利亚 Cruiser37 统一设计组别总成绩亚军。

2013～2015 年，南通通州湾游艇俱乐部有限公司已经取得的经营业绩如表 13-5 所示。

表 13-5　南通通州湾游艇俱乐部有限公司审计报告

单位：万元

审计主要指标		2013 年	2014 年	2015 年
经营规模	营业收入	—	164.78	270
	资产总额	2058.69	12681.91	18688
盈利能力	利润总额	1.69	-184.42	-698
投资收益	净资产	2001.02	6861.33	6164
	净资产收益率	0.08%	-2.69%	-11.3%

五、游艇公司"十三五"期间建设规划

（一）游艇公司"十三五"期间主要建设内容及目标

"十三五"期间，公司将重点以游艇帆船等水上项目为特色，投资建设国际游艇港项目，打造水上体育运动及旅游休闲项目，将通州湾打造成全国范围内一流的游艇俱乐部、重要的海上运动中心，使之成为南通沿海开发集团新的经济增长点，推动示范区"大旅游、大健康"产业的发展。

主要建设内容：①游艇码头 80 个；②游艇维修配套设施；③公寓酒店；④高档住宅；⑤商业休闲街区；⑥陆上旅游配套设施；⑦特色餐饮主题街区；⑧景观步道及人造沙滩。预计项目总投资 10 亿元。

"十三五"期间规划南通通州湾游艇俱乐部有限公司自 2016 年至 2020 年营业收入目标分别为 0、0.1 亿元、0.3 亿元、0.5 亿元、1 亿元；利润总额目标分别为 -0.08 亿元、0、0.1 亿元、0.2 亿元、0.3 亿元。"十三五"详细规划目标见表 13-6。

表 13-6　南通通州湾游艇俱乐部有限公司"十三五"规划目标

单位：亿元

财务指标	2016 年	2017 年	2018 年	2019 年	2020 年
固定资产投资	0.6	1.4	3	3	2
营业收入	0	0.1	0.3	0.5	1
利润总额	-0.08	0	0.1	0.2	0.3
资产总额	3	5	8	12	15
净资产	0.52	0.52	0.62	0.82	1.12

（二）"通州湾国际游艇港"项目建设举措

"通州湾国际游艇港"项目计划分两期开发建设：第一期投资建设游艇产业园、扩建游艇码头、增加完善展厅功能区等项目；第二期投资建设别墅区、酒店、商业广场等配套项目。总体项目计划在3年内全部建成并投入运营。每一阶段的投资可以同步或交叉进行，力争在相对统一的时间内各个独立项目集中完成并开业，使整个项目形成相对完整的运营状态。

游艇产业园：总投资约6亿元，占地300亩，总建筑面积12万平方米，建设内容包括生产车间、研发楼、办公楼、展览中心、维修中心、生活区等。根据规划设计，游艇产业基地建成达产后，预计能吸引5~6家国内外游艇生产厂家及国内外知名品牌游艇帆船进驻产业基地，年生产各类游艇帆船500艘，销售收入预计3亿~5亿元。

功能区改造：总投资约400万元，占地10亩，利用库房空间建设360度影院，将堂吧改造成有一定档次的咖啡休闲吧。

游艇浮码头二期项目：总投资约2300万元，占水域约20亩，包含20个船艇泊位、具备50吨级别船艇的吊装平台及小型船艇的下水坡道。

游艇主题海边度假公寓式酒店：总投资约7500万元，占地约5亩，建筑面积10000平方米，200个房间规模的酒店式公寓。

游艇社区环岛式别墅样板区：总投资约1000万元，占地约10亩，建筑面积约2000平方米，包括独栋、双排、联排别墅样板间。

第十四章 科创事业部

第一节 科创城的现状和规模

一、科创城发展特色之路

为有效解决南通沿海开发初期面临的人气稀少、配套薄弱、产业层次偏低、项目导入缓慢等诸多困难，快速提升通州湾江海联动示范区的发展能级，加快级差地价的形成，推动南通区域社会经济从简单制造向创新创造转变，市委、市政府经充分酝酿后，提出了建设通州湾科创城的战略设想。在科创城筹建之初，充分调研了美国硅谷、新加坡纬壹科技城、香港科技园、深圳虚拟大学城、上海松江大学城、常州科教城、苏州独墅湖科教创新区等20多个国内外产学研园区的成功开发案例。

为适应形势，早期决策在通州湾示范区的南部片区建设200亩的创业社区，作为早期的产学研集聚区和大学生创新创业基地。后根据南通沿海开发的大形势发展，做出了开发建设独立的大规模的科教创新区的设想，选址重新调整至通州湾示范区的围垦北区，作为连接原有南部城市片区与北部港口片区发展的中间桥梁和重要支点；由小到大，开发规模设想逐步扩大，从最初的规划200亩扩大到规划1平方公里，再逐次扩大至规划2.5平方公里，充分论证后，最后决定先期开发5平方公里，远期拓展到10平方公里。

经过两年多的摸索和研究，经过多次反复科学论证，最终形成了通州湾科创城建设开发的整体战略：围绕南通沿海开发"港口引领、产城融合、科教兴海"的三大发展战略，通过短期集聚人气、中期培养人才、远期发展产业的科学路径，以国有资本先期投入为引导，吸引广大社会资本共同开发，力争用 10 年时间打造南通领先的科教创新核心区，引领通州湾示范区建设探索走出一条独具特色的创新发展道路。

2013 年 11 月 22 日，科创城项目正式开工建设。2014 年 10 月，北航软件学院首批 200 名大数据、云计算专业的研究生入驻通州湾。2015 年 5 月 5 日，江苏省委书记罗志军、省长李学勇带领全省贯彻落实"一带一路"国家战略、大力拓展对内对外新空间会议的 200 余名全体代表视察科创城。2015 年 8 月，南通市委书记丁大卫、市长张国华等全部市委常委和参加第 94 次常委会的 50 余名全体会议人员，来到通州湾科创城现场视察。其间，全国人大常委会原副委员长顾秀莲、原解放军总参谋长陈炳德、海协会会长陈德铭、省长李学勇、省政协主席张连珍、副省长史和平、副省长许津荣等领导又多次莅临科创城指导工作。兰大、西交大、天大、中科院海洋所、通州湾技校等 10 多所院校和科研机构陆续入驻，70 多个高新技术产业项目逐步落户。目前，正在积极申报省级高新技术产业开发区。

二、政企合一、自负盈亏的开发模式

示范区和南通沿海开发集团成立了注册资本为 1 亿元的科创城公司作为科创城的开发主体，示范区以 7500 亩土地折价投入，出资比例 40%，南通沿海开发集团以现金投入 6 亿元，出资比例 60%。目前，科创城公司注册资本已到账 1 亿元，正在实施股权调整和增资，完成后到账资本将达 2 亿元，近期还将逐步增资到 10 亿元。根据市委、市政府专题会议纪要精神，科创城实行"市属区管、政企合一、封闭运行、自负盈亏"的特殊开发机制，由政府主导，企业为开发主体，国资引领，实行市场化开发模式。科创城项目由市委、市政府领导，通州湾示范区实施属地化管理，采取实体公司的市场化运作模式，科创城范围内的土地出让金、入驻企业税收的市、区两级地方留成等全额返还科创城公司，同时科创城范围内基础设施、环境建设、社会管理、综合治理等事务由科创城公司负责，科创城管理中心、科创城公司系统承担了科创城的策划、规划、建设、招商、管理、运营、服务等功能，自行实现科创城项目的盈亏平衡与投资收益。

保障科创城的平稳开发，科创城在借鉴周边地区先进经验的基础上，实现了管理架构的不断优化，先后建立健全了三级新型管理架构，市级联席会议制度+科创城管理中心、科创城党委+科创城公司（城镇公司）。市级联席会议为决策机构，管理中心为决策执行及管理机构，党委为党建组织，科创城公司（城镇公司）为建设实施主体，其中科创城公司主要负责招商、发展、运营、管理、服务等事宜，城镇公司主要负责策划、规划及建设事宜。

科创城坚持创新驱动，以项目为主抓手，推动产业、科技、人才、资本深度融合。在产业发展方面，不断创新"资本招商、人才招商、资源招商、服务招商"的招商思维，围绕"信息软件、海洋产业、高端装备、现代轻纺"四大产业方向，实现"资本助推、人才定制、拎包入驻、无忧服务"发展路径，搭建专业招商产业园，探索驻点招商新模式。一是按照南通市政府的"3+3+N"产业规划精神聚焦产业方向，以商招商、以校招商，积极招引、主动承接高科技企业落户；二是围绕科创城"创新创业"的发展主旨，依托组建的产业引导系列基金，不断拓展"资金+技术"的科技企业孵化模式，将联合成立多家科贷、创投公司，积极孵化科技型企业，力争建成南通创新之都的标志性节点；三是构建科创城优势产业招引路线，按照"产业转移，产业创新"的思路，大力培育特色鲜明的产业集聚区，承接国内和南通市范围内的优质中小企业转移集聚。

在科教发展方面，遵循多层次教育发展的定位与方向，全方位打造融"基础教育、职业教育、本科教育、研究生教育和社会继续教育"为一体的新型教育模式和科学发展路径，同时大力推动科研与教育联动发展。一是加大院校教育资源整合，完善院校之间的信息共享机制，研究"横向联合"和"纵向贯通"两种办学路径，充分利用入驻科创城的优质教育与科研资源。二是引导院校优化专业设置，根据产业需求滚动优化，加快应用型职业教育发展，实现产学研同步发展，形成科创城的特色教育品牌，逐步将科创城打造成南通沿海发展新经济的产学研合作示范点。

三、完善内部管理，加强制度建设

（一）搭建科创城新型三级管理架构

为规范提升科创城的行政服务和运营管理水平，科创城三级新型管理架构的组建工作稳步推进，科创城管理中心、党委已成立，逐步开展了相关工作。第一个层面，2014年10月22日，通州湾科创城市级联席会议第一次召开。其间，由市委徐兴林副秘书长牵头，又召开了多次协调会议，逐步解决了科创城发展中面临的诸多困难。第二个层面，为有效推动科创城招商工作及产业项目落户，改进社会管理水平，2014年9月30日，正式成立了科创城管理中心。由示范区副书记曹苏宁任管理中心主任，示范区管委会张洪晖副主任和南通沿海开发集团朱振宇副总经理任副主任，相继制定了10余项具有科创城特色的招商政策，加速了科教产业项目落户，加快了项目建设与发展，强化了社会环境秩序。下一阶段，为进一步发挥好社会管理职能，推动科创城健康、平稳、高效和持续发展，管理中心将陆续设立四个部门：办公室、综治办、社会事业办和创新创业办，2016年3月，在示范区的支持和帮助下，管理中心首个下设机构通州湾科创城综合治理办公室正式成立，由科创城公司副总经理周春华任主任，与示范区社管局、市场监管局联动，定期开展各项综合治理专项检查和安全教育培训和巡查，充分发挥综合治理职能，不断提高科创城的综合治理水平和成效。第三个层面，根据2014年9月30日的市委、市政府协调会议精神，组建了科创城公司，负责科创城的日常运行和管理工作，由时任南通沿海开发集团总经理许映斌任董事长，南通沿海开发集团副总经理朱振宇任总经理。后根据集团的内部统一安排，进行了调整。

近期，随着科创城党员人数的快速增加，为加强入城党员的管理和教育，2015年12月10日，经通州湾示范区"两新"组织党委的批准，科创城党委正式成立，并隆重召开科创城第一次党员代表大会，科创城党委为属地化管理，同时接受南通沿海开发集团党委的双重工作指导。党委有委员5人，其中书记、副书记、组织委员、纪检委员和宣传委员各1人，下设党支部6个。由示范区党工委副书记曹苏宁任党委书记，科创城公司支部书记周海燕任副书记。科创城党委成立以来，围绕职能定位推进工作开展，明确各委员具体分工，制订年度工作计划，并进行分解落实到委员和支部。正常召开季度党委会，持续开展"两学一做"学习实践活动，持续开展"建党95周年专题活动"等各项党建活动，推进通州湾党校建立，通过党建带群建发展，中美智慧海洋公司的邹友涛被评为省劳模，科创城公司获评"市级青年文明号"，营造了良好的党建文化氛围。2016年5月，科创城党委由隶属于示范区"两新"组织的二级党委提升为直属示范区党工委分管的一级党委。

表 14-1　科创城党委及党支部情况

党委	支部简称	支部所在单位	党员人数
中共通州湾科创城委员会	一支部	南通通州湾科教产业投资有限公司、其他各入驻单位	36
	二支部	南通兰州大学科教基地	128
	三支部	北京航空航天大学软件学院研究生南通创新基地	36
	四支部	上海电力学院南通基地	37
	五支部	南通市通州湾技工学校、南通通州区爱丁堡艺术职业专修学校、南京航空技工学校	19
	六支部	上海海事大学南通基地、中国科学院海洋研究所（南通）长江口生态站、南通智慧海洋产业研究院公司等	6

（二）完善公司组织体系

按照集团统一要求，公司完成了人员三定方案编制，部门职能逐步理清。根据科创城组织架构和三定方案，设总经理室、综合管理部、财务管理部、招商中心（招商一部、招商二部、招商三部、一站式服务中心）、院校工作部（图书馆）、投资发展部、后勤服务部、建设中心（前期设计部、市政建设部、工程管理部、技术中心、成本合约部）等部门。不包括科创城管理中心，科创城公司远期的人员编制数为 102 人，近期人员编制数为 92人，现有员工 74 人，其中男性 52 人、女性 22 人。其中大专 6 人、本科 49人、硕士 17 人、博士 2 人。高级职称 9 人、中级职称 12 人。

（三）加强内部制度建设

按照国资委与集团的制度与要求，不断加强建章立制工作，形成了月度办公会、季度会议、年度会议、党政联席会、董事会、监事会、园区联席会等系列内部制度并规范执行，先后出台了车辆管理、出勤管理、值班办法、日常接待管理、物品采购、库存管理、决策会议制度等一系列日常办公制度，严格公司制度建设及执行。并参照国家公务员管理的若干要求，提高公司员工制度执行力，为公司的后续发展奠定了坚实基础。

（四）强化企业文化建设

进一步挖掘和弘扬科创城"简单、透明、高效"的企业文化精神，组织多次院校迎新恳谈会、演讲比赛、感受江苏、节日联谊等各类文化活动，增强院校师生和公司员工的归属感。坚持实施员工素质提升计划，每月选派两名员工赴苏州独墅湖科教创新区挂职锻炼，迄今已选派 28 人挂职锻炼学习，快速提升了员工技能。依托灵动黄海大讲坛系列文化体系建设，定期不定期组织名家讲座、商务礼仪、新闻写作等系列内部员工培训，营造浓厚学习氛围，鼓励员工学习新思想、新方法、新技能，尝试新挑战，提高自身价值创造力。

（五）加强廉政作风建设

不断加强公司全体员工的思想学习与廉政教育，持续开展廉洁自律和奉公守法教育，提升员工个人道德修养，时刻强化公司的廉政从业氛围。公司年初和各部门签订《党风廉政建设目标管理责任书》，并梳理出了工程建设、物资采购等若干敏感岗位，组织签订了《敏感岗位人员廉洁自律承诺书》。多次组织员工赴通州监狱、南通市看守所等多个廉政文化教育基地进行现场教育。先后成立招商管理、工程建设、采购招投标、对外投资、财务监管五大决策委员会，变个人决策为集体决策，不断规范决策流程，弱化个人作用，对科创城重大事项一律实行集体审议和决策，实现流程规范和风险可控，保障了科创城长期健康的可持续发展。

四、打造宜居宜业科创小镇

目前，科创城先期 5 平方公里的园区整体框架已经全面拉开，25.99 万平方米建筑物已投入使用，28.1 万平方米建筑物正在交付，在建项目 25.73 万平方米，已开展前期工作项目 20.38 万平方米，完整地承担了通州湾示范区的高新区和高教区功能。后续项目还将陆续实施，已投入和即将投入的项目总计约 90 万平方米。

（一）坚持高标准定位，落实高起点规划

总体建设坚持国际一流水平，由美国世邦魏理仕公司策划、新加坡邦城公司规划。针对 5 平方公里范围开展了一次性的整体性规划，先后编制了区域总体开发规划总规 1 项、控制性详细规划 1 项，开展了城市风貌与城市设计、海绵城市、智慧园区等专项研究 4 项，编制给排水等专业规划 8 项，完成北部产业区等各类项目策划 6 项。同时，加快了规划的刚性实施，提升科创城整体硬件，努力构建科文荟萃、产业强势、配套完善、环境优良的一流产业生态环境。

以全球战略型视野，物色各领域专家和企业单位，坚持引进国内外各类优秀咨询、规划、建设单位，并建立良性的设计单位准入和退出机制。从策划科研到概念设计、详细设计、景观设计，再到建成后的项目评估提升，根

据不同环节、不同空间的需要建立健全各类项目设计流程。

表 14-2　科创城规划设计汇总

序号	规划名称
1	通州湾科教城控规
2	通州湾科教城控制性详细规划
3	科教城城市风貌规划与城市设计
4	通州湾科教城燃气工程专项规划
5	供电工程专项规划
6	管线综合专项规划
7	给水工程专项规划
8	排水工程专项规划
9	能源专项规划
10	海绵城市规划设计
11	电力规划专项
12	风貌规划专项
13	交通设计专项
14	竖向设计专项
15	市政设计专项
16	智慧城市基础设施设计专项
17	人防设计专项
18	环境保护设计专项
19	环卫设施设计专项
20	抗震设计专项
21	消防设计专项
22	南通科教城北区整体定位与发展战略研究
23	5 平方公里区域能源规划
24	整体景观概念规划及启动区方案设计

在加快硬件建设的同时，及时完善科创城各类建设手续。A01/A03/A04/F02-1/F02-2/E04/E05/E06/B01-2/B02/B03 等 11 个地块完成园区立项，南部产学研中心项目完成市级立项约 50 亿，A01/A03/A04/F02-2/

B01-2 等部分地块取得用地规划许可证。土地资产逐步注入，经过示范区的帮助协调，所有已建和在建地块即将通过容缺受理模式颁发相关证照，取得规划许可证、建设许可证等各项证照。

（二）严格规范流程，加强招投标管理

在招投标管理工作中，全面推行招标代理机构代理项目，贯彻落实招投标法律法规和相关政策，对于不同的项目实行专题决策会评审，严格按照要求实行招标项目备案、招标公告、资格预审、招标文件备案、中标公示。招投标工作均在示范区招标办平台上依法开展，有效解决招标人排斥潜在投标人等违规行为；对招标项目全面实行招标控制价，有效防止哄抬物价、围标、串标等行为；要求投标保证金必须是投标人基本开户行出具的支票、汇票和保函，中标项目负责人必须全程在施工现场，有效解决陪标、转包、挂靠等行为。

严格按照国资委、集团的各项规章制度，坚持源头管理，狠抓项目进场招标平台，对符合进驻园区公共资源交易中心（工程 100 万元以上、物资采购 50 万元以上、咨询服务 30 万元以上）的项目坚持进场交易、接受监督；探索科学合理的评标办法，严肃评标定标纪律，确保招投标活动的公开、公平、公正。

（三）推进高标准建设，加快工程进度

自 2013 年 11 月 22 日开工以来，已完成 A01 教学办公区、A04 生活区、F02-2 标准厂房区、A03 生活区、智慧塔等项目建设，即将交付项目、在建项目包括 F02-1 厂房区/E04/E05/E06 厂房区、B01 办公区、B02 住宅区、E09 产业住宅区等。

公司针对不同时期及需求采取相应的科学管理办法。A01、A04 地块采取项目管理公司办法，通过比选招标，委托法国 BV 公司进行项目管理。A03/B01/E06/F02-2 地块采取建设单位直管，B02 住宅区为保证销售品质，通过招标委托浙江绿城进行代建管理。景观、绿化及河道等专业项目，则引进长期从事沿海开发的江苏中洋团队进行代建管理。

进度方面，按照既定计划倒排工期，通过对施工单位的节点考核保证工期。在招标文件、施工组织设计审查中，对施工单位人、财、物提出具体要求，必须满足工期要求。每周梳理进度，对比进度计划，采取对应措施使工期可控。质量方面，严格按照图纸施工，要求监理、总包单位做好实测实量，各项材料检测、工序验收、隐蔽验收均按照规划要求执行。在工期压缩的情况下，采取技术措施有效控制墙体开裂等情况，对于渗漏等质量通病，通过制订合理的技术方案加强交底，减少发生概率。实行每周地块两次检查、每月组织巡查、每季度分管领导带队进行安全大检查。遇到节假日、极端天气、重大活动等情况，及时制订专项方案、安排值班人员。组织制定各项安全应急制度，定期进行演练，提高安全管控能力。成本方面，严格按照设计及合同对施工单位进行管理，凡是涉及变更、增加费用事宜，需经分管领导批准，重大变更或调整，需由决策会议讨论决策。

（四）提升完整园区配套，加强市政工程建设

在示范区的帮助和支持下，围垦北区已完成科创城范围内三横三纵道路建设，科创城立足原有基础，已完成春晖路、渤海西路的开工建设，A01/A04 地块景观等已完成既定目标，渤海东路等其他道路及河道、景观等九通一平建设正在大力推进。

河道路网建设，目前正在开展科创城启动区河道工程一期申报立项，开展科创城淡水引入前期研究，初步拟订引水方案。开展渤海西路、春晖路东延施工，完成北部工业厂房区地块的汇通路、崇州路、新展北路的线路勘察测量及初步方案，准备开展招标。完成渤海东路、春来路箱涵通道工程设计并开始招标。

绿化景观建设，制订了东海大道、春莱路、启动区河道周边及已完成道路的景观设计方案，并开展施工图设计；开始排盐工程施工，开挖排盐沟553.5 公里，目前已完成 90%工作量。制订防风林、苗圃实施方案，并开展施工设计。

配套管线建设，东海大道燃气管道补充实施，电力与通讯排管准备实施；北部工业厂房区汇通路、崇州路、新展北路的燃气、电力、通讯管线正在设计方案，准备与道路同步实施。崇州路与春晓路的路灯、电力、通讯管线正在设计方案。

（五）坚持可持续发展，加大新技术应用

科创城建设全面贯彻了 ECO^2 的生态经济产业园区理念，坚持绿色、集约、环保、可持续发展，积极探索新技术、新标准、新工艺的应用，先后融合"欧洲小镇风情特色和近代民国建筑特点"，力争早日建成江苏沿海独具特色的科创小镇。

参与调研装配式建筑、BIM 技术、被动屋技术、太阳能蓄能技术、单螺杆技术、碳纤维网架结构、智能建筑等专题调研。研究光伏发电，打造微电

网系统。研究采取 PC、被动屋概念等技术打造绿色、环保等耗能建筑物。研究海绵城市概念，通过水系调整，打造沿海地区海绵城市样板。参与天津大学牵头的"'十三五'课题申报"，与同济大学和东南大学组成子课题并获得通过申报。与天津大学、采薇君华公司联合举办 BIM 国际高端论坛，即将联合成立通州湾 BIM 培训基地，进行市场化运作。

目前，科创城正在探索的新技术主要有：推进 ECO^2 概念，打造绿色生态城市，提高科创城整体规划品质；率先采用 BIM、SPEC 技术，解决前期设计、后期运营需求困难，为施工和认质认价提供依据；与中节能集团合资成立中节能沿海南通公司，采取地源热泵三联供技术，为科创城提供热水和冷热能，提高生活办公品质，并正在积极拓展南通及周边地区工程业务。

五、打造南通沿海创新核心

（一）突出构建创新创业生态链，围绕先进制造抓产业

科创城创新产业发展模式，完善产业创新平台，运用投行思维发展产业，创新"资本+技术+团队+产品"的新型点招和点孵模式，搭建国家级众创空间和一站式服务等产业创新服务平台，构建创新创业全生态链，提升中小企业和高新技术产业集聚规模和水平，实现双轮驱动。截至 2016 年 12 月，科创城内累计落户企业 122 家，当年新增落户项目 79 个，其中注册资本 1000 万元以上项目 47 家，已有开票销售 36 家。

一是自主招商平台成效显现，微众传媒、锦添无人机等 20 余个产业化项目正常运营；北部产业区已形成以骏利精密机械、绿派新能源、法美瑞汽车为代表的机电产业，以聚益生物、壮铭有机硅、长生环保为代表的科创产业，以强森木业、祥业家居、协润高分子为代表的都市产业；智存寰宇、元生干细胞、蓝鹏海洋等拥有全球领先技术的企业也先后落户。二是专业招商稳步推进，西交大长三角科技园、沿海高科产业园、中美智慧海洋产业园、天津大学前沿院 4 大专业产业招商平台已正式运营，先后聘请各类招商顾问近 20 人。中美智慧海洋科技园在谈项目 9 个，落户项目 4 个。西交大科技园在谈项目 13 个，落户项目 12 个。沿海高新科技园在谈项目 12 个，落户项目 2 个。天津大学前沿院在谈项目 6 个，落户项目 1 个。联动 U 谷、软通动力、浦东软件园、双逸创业园、南通海洋产业研究院等新的产业招商载体也正在抓紧洽谈。

在产业项目的招引政策方面，基本参照周边园区政策水平，科创城一般

给予入驻企业房屋租金及税收两免两减半的普惠政策。如江苏法美瑞汽车，主要提供专用的厂房、宿舍及配套，给予房租两免三减半、税收地方留存两免两减半奖励；如江苏骏利，提供标准厂房及配套，给予房租两免两减半、税收地方留存两免两减半优惠；如西交大科技产业园，采用联合招商和入园企业房租双方分成模式，前三年房租归西交大，后期按约定比例分成，连续三年给予经营团队一定经费补贴。

（二）突出创新成果产业化，围绕产业集聚抓科教

按照南通"3+3+N"的产业定位，科创城结合国内外高校优势学科，开展针对性"招才选校"，优化多层次教育招引模式，已招引落户"985"和"211"院校8所，职业教育院校4家。深入挖掘落户院校潜在资源，招引设立国家大学科技园分园，按照"招引高校、落户机构、孵化企业、培育产业"的路径加强产学研联动，铸造科创城的特色科教品牌，鼓励科研技术成果转化，不断提升"教育人数向产业人口和常住居民的转化率，科研成果向产业化的转化率"两大指标。

表 14-3 科创城部分入驻科教院校汇总

序号	科教项目	类型	项目内容
1	兰州大学	院校	全日制本科、硕士产学研基地
2	上海电力学院	院校	全日制研究生培养
3	北航软件学院	院校	研究生培养
4	南大软件学院	院校	研究生培养
5	上海海事大学	院校	人才培养+两中心+两基地建设
6	河海大学	院校	实习实训基地建设
7	北京物资学院	院校	开展影视传媒培训
8	通州湾技工学校	职校	幼教、建筑、旅游管理等人才培养
9	爱丁堡技工学校	职校	平面设计人才培养
10	南京航空技工学校	职校	航空服务类人才培养

在项目落户方面，北航软件学院已入学三批800余名研究生，部分毕业生落户南通企业工作；兰州大学三批900余名研究生正式入驻科创城，后续将围绕学生培养、实习实践、产学研合作等方面开展深入合作；上海电力学院两批240余名研究生入驻，后续的电科园项目正在洽谈；河海大学南通基

地正式揭牌，海洋学院及海洋实验基地合作共建正在推进；与南通大学的合作初见成效，图书馆、心理咨询中心等项目已经落户；北京物资学院人才培养基地共建协议也已签署，正在招生。另外有合作意向的高校还包括成都电子科大、西北工大、哈工程、上海工程大、上海海洋大学等10多所知名高校。同时，科创城依托南京大学、兰州大学大力推进中外合作办学，积极寻找加拿大达尔豪斯、法国FIGS等优质外方院校资源，提升多层次教育发展水平。

在科教项目的招引政策方面，参照苏州独墅湖及周边地区的政策力度，科创城给予了院校招引大力扶持。如北航软院项目，5年内教室及办公室场地免租金，给予办学机构一定运行补贴，通过银行助学贷款方式对在通州湾科创城就读且在南通市区企业工作满两年的研究生进行学费补贴，对留通工作学员进行短期培训学费补贴；如兰州大学南通基地项目，场地及建筑物十年免租、连续5年给予每年总额不超过800万元的运行补贴（按照研究生1万元/人/年、本科生5000元/人/年的标准核定），对创新创业项目、产业研究院及国家大学科技园、技术转化平台给予一定扶持；如通州湾技工学校等职教院校项目扶持政策相对较少，仅给予教室、办公室、教师宿舍租金第一年免费，第二年考核减半扶持。

表14-4　科创城科教产业项目补贴历年支付情况

单位：万元

序号	项目	类型	2014年	2015年	2016年
1	北航研究生基地	教育	463.05	262.5	467.5
2	兰州大学南通基地	教育	6.16	199.66	208.34
3	上海电力学院研究生基地	教育	0	96.1	0
4	兰大生科院沿海滩涂研究所	科研			50
5	兰大草科院生态系统国家重点实验室	科研			
6	兰大管理学院南通分院、MBA基地	教育			
7	兰大大气学院通州湾气候观测站	科研			
8	上海海事大学	教育			200
9	天大前沿院	产业	—	100	75
10	西交大科技园	产业		50	126
11	沿海高科产业园	产业	—	50	100

续表

序号	项目	类型	2014 年	2015 年	2016 年
12	上海交大国家智能电网中心实验室	产业	—	—	0
13	矢量膜科技（中科院理化所产业化项目）	产业	—	—	0
14	壮铭有机硅	产业	—	—	0
15	南通洲胜非晶（大连理工的产学研项目）	产业	—	—	0
合计			469.21	758.26	1226.84

注：北航补贴其中有 1010 万元是园区代为支付。

六、创造一流产业生态环境

（一）围绕拎包入住，提高后勤服务质量

按照高等教育发展特点，引进了江苏排名第一的苏大教服集团，整合原有苏通物业公司，成立了新的苏通物业公司，大力建设高标准的食堂、商铺、图书馆、体育馆、警务室、医务室、公共交通等各类资源和基础配套设施，完成教学、办公、生活各类物资的采购和配置；完成质量、环境、职业健康体系建设，确保后勤服务规范化、标准化、系统化，提高后勤服务能力和水平；组建了科创城综治办，加强了治安、消防、交通和食品卫生安全管理，确保了科创城的健康、平稳运行，无重大安全事故发生。

（二）围绕入驻需求，加强服务平台建设

成立科创城一站式服务中心，通过服务创新手段打造专业化、多样化、低成本的服务平台，为各入驻单位提供了更加全方位、立体式的支持，包括落户选址、工商注册、税务法务、人员招聘、项目申报、政策宣讲、知识产权办理等；同时为入驻的院校师生、企业员工提供报修、租房、公交及客运售票、一卡通、教育培训、就业创业指导等系列服务。

（三）围绕人文环境，加强文化体系建设

为创造良好的文化氛围，科创城设立文化体系建设基金，每年拨付 100 万元，不断增强入驻科创城学生综合素质。制订提升计划，打造灵动黄海大讲坛，举办各类文化活动；为提升学生就业能力和满足服务产业发展需求，组织多种职业技能培训和考证工作，成立科创城各院校研究生实践基地，同时聘请 30 余名企事业单位实践导师形成"双导师制"，为学生提供企业及岗位零距离接触；建立科创城心理咨询服务中心，为 2000 余名学生建立心

理档案，服务学生 72 人次。

（四）围绕信息服务，加快科文中心打造

为浓厚校企文化氛围、提升教育与科研层次，科创城正在打造功能齐全的科文中心，主体为科创城图书馆。现有的图书馆总面积 1000 平方米，自习座位数 240 个，配置苹果电脑 50 余台，分为南北两个场馆，在南通大学的全力支持下，可提供 10 万册纸质图书借阅，现有藏书量 3.5 万册，可联网使用南通大学 260 万册在馆图书。同时可联网使用北航、兰大强大的线上数据信息系统，方便读者进行在线学习和检索。目前，已有读者 3000 余人，9 月起还将新增读者近 3000 人。科创城图书馆承担了示范区的公共图书馆功能，将充分利用各种线上和线下优质资源，为在城人员和周边群众提供优质的图书信息服务。

（五）围绕创新创业，优化载体服务

为响应国家号召，营造"大众创业、万众创新"的蓬勃发展局面，科创城快速打造了南通首家国家级众创空间——星火社区，先后获得国家和省市扶持资金 180 万元。星火社区拥有 2200 平方米创业实践场所，同时正在完善 330 平方米的众创空间载体，建设用于创业指导、培训授课、举办沙龙路演的创业咖吧。整合市场化、社会化服务机构资源，为创业者提供低成本、便利化、全要素、开放式的创业综合服务，一流的市场服务和政务服务。依托已入驻科教城的北航软件学院、兰州大学等 10 多所院校，星火社区大力孵化信息软件、海洋产业团队，鼓励在城学生创业，邀请成功创业人士做创业导师提供创业指导。目前，已成功举办项目路演活动 4 场，发布高新技术路演项目 20 余个，成功融资 2 个，引导了广泛的社会资源共同参与科创城的创新创业发展。

第二节　科创城经营发展中存在的问题和困难

一、管理机制和模式不够灵活

（一）行政职能划分不清

作为科创城的开发主体，"政企合一"的运作方式为科创城的快速推动

开发建设提供了有力支撑条件，但作为国有企业，限于目前的体制限制，科创城公司难以独立承担维稳、医疗、治安、安全等过多的行政职能。现有条件下示范区也没有足够的人手和资源来有力保障科创城的公共事务管理平稳开展。由于科创城范围内行政和企业职能区分不明，导致在医疗、公共交通、公安城管、环境卫生等公共事务管理方面，存在一定的缺位现象。

（二）管理机构现有力量薄弱

科创城管理中心作为决策执行与管理服务的机构，面临着组织架构不全和力量薄弱的问题。目前，管理中心只明确了三个主任，尚未有人员正式编制，组织架构不全，专职人员缺乏、团队建设不足，缺乏独立建账，缺少正常运行资金支持、无法独立运行，导致管理中心无法正常履职。

（三）管控体制机制仍需改善

为严控国有企业运营风险，科创城所有的"三重一大事项"均按照国资委、集团的相关规定办理，尤其是产业引导基金设立等对外投资事项，需要科创城公司、集团公司、国资委多级审批。由于相关审批流程复杂、批复时间较长、管制范围较宽，审批流程不能根据项目落户实际需求而灵活变通，导致科创城建设、项目招引、对外投资等重大事项的实施效率受到一定制约。

二、周边基础配套较为薄弱

（一）市政配套缺口较大

在供电方面，科创城面临近期外线供电负荷不足的问题，而拟建于 E01 地块的 220KV 变电站，至 2019 年方可投产，对外线供电能力急需进一步增强；在水系方面，围垦北区整体引水排水规划方案尚未明确，科创城淡水的水源引入问题也尚未有效解决；在污水排放方面，因漓江路尚未实施建设，示范区缺乏工业污水处理企业，导致科创城污水管道系统处于封闭状态，现有的 A01/A04/A03 及北部厂房区等众乐河以西区域的生活污水均无法正常排出；在路网建设方面，示范区已建成漓江路东段与原有的规划偏离，对科创城 5.14 平方公里范围内的南侧用地产生一定影响。

（二）公共服务不够完善

科创城医疗中心目前规模较小，且医疗设备不够齐全，医护力量相对薄弱，公共交通不够便利，且出行安全管理需要加强，维护科创城治安稳定的警务及城管力量缺乏，综合执法不够到位等困难仍得不到彻底解决。

（三）用地规划、性质与实际脱节

由于历史遗留问题以及后续开发建设等实际情况变化，导致科创城 A03/A04/B01-1/B01-2/B03 等地块用地规划性质与示范区总体规划不符，E04/E05/E06/F02-1 等地块为园区抵押地块，范围内约有 1500 亩土地仍为基本建设农田，以及渔儿岛占地等其他事项均对科创城的后续正常开发带来较大影响。

三、合规审批压力日益增大

（一）"三重一大"审批履行不够到位

科创城项目作为国有资本投入的重大项目，应执行严格的"三重一大"审批制度。但科创城从 2013 年 11 月打桩开始，根据市委、市政府和示范区快速发展的要求，迄今尚不足三年时间，建设速度和项目招引速度均相对较快，导致"三重一大"制度的履行不够完善，早期决策不够科学合理。如为保障 2014 年 10 月开学，科创城 A01/A04 地块部分建筑物 10 个月完成交付，导致存在部分建筑前期手续不全，功能有所缺陷，都需要在后期使用过程中不断完善。

（二）招投标效果不够理想

科创城为国有建设主体单位，一直严格履行招投标流程，绝大部分为最低价中标。但由于项目业主基本不参与招投标，导致中标单位质量参差不齐，难以把握工程的工期与质量。同时，为满足科创城初期的快速发展要求，部分工程建设和物资采购，经公司集体决策后立即实施，导致相关合规审批手续不够完善。如早期部分项目，经园区招标办备案同意后，采用了邀请招标的方式确定中标单位。同时，对中标单位的失信惩戒机制还有待完善，还要进一步加强对投标单位的信用管理。

（三）报批报建合规行政审批手续不够完善

由于示范区历史原因的影响，导致科创城较多地块仍处于抵押融资无土地证状态，部分已建成建筑相应缺少规划许可证、建设许可证等合规证照，人防、消防验收等报批报建手续办理也无法正常推进。

四、项目平衡短期压力较大

（一）发展定位仍需清晰

目前，市委、市政府和示范区对科创城的发展存在定位不够清晰等问题。在开发初期，为帮助南通沿海开发创造更多资源、打造更大平台，市委、市政府为科创城定位了以高等教育与高端科研为主的发展方向，适当发展职业教育。但随着后期形势变化，市委、市政府要求科创城调整高等教育规模，大力发展应用型职业教育，要为产业发展输出更多高素质人才。要进一步整合教育、科研、产业、资本等多种资源，加强产学研合作，引导创新创业蓬勃发展，争创省级高新产业区。早期，市委、市政府定位科创城为南通沿海产业新城，后期又根据新要求加入了欧洲小镇建设风格，导致建设层高和规划风貌均出现一定调整。由于建设和发展的滞后性特点，决策调整导致科创城在规划协调、政策申报、资源导入等方面存在较大的运作难度。

（二）注册资本规模不够充足

随着科创城规模的扩大，科创城公司原有的 1 亿元注册资本已不能适应新形势需求，制约了科创城后续融资、投资工作的正常开展。资本金不足导致公司整体实力薄弱，资产负债率居高不下，无法为后续建设融资提供基础条件，也影响了科创城未来的可持续发展。

（三）投资回收相对缓慢

由于科创城项目实施很快，开发初期缺乏充分细致的盈亏平衡测算。加上客观存在基础差、投资大、周期长等困难，导致项目短期内收益较低、经营压力较大。尤其是科创城前期定位于大力发展高等教育和高端科研，已投入大量硬件和资金等资源，而近期收益只可能来自房屋租金等，短期内难以实现自身平衡。

五、政策扶持有所不足

（一）政策申报偏少

现有国家和省市扶持政策大多面向产业项目（包括人才政策），申报条件较为严格，大多为锦上添花和事后扶持，对早期创新创业类项目扶持很少，对轻资产科研团队申请难度很大。而通州湾科创城早期引进的一批轻资产科研团队和高教项目，如"千人计划"崔军红智慧海洋创业团队、上交大无人机创业团队、清华聚义生物创业团队、兰大南通基地，由于申报条件严格都无法享受扶持政策。加上示范区主管政策申报的职能部门人员少，变动频繁，导致科创城项目申报普遍存在时间滞后、回旋余地少等诸多困难。

（二）兑现落地较难

目前，即使申报成功的扶持政策也存在兑现缓慢的现象，如科创城

B02/B05 地块土地出让金返还缓慢、2015 年生均补贴等各项政策尚未落实，示范区 1∶1 配套资金也难以落实。

（三）人才吸引不足

目前，人才扶持政策对引进教育、科研类高层次人才存在政策缺乏等困难。且由于科创城地处偏远、环境相对较差，入驻企业在高素质劳动力招录上也普遍存在招工难、招工贵等困难；科创城公司自身人才队伍建设也存在竞争力不够、吸引力不强等困难。

第三节　科创城的发展举措

一、进一步完善体制机制

（一）加强组织领导

参照苏州独墅湖、常州科教城、南京仙林大学城、淮安科教产业园等地的先进管理经验，加强科创城的领导负责制和管理机构建设，建议进一步加强市委、市政府对科创城的领导与扶持，可由市分管领导兼任科创城管理中心主任或党委书记。参照南通产研院等管理模式，将科创城公司明确为南通沿海开发集团下属的市属国有企业。实行科创城与示范区干部的交叉任职和挂职，便于科创城与示范区的联动发展。

（二）做实科创城管理中心

为保障科创城范围内公共事务管理职能的切实履行，在现有三级管理架构的基础上，建议进一步强化科创城的行政管理机构，做实科创城管理中心，实现中心的政府职能与科创城公司的企业职能的相互剥离。或将科创城管理中心明确为一定级别事业单位，或由示范区充分授权科创城公司，委托其承担区域内相应的行政管理职能。上述两种路径都需要尽快明确管理中心和党委的职能定位，充实人员、组建团队、落实经费。

（三）优化运行管理模式

在考核指标方面，建议国资委、集团进一步合理制定对科创城的考核指标，近期主要考核建设进度、完成投入、招引项目、入驻人数、服务质量、成果转化、企业孵化等先期发展指标，一段时期后再逐步考核盈亏平衡、投资回报等经济效益等指标；在人事招聘方面，建议参照市经济技术开发区的双逸创业园 30 万平方米 80 人的人员规模，或苏州独墅湖科创区 11 平方公里 300~500 人的人员标准，进一步扩充科创城公司的人员编制，可将科创城作为国有体制机制改革试点单位，探索试行人力资源服务外包等多样化的市场化用人机制；在薪酬激励方面，建议参照市场化水平，进一步加强员工的薪酬与绩效挂钩，通过鼓励员工持股和员工购房等措施，试行更具吸引力的人才激励政策。

二、进一步完善基础配套

由于建设周期较短、地处偏远等原因，科创城目前的硬件和软件环境建设还不能够很好满足入驻高校及单位的需求，需要进一步完善周边基础配套建设。

（一）加快硬件环境建设

加快科创城周边地块和范围内水电气等九通一平硬件建设，尽快形成更大范围的共同开发热潮，为入驻院校与单位提供齐全的学习、办公、商业、文化旅游等城市配套功能。

（二）完善公共服务体系

在增加公共交通车辆班次、提升医疗服务水平、加强安全管理、加大环境卫生整治的基础上，研究完善科创城公共服务体系规划，进一步优化社会服务功能体系。

（三）提升政府服务效能

进一步提升对科创城的行政服务效能，尽快完善科创城规划修编，纳入示范区的统一总规修编；探索在科创城设立示范区行政审批服务中心的分窗口，集中高效办理相关行政审批业务，进一步提升土地出让和税收返还效率。

三、进一步完善合规手续

（一）完善“三重一大”

针对科创城早期“三重一大”审批事项的不规范，建议按照国有资产投资计划和流程，及时补充完善报批手续，合规相关流程，规避运营风险。尤其对审计过程中发现的问题进行严格查漏补缺，完善项目立项、对外投资报批等各类合规手续。

（二）完善招投标管理

进一步规范科创城招投标物资采购管理，对流程不规范、手续不齐全的物资采购进行合规整改，提高对后续招投标管理的要求，既实现合规运行，又实现建设工程的高效快捷。

（三）完善建设合规手续

鉴于土地抵押等问题已严重影响科教城的后续开发能力和项目招引，应进一步加快科创城范围内已抵押土地解押，加快符合条件的土地挂牌。对通州抵押地块可由示范区颁发虚拟土地证，对示范区抵押地块请示范区尽快解押和发证，对农业用地尽快实现农转非。帮助科创城尽快完善土地、施工、安全等各类立项、报建、报批手续，对于无土地证地块可探索"容缺审批"机制，尽快颁发后续的规划、建设、消防、人防等许可证以及不动产证等证照。

四、进一步提升项目平衡能力

（一）明确发展定位

建议市委、市政府进一步组织相关部门，论证确定科创城后续发展路径，研究确定教育、科研、产业、城市四者的投资规模与配比，形成良性互动平衡的关系。可依托 A01、A04 等地块已有和在建的 50 万平方米建筑体量，以北航、兰大、通州湾职校等院校为基础深耕，加快形成南部高教区、职教区、科研区；依托 F02-2 等地块已有和在建的 30 万平方米建筑体量，以入驻企业为基础延伸，加快形成北部产业区；中间部分实施高标准硬件配套建设，打造文化旅游和城市景观带。

（二）充实资本规模

建议尽快实施科创城公司增资，由集团和示范区同比例增资。集团尽快将南通沿海开发集团下属全资子公司城镇公司 100% 股权及中节能南通公司的股权，通过内部划转的方式予以划转增资，示范区同比例增资，尽快将科创城公司注册资本增资到 2 亿元，再逐步增资到 10 亿元。

（三）完善平衡路径

从总体上看，科创城的平衡路径大体有以下五种：①延长项目投资回收期，降低年度利润回报指标，延长固定资产折旧期等。②优化科创城产品结构，教育产品由投入较高的高等教育转向投入较少的职业教育和社会培训，产业产品由风险较大的创新创业转向风险较小的中小企业集聚，科研产品由周期较长的自主研发为主转向短平快的技术引进为主。③加快土地出让，优化土地持有和出售比例，吸引社会资本共同开发建设。尤其是学习上海临港和苏州独墅湖开发模式，探索市属国有集团共同开发的模式。④加大市、区两级政府投入，通过增加注资、新注入土地开发面积或贴息补助等方式扩大科创城的资金规模和运作能力。⑤参照城建集团、苏州独墅湖经营模式，启动政府回购或代建程序，由政府对建成优质资产项目进行回购，或由政府出资在科创城建设部分重大项目，或加快科创城资产证券化，在资本市场上实现溢价和增值。

五、进一步加大政策扶持

（一）加强资源导入

引导市内原有高教、科研、产业资源加速向科创城集聚和倾斜，建议将科创城教育板块发展纳入省、市教育"十三五"发展规划，市、区两级加快推进科创城教育综合改革实验区的建设。引导本地高校优先入驻科创城，在中外合作办学上优先支持。市金融办等部门加大扶持科创城产业引导基金的组建成立，市经信、科技部门帮助科创城加快全市中小企业集聚示范区、全市智慧海洋装备产业园的建设，搭建 GMP 生物医药等各类科技型产业公共服务平台等。

（二）加大政策扶持

推动扶持政策向科创城聚焦，新增计划单列，加大政策扶持，增强开发能力。随着科创城规模的扩大，建议市财政适度增加年度扶持力度，尽快拨付 2016 年各项扶持。发改、经信、科技、商务、人才等部门在产业、人才、科技政策方面予以倾斜，切实体现市属区管、市区共建。

（三）加快人才引进

建议推动市级机关、市属院校干部赴科创城挂职交流，加强科创城与省市资源的互联互通，充分利用社会资源助力科创城开发；针对科创城高层次人才集聚现状，建立因地制宜的人才扶持办法，吸引科创城培养的多层次人才扎根南通建设。

第十五章　贸易事业部

第一节　商贸公司概况

一、公司简介

南通沿海开发集团商贸有限公司（以下简称"商贸公司"）于2013年3月经南通市国资委批准成立，注册资本1亿元，为南通沿海开发集团有限公司全资子公司。公司围绕沿海开发，以电子商务为抓手，依托供应链物流金融将B2B业务引申到B2C业务，形成供应链物流金融服务平台，更好地服务于通州湾和沿江临港产业的发展。公司成功打造西本新干线南通有限公司，整合了生产、市场、金融、信息、物流等要素，构建功能强大的钢材供应链，规范南通钢材流通、降低南通地区用钢成本、提升本地造船工业及机械制造业的竞争力、形成B2B2C业务模式，年销售额突破20亿元，将在"长三角"地区快速复制。

二、成立背景

南通沿海开发集团负责投资建设的项目一般都投资大、周期长、收效慢，如何有力破解盈利制约，实现健康可持续发展，是摆在集团一班人面前的现实问题。集团坚持用创新发展理念系统谋划，最大限度地发现价值洼地，配置金融服务，整合宏观资源。加快实体化运作和市场化经营，探索打造大宗商品贸易和金融投资两个网络交易服务平台，实现自身"造血"功能，为项目建设及港口业务拓展提供强有力支撑。其中，在打造大宗商品贸易方面，集团以厦门国贸为样板，打造 O2O 沿海钢铁商贸平台。围绕通州湾临港仓储和物流运输，服务通州湾港口建设。依托南通市建筑产业集群优势，整合南通实体钢贸商户，将线上精准营销、便捷支付与线下体验交易和用户反馈形成网络闭环，打造集网上信息发布、交易支付、物流售后服务及行情监测于一体的沿海钢贸交易平台。成立半年即实现销售收入 10 亿元，为集团融资和可持续发展打下坚实基础。

　　传统贸易是基于上下游信息不对称，从而赚取贸易差价。而当今互联网造成了信息的扁平化，传统的经济必须改革。基于此，南通沿海开发集团的贸易事业部做出积极的转型应对，选择做钢材贸易的平台——物流金融。将物流平台化，代理融资，和钢厂谈判，进行现钱交易，盘活库存，利用"资本+技术+服务"，形成供应链物流金融贸易体系，最后公司来管理钱。这种模式具有以下三个特点：①跨时间跨地区跨品种的交易统筹；②通过交易平台的信用管理与供应链金融服务，有效进行信用流通；③利用电子商务影响生产制造业的服务化平台，拉动传统制造业的转型。同时发展 O2O 平台贸易，培育沿海港口仓储物流。为南通沿海开发集团平台建设和产业孵化造血，以金融资本引导，吸引产业资本集聚。商贸主要是搭建平台，服务于集团融资战略，为集团港口事业积累市场资源。

三、发展大事记

　　2014 年 2 月，公司名称由"南通沿海开发集团建材经营有限公司"更名为"南通沿海开发集团商贸有限公司"。

　　2014 年 3 月，注册资本由 5000 万元增资至 10000 万元。

　　2014 年 4 月，南通沿海开发集团钢材贸易平台正式运作。

　　2015 年 5 月，南通沿海开发集团商贸公司与西本新干线股份有限公司合资成立西本新干线南通有限公司。

　　2015 年 10 月，南通沿海开发集团与中天钢铁集团签署战略合作协议。

四、战略定位与战略规划

　　公司以厦门国贸、浙江物产、天津物产等行业内成功企业为目标，积极整合本地资源，加速发展成为南通市乃至江苏省内以互联网为支撑的大型现代化物流金融综合服务企业，契合南通开发通州湾、建设江海陆联运集散基地的功能定位。

依据基地，整合发展。公司将以双逸刘桥仓库为基地，充分利用金融手段，协助钢厂实施厂库前移，构建南通钢铁交易中心平台，整合广大零散钢铁贸易商，促进南通本地钢铁流通业健康有序发展。

依托集团，统一规划。公司将在南通沿海开发集团的领导规划下，团结南通国资系统内各家贸易平台，形成合力，打造南通本地区大宗商品流通航母，成为继南通建筑之乡之后新的城市产业名片。

依靠政府，服务铁军。公司将依靠各级政府，在政府的牵线下与南通地区建筑企业形成稳定战略合作关系，做好建筑企业的资源、资金、物流、信息等服务工作。做大做强产业链，提高南通建筑铁军实力，更好地参与国际国内竞争。

依顺时代，赶超未来。公司将赶超时代步伐，以通州湾为基地，凭借互联网功能，建成在国内有重要影响力，辐射沿海及沿江的大宗商品交易平台。

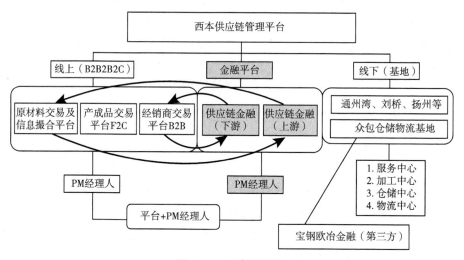

图 15-1　业务流程图

南通沿海开发集团坚持多元化经营，着力推动产业转型升级。创新商业模式，推进"互联网+"行动计划，大力发展互联网平台经济。其中，商贸平台瞄准"沿海大宗贸易交割地"，打造南通地区领先的钢贸信息中心、物流配送中心和定价结算中心。启动战略石油能源储备研究，拓展线上线下石化商品交易，实现"交易标准化、服务专业化、物流金融化"。

第二节　贸易事业部的发展目标

钢贸商对资金的强烈需求和银行资金供给短缺矛盾凸显，融资难度大、融资成本高造成的大量资金缺口，是钢贸企业面临的最严峻挑战。受传统观念影响及新型融资渠道匮乏，73%的企业资金来源是银行，融资渠道有待优化。融资成为钢铁电商发展的突破口。全国钢贸业年化资金需求至少7310亿元，若再考虑存货融资和应收账款融资两类融资，钢贸业对资金总需求达1.4万亿元。若钢铁电商平台收取1%~2%的手续费，钢铁电商融资环节的市场容量将达到140亿~280亿元，净利润总额达到70亿~140亿元。同时，流通环节尚有利润挖掘空间，减少钢铁流通环节至少能缩减30元/吨费用，采用信息化手段实现B2B势在必行。

商贸公司致力于加强沿海商城钢材平台的运营，拓展线上营收；同时着手搭建石化B2B、B2C电商交易平台，拓展新的增长点。同时也试图加大华东热处理事项账务追偿力度。进一步推进商贸与西本的资金分离，完成股权调整，使商贸人员从西本经营层持股中退出，同时打通下游供应链融资，增强自身融资造血能力。

发展越好，商贸平台越是瞄准搭建大平台，以形成大宗商品交割地为目标寻求新业务，制订市场化的绩效考核方案，以完成销售收入和利润目标为重点，全面推进内部各项改革，加强风险管控。

2013~2015年，南通沿海开发集团商贸有限公司已经取得的经营业绩如表15-1所示。

表15-1　南通沿海开发集团商贸有限公司审计报告

单位：万元

审计主要指标		2013年	2014年	2015年
经营规模	营业收入	7593.64	31726.60	85440
	资产总额	38375.13	129715.58	46264
盈利能力	利润总额	1.45	14.35	849

续表

审计主要指标		2013 年	2014 年	2015 年
投资收益	净资产	5000.59	10009.23	11212
	净资产收益率	0.03%	0.14%	5.64%

至"十三五"期间南通沿海开发集团商贸有限公司将打造钢贸(铁矿石)、石化2个平台,贸易额80亿元。营业收入目标分别为20亿元、35亿元、55亿元、75亿元、80亿元,利润总额分别为0.1亿元、0.15亿元、0.23亿元、0.33亿元、0.48亿元。"十三五"期间详细规划目标参见表15-2。

表15-2 南通沿海开发集团商贸有限公司"十三五"期间规划目标

单位:亿元

财务指标	2016 年	2017 年	2018 年	2019 年	2020 年
固定资产投资	0	0	0	0	0
营业收入	20	35	55	75	80
利润总额	0.1	0.15	0.23	0.33	0.48
资产总额	6	7	8	9	9
净资产	1.2	1.35	1.58	1.91	2.39

第三节 贸易事业部的发展策略

一、拓展业务范围

以钢贸电商模式为蓝本,添加不锈钢、钢丝绳、铜线等相关产品,横向延伸产品种类,降低运营成本;积极与大型企业合作,拓宽供应链上游,加强与无锡市浦新不锈钢有限公司、无锡新求精金属贸易有限公司等企业的合作;适时提供融资服务,为上游缺乏资金的不锈钢企业提供资金平台支持,收取融资费,并优先获得较低价格的不锈钢;视市场需求情况,开辟其他建材商品贸易业务。

二、提供仓储服务

在滨海园区投资建设钢材等建材商品仓储仓库，一期工程占地 1 万平方米，为商贸业务提供仓储等配套服务，拓宽利润来源；同时，亦可承接部分港口物流业务；通过仓储兼营其他金融业务，如动产质押融资仓储监管、标准仓单质押融资仓储监管等业务，收取质押融资费用；视客户需求采用静态监管模式或动态监管模式，灵活开展相关金融业务，稳步增加收入来源。

三、开拓异地市场

积极与上海、苏州、无锡、扬州、盐城、泰州、连云港等周边城市钢材贸易企业联系，寻找合作商机；积极到异地的开发区、产业园管委会挖掘需求信息，增加业务量；通过老客户、内部员工的人际关系等方式发展新客户；待条件成熟之际，发展内地省份业务。

四、增加出口贸易

"一带一路"战略带来出口贸易商机，沿线国家基础设施建设需求强劲，钢材净进口国占 70% 以上；沿线基础建设投资大部分由中国参与合作投资，比较有利于我国钢材出口；通过收集"一带一路"沿线国的经济、人口、基本建设、钢铁产量、用钢需求等各方面的信息，借助与境外合建高铁等重大基础设施项目的机遇，根据国际用户需要，尝试提供"一揽子"的钢材贸易配送服务，拓展国际市场；待时机成熟，与当地国企业合作，共同开发市场，把贸易渠道深化为分销渠道；进而通过参股等方式进行合作投资，稳步占领国际市场。

五、创新发展模式

尝试通过入股钢厂，或吸引相关入股南通沿海开发集团商贸有限公司，形成与上游供应链的战略联盟；尝试将建材商贸由目前简单的资金托盘转向自助贸易和交易平台方向发展；同时致力于利用南通沿海开发集团金融服务的优势，集成商贸市场资源，并适时进行资本运作，积极打造江海流域商贸重镇。深化发展平台经济，以资本助推科创城新型产业孵化，挖掘适合在沿海落户的项目，配置天使、PE、VC 投资基金，培育上市公司，在多层次资本市场实现收益。创新混合开发模式，加强与央企以及其他社会资本合作，吸引各类资本在沿海集聚。

（一）商贸借力金银岛形成煤炭子平台

第一步，以托盘的形式低风险进入金银岛煤炭业务上游，整合渠道，主要在北方四港进行场地交割。

第二步，通过集合采购，在北方四港开展平仓等业务，整合可牵引或分拨的资源落户通州湾或长江码头，借力金银岛形成商贸煤炭平台。

第三步，打通金银岛和西本南通平台，给钢厂提供块煤、焦炭、铁矿石等，直接从钢厂拿钢材，完成钢材产业链。

商贸为金银岛提供代理采购服务，以仓单和应收账款为保障；北方四港场地交割。逐步建立与北方港口及中煤、神华等渠道商的关系。金银岛以仓单质押（质押率80%）和对国有五大电力集团（即华能集团公司、大唐集团公司、华电集团公司、国电集团公司、电力投资集团公司）的应收账款的收款权转让给商贸进行托底担保。用作担保的仓单和应收账款在融资过程中可以置换。商贸公司严格审查仓单质押合同和应收账款转移手续，并在过程中监管仓单和货物风险，在金银岛出现违约风险时，进行仓单提货并处置货物，以及收取应收账款，确保贸易融资风险可控。

（二）西本借力钢网建立区域性有重要影响力的供应链服务平台

第一步，统领南通建材市场。月交易钢材量已达到7万吨以上，月营收稳定在1.5亿~2亿元。商业模式基本成熟、风险受控。

第二步，对外复制。将南通成熟的商业模式复制到扬州、常州等地，建立区域性有重要影响力的供应链服务平台。

第三步，整合平台。与目前在行业内有影响力的欧冶云商、钢银电商、找钢网、欧浦钢网等全国性钢铁交易平台进行合作，实现从建筑用钢向板卷、不锈钢为代表的工业用钢的全品类拓展，共同开拓以上海为交易核心的华东市场。

西本界海提供代理采购服务，指定或认可的仓库并控货。通过平台间合作，引导华东地区交易及物流基地向南通转移（目前板卷类产品北材南运的华东物流中转主要集中在江阴、上海港），发挥南通地区沿江、沿海，港口资源丰富的优势，实现港口物流与平台贸易的互相促进、共同繁荣，完成国资委"聚主业、促转型"的战略部署。优点是快速介入，风险度低，资金周转率高（预计平均2个月1次），缺点是利润率较低。

（三）商贸拓展石化业务，逐步打造石化子平台

第一步，进入石化市场。通过与南通当地及华东知名石化企业合作，以石化托盘的业务形式低风险进入石化市场。先燃料油、沥青，再化工品，后成品油。

第二步，融接石化上下游。通过贸易，融接上游炼厂，引导其将在华东地区的仓储物流基地落户通州湾或长江码头；同时整合华东地区下游终端客户到炼厂进货集合采购成品，终端客户获到价格实惠，商贸公司获得炼厂返点利润。

第三步，打造综合石化供应链管理及流通服务平台。借助中国华阳大型央企的政策资源和实力背景，整合各大炼厂的自营平台和业内集聚影响力的第三方平台如金联创、找油网等、融通南通石化交易中心等，打通石化业务瓶颈，初步打造成集产、供、销、资金、物流服务一体化的综合石化供应链管理及流通服务平台。

商贸公司提供代理采购服务，指定或认可的仓库并控货，背对背购销合同，保证金制度，先付款后提货。优点是快速介入，风险度低，资金周转率高（预计平均2个月1次），缺点是利润率较低。通过与本地知名企业的合作、互联互通，对于引导华东地区石化交易及物流向南通集中转移，充分发挥南通地区沿江、沿海、港口，仓储资源丰富的优势，降低下游企业的违约风险、仓库保管风险、库存石化产品跌价风险及业务自身管理风险。对实现港口物流与平台贸易的互相促进、共同繁荣，完成国资委"聚主业、促转型"的战略部署具有十分重要的现实及探索意义。

六、探索建立电商平台

通过与新本西干线合作建立技术部，摸索相关经验，储备骨干团队；待时机成熟，通过与强势互联网企业合作，商务成立跨境电商平台，通过平台实现供需方的信息对接，通过电子为用户提供快捷的、低成本的服务；贸易产品从建材逐步过渡到大宗商品，甚至可能的其他产品；通过跨境电商，整合金融资源，以此来创造丰富的财富，促进企业快速发展。

七、成立大宗商品交易中心

南通沿海开发集团地处"长三角"核心区位，经济比较发达，交通十分便利；在"十三五"期间，我国经济将持续保持中高速增长，大量大宗

商品交易需求必然随之产生。基于各级政府政策、上位规划的指导意见，成立大宗商品交易中心势在必行。可以南通沿海开发集团商贸有限公司为依托，先期开展相关工作；做好钢铁、棉花、铁矿石、石油等大宗商品交易中心立项的可行性报告；及时把握长江经济带区域发展机遇，尽快申报，积极推动政府相关部门审批立项。成立大宗商品交易中心，将给南通带来巨大的信息流、商流、资金流与物流发展，带动一系列关联产业繁荣，驱动南通经济发展。

第四节　智慧物流项目

"十三五"期间，南通沿海开发集团在商贸方面的重点项目，主要是发展智能物流，建立一个更加便利的平台，实现线上线下的平台贸易。国家长江经济带规划则将港口集疏运体系建设置于重要地位；南通地处"长三角"核心地带，靠近上海、苏州、无锡等经济发达地区，周边仓储物流需求强劲；南通拥有吕四港、狼山港、洋口港等数个港口，江海航运、铁路、公路、航空交通十分发达；南通沿海开发集团拥有通州湾等港口，从事仓储物流业务具有得天独厚的优势，比较可行。

一、智慧物流项目要点

一是搭建客户信息化服务平台。顺应大客户要求，搭建信息化服务平台。开发移动 APP 物流查询系统，客户可以随时查询平台优质线路、货物在途信息、货物配载情况、货物签收情况。

二是组建客户服务团队。集成优秀人才，组建客户服务团队；为客户提供物流咨询、下单、货物查询、投诉与建议等服务；通过方便快捷的渠道、严格的标准化服务、专业的客服团队，及时准确地帮助客户解决物流难题。

三是线上下单，线下发货，一站式体验。为客户提供便捷、省时、经济的发货体验。同时，线上下单，多渠道选择：客户可以通过手机 APP、PC 客户端、网上营业厅等延伸系统，提供便捷的发货体验，多渠道的下单途径，响应快捷，随手可及。

四是安全的运输保障条件。依靠大数据云计算技术有效避开因极端天气、交通拥堵、路况等因素，有效地降低货物因中转而导致破损、丢货概率，确保货物的全程无忧。

五是清晰的成本监控和智能化数据管理体系。客户下单后，系统即可自动生成运输成本账单，成本数据清晰明了，帮助客户提升成本管理能力，提升企业效益；通过智能化的数据管理，还可以提高企业成本管控能力。

二、智慧物流项目盈利模式

一是智慧物流系统使用费。接入智慧物流平台的公司和企业需要收取授权费。

二是物流数据授权使用费。智慧物流系统每天的物流会积累大量真实有效的数据，这些数据将会成为公司储备财富。

三是物流管理费。可以向使用集团智慧物流平台的货物收取适当的管理费。

四是商业信息咨询费。平台上流转的货物的信息可以作为商业信息售卖。

三、智慧物流项目实施策略

一是成立项目筹备小组。整合南通沿海开发集团现有资源，依托江苏通州湾港口发展有限公司和南通通州湾科教产业投资有限公司成立南通沿海开发集团智慧物流服务筹备小组，待条件成熟，成立智慧物流公司。

二是物色一流人才，建立业务网络。从物流企业、高等院校、物流行业协会等，聘用、选拔专业技术人才，培养专业人才作为人才后备军；积极与兰州大学南通基地合作培养物流管理、运输方面的专业人才；采用先进物流管理理念，积极与上海、杭州、苏州、无锡等地的专业物流公司联系，建立业务合作网络关系。

三是建立信息技术合作战略联盟。与南京大学信息技术研究院建立合作关系，共同建设智慧物流平台，实现货物运输信息化管理；整合运输干线、支线、落地配等行业资源，以品牌化、标准化、信息化等运作方式，建立高质量的全国运营网络；同时，以线下、线上渠道开展销售引流，为客户提供一站式物流服务，促成多方交易，共同构建多方共赢的物流平台；待双方合作取得进展后，在科创园建立基于大数据、云计算的物流前沿技术研究所；亦可尝试与北航软件学院合作，开发智能物流管理系统，以确保系统的稳定性。

　　四是建设智慧物流试点基地。率先以洋口港、狼山港智慧物流建设作为试点基地，进行物流智能化运输试点工作，在服务中不断完善智慧物流系统；尝试与中铁快运、中铁物流、EMS、顺丰速运、中粮集团等机构建立合作关系，打通物流产业链关节；创建和维护相关网站，做好发展规划和宣传推广，形成良好的服务氛围，及时更新信息，保障到货时点精准；逐步将业务向国内外与不同市场的深度与广度推开。

第十六章　金融事业部

第一节　金融事业部概况

一、金融服务行业趋势

（一）私募股权投资

2004 年到 2014 年的十年时间，尽管金融危机使中国股权投资市场陷入低潮，但是《新合伙企业法》出台、创业板推出和新三板扩容等为股权投资发展提供了良好的政策环境。随着国内资本市场的日益成熟、行业监管政策落定和逐渐完善，中国市场逐步迈入股权投资新时代。2014 年股权投资市场总体募资超 5000 亿元，投资近 4500 亿元。2014 年以后，中国股权投资市场逐步复苏并呈现快速发展态势。2014 年，中国股权投资市场活跃的 VC/PE 机构超过 8000 家，管理资本量超过 4 万亿元，市场火爆主要受益于新 "国九条" 明确构建多层次资本市场，鼓励大力发展私募行业，以及开放宽松的行政监管格局。据统计，2014 年 VC/PE 机构共新募集 745 只可投资于中国大陆的基金，可投资于中国大陆的资本量为 832.19 亿美元，较 2013 年的 414.25 亿美元大幅增长 100.9%；中国私募股权投资市场共计完成投资案例 3626 起，涉及投资金额 711.66 亿美元，较 2013 年的 310.84 亿美元激增 129.0%，双项数据均创历史新高。2006~2014 年，中国股权投资市场投资案例数与投资金额年复合增长率分别为 28.1% 和 21.7%。从行业分布看，私募股权投资主要分布于战略性新兴产业，若想真正按照市场化的逻辑把握住任何一个战略性新兴产业的脉搏和成就，必须依靠私募股权投资，从风险投资开始，从天使投资开始，每一个环节都在不断地用价格、用交易、用新的交易结构和新的方式展现着战略性新兴产业每一天的成长和发展。

尽管 2015 年中国资本市场出现了明显的下滑，但是中国股权投资行业并没有进入所谓的投资寒冬，在各项利好政策的支持下，中国股权投资行业又延续了上一年的活跃趋势，呈现出最为活跃的一年。在募集和投资方面，2015 年前三季度，中国股权投资基金的募集数量和投资数量同比增长均超过 100%，依据股权投资基金的数量和金额，2015 年股权投资最为活跃的行业是互联网、电信、IP 和金融行业，最为活跃的地区是北京、上海和深圳，国内资本市场的变化促使人民币股权投资基金的募集数量和募集金额都出现了明显的增长，在退出方面尽管受到国内 IPO 曾经暂停和减缓的不利影响，但新三板市场的加速发展也拓宽了股权投资行业的退出数量。

（二）小额贷款行业

小额贷款是一种面向传统商业银行不能覆盖客户的贷款创新，主要解决一些小额、分散、短期、无抵押、无担保的资金需求，是运用金融手段脱贫致富的有效工具，也是我国经济可持续发展的重要金融支持。目前，我国小额信贷已经逐渐形成了以农村信用社、农业银行、邮政储蓄银行为主导、农业发展银行、新型农村金融机构和小额贷款公司等为补充的多层次多元化小额信贷市场格局，服务对象主要包括小型企业、微型企业、个体经营户、农户等。据市场数据显示，截至 2015 年 6 月 30 日，我国小额贷款公司共 8951 家，实收资本 8443.25 亿元，贷款余额 9594.16 亿元，从业人员达到了 11.4 万人。就整体数据而言，相比 2014 年末，小额贷款公司数量、贷款余额均继续增长，公司数量净增加了 160 家，贷款余额增加了 173.78 亿元。小额贷款行业规模继续增长，但增长规模明显放缓。随着我国持续加大"三农"投入和扶持中小微型企业融资的展开，未来几年，小额信贷行业面临巨大的市场需求和良好的政策环境，并有望快速崛起，成为金融市场上的重要力量。

尽管我国小额贷款行业发展较快，但客观上仍存在不少的问题，如小额贷款公司资金来源渠道窄、盈利水平低、监管力量薄弱、内控管理水平低等。在小贷公司快速发展的背后，其面临的最大困境——身份问题始终未能解决。根据中国人民银行发布的《金融机构编码规范》，小额贷款公司的编码为金融机构二级分类码 Z-其他。从这个意义上来说，小额贷款公司属于中国人民银行认可的其他金融机构。然而小额贷款公司没有取得金融许可证，在法律上其称不上金融机构，所以小额贷款公司尽管经营贷款业务，却没有银监会的统一监管。2015 年 8 月 12 日，国务院法制办发布的《非存款类放贷组织条例（征求意见稿）》中，提出省级人民政府授权负责对非存款类放贷组织具体实施监督管理。在这种情况下，小额贷款公司想要拿到金融许可证更加遥遥无期，没有金融许可证，就无法享受金融机构的一系列政策。从财税方面来看，大多数地方的小贷公司税收目前还是参照一般工商企业执行，只有少数地区，例如深圳市明确了小额贷款公司适用金融企业的税收政策。由于小额贷款公司没有金融许可证，虽然从事贷款业务，但国家有关部门未按金融企业对其进行管理，因此小额贷款公司无法享受金融保险业的税率，也不得在税前扣除贷款损失准备金，不能将逾期 90 天的利息收入冲抵当期利息收入应纳税所得额。

（三）担保市场

近年来，随着国民经济持续快速增长，我国担保行业取得了长足发展。据不完全统计，2016 年底我国担保机构数量已有 6000 多家，资本实力和担保规模快速增长，业务领域不断拓展，在提升我国企业信用水平、改善社会信用环境、活跃经济和增长就业等方面发挥了重要的促进作用。为扶持中小企业发展，自 2002 年以来财政部出台了一系列包括支持建立中小企业发展的信用担保的政策，有效地激发了担保机构为中小企业提供贷款担保的积极性，为提升中小企业的信用度、缓解中小企业融资难和担保难问题发挥了积极作用。2014~2016 年，担保行业的发展呈现明显特点，那些经营方向正确、风险控制能力强、从业人员素质高的优秀担保机构将赢来更多机遇。反之，一些资本金被挪用、管理不规范、缺乏有效风险控制手段和能力的担保机构将会在本次金融风暴中受到巨大冲击，甚至会退出历史舞台。然而，担保业发展存在一些亟待重视和解决的问题，如担保行业准入和退出机制尚未建立，担保监管体系不够健全，各部门监管合力尚未形成，有效的风险分散和补偿机制有待加强，担保机构运作存在不规范行为等问题制约着担保机构进一步规范发展。

中国担保行业规模在经历了 2010~2011 年的快速增长后，2013 年开始增速明显放缓。2014 年末中国担保行业在保余额 2.74 万亿元，同比增长 6.39%，增速下降 12.28 个百分点。整体来看，近年来在中国宏观经济下行压力下，担保行业发展速度明显放缓。2015 年年报涉及 36 个省、区、直辖市，共有3389家担保机构、18家再担保机构进行了信息报送并通过了管理部门的审核。与2014年年报的情况相比，上报的担保机构总数减少了491家，总体来看，担保行业形势发展不容乐观。针对这种市场状况，国务院办公厅发布《进一步明确融资性担保业务监管职责的通知》，《通知》中明确要求建立融资性担保业务监管部际联席会议，加强融资性担保业务的管理，制定相关的管理监督制度，并提出了"谁审批设立、谁监督管理"的原则，确定地方相应的监管职责。《通知》的出台有利于规范担保行业，促进担保行业的发展。我国市场经济体制的逐步健全，市场运行环境的不断改善，不断开辟新的担保领域，开发新的担保品种，将成为我国专业信用担保未来发展的必然趋势。各种经济活动对不同层次的信用需求，将为信用担保的发展提供更为广阔的市场空间。

(四) 融资租赁

融资租赁业近年来得到了快速发展，国家密集出台了相关政策鼓励融资租赁业的健康发展，不少传统行业的企业也纷纷把融资租赁作为转型目标。

2014年以来，我国融资租赁行业在监管、法律、税收、会计等方面均取得了较大进展。国务院于2015年8月31日印发《关于加快融资租赁业发展的指导意见》，并于9月1日印发《促进金融租赁行业健康发展的指导意见》。这两份指导意见都是作为8月26日国务院常务会议关于促进融资租赁行业发展的具体指导意见。前者勾勒了融资租赁行业发展蓝图，以及配套行业发展机会和制度建设规划；后者则是针对从事融资租赁业务的核心企业——金融租赁公司发展的具体指导性意见，这两份指导意见的出台也为未来融资租赁行业的发展指明了方向：在市场主导与政府支持下，向专业化方向发展，向综合服务体系发展，相关业务配套协同发展，向海外市场拓展，向新兴产业和战略产业发展。国家出台的这些监管政策主要是针对目前融资租赁行业出现的两个基本问题。

第一是行业基数低，市场空间大。中国融资租赁业务量提升迅速，但渗透率偏低。自2008年起，中国融资租赁业务量不断提升，从占亚洲/全球比重从22%/3.0%提升至2013年的50%/10.1%，成为世界租赁市场不可或缺的一部分。然而从设备投资渗透率来看，中国一直维持在2%~5%之间，自2011年达到4.97%的峰值后持续回落至2013年的3.1%；GDP渗透率2011~2013年分别为0.79%、1.25%、1.11%。从长期来看，中国的设备投资渗透率将逐步向15%、GDP渗透率向1%逼近，对应市场规模将扩张3~4

倍，发展潜力巨大。

第二是中小企业融资难问题。中小企业融资难问题近年凸显。据银监会测算，2014 年占企业总数 99.8% 的中小企业，其贷款余额仅占全部金融机构的 36.10%；3800 万户民营企业，从银行取得的贷款尚不足银行贷款总量的 2%。2014 年，我国中小企业的资金缺口占比一直在 60%~80% 的比例区间波动。2016 年以来，民间投资的持续下降进一步加剧了这一趋势，很多中小企业都没能顶住压力而成为市场的牺牲品。利用融资租赁，可以增强中小企业现金的流动性，可以促进中小企业技术进步、增强竞争优势。用融资租赁的方式可以缩短项目建设周期，跟踪先进技术，使中小企业赢得市场先机，从而增强了中小企业的市场竞争力。融资租赁可以帮助中小企业实现资本的快速积累，并将更多的资金投入到新产品上。对于技术更新速度较快的行业，采用融资租赁的方式实现设备更新可以规避设备磨损产生的风险。

二、南通海汇资本投资有限公司

（一）公司简介

南通海汇资本投资有限公司（以下简称"海汇公司"）前身为南通长江公路大桥控股有限公司，成立于 2002 年 3 月 25 日，原隶属于南通国有资产投资控股有限公司，持有江苏苏通大桥有限责任公司 19.667% 股权（出资额 51540 万元）。2012 年 8 月，根据《南通市人民政府关于组建南通沿海开发集团有限公司的批复》，整体被注入南通沿海开发集团有限公司，成为南通沿海开发集团全资子公司之一。

公司注册资金 5.5 亿元，经营范围包括：投资与资产管理服务；资本运营管理服务；投资咨询服务，企业管理咨询，财务咨询；产权监督管理服务；建筑工程材料的销售。公司下设办公室、财务部、投资部三个部门，分别担负公司运行中的各项职能。

在南通市委、市政府关心扶持下，在沿海集团正确领导下，公司近几年获得了快速发展。2013 年上半年，公司与南通百淼投资管理有限公司合作，发起成立南通衡麓投资管理有限公司；与苏州银杏金融合作成立的南通融源科技小额贷款公司，于 2013 年 4 月正式开张营业，成为南通市首家科技小贷公司；目前创业投资、产业投资及并购基金等业务也正在有序推进中。

（二）成立背景与发展定位

集团自组建起，就注重做大资本实力，做好金融服务，通过资本做大平台、带动沿海产业发展、获取较好投资回报；在发展过程中，经营管理层发现，仅仅依靠资本投资，收益往往随市场环境变化太大，要想在竞争中获得持续的资本投融资优势，应该进行投资转型。

南通沿海开发集团金融事业部发展定位是为南通沿海开发集团平台建设和产业孵化造血，以金融资本引导，吸引产业资本集聚。海汇资本主要是做好集团金融服务，通过吸引产业资本流入，带动沿海产业发展，获取较好投资回报。

（三）发展目标

未来，南通海汇资本投资有限公司将依托南通沿海开发集团背景，立志发展成综合性的资本投融资平台。在继续做好现有业务的同时，综合利用银行、基金、信托、债券、证券等多样化的融资方式，力争 5 年左右时间实现各类融资规模总计达到 200 亿元；积极参与资本市场的股权投资、私募基金等，研究发起科技金融、数字金融、城市投资基金等各种金融创新，不断壮大公司主营业务。

第二节　金融事业部的发展优势

一、经营能力强

（一）融资能力

集团市级国有独资公司的背景，为融资提供了最好条件。集团与银监部门和各商业银行建立了良好关系，各种短融、中票、中长期贷款动态平衡，拿到的贷款成本低，期限长，尤其是 2015 年拿到的农发行 100 亿元授信，保障了集团资金流持续、稳定与健康。目前，集团正筹备发行企业债券，获取更优建设资金。可以说，未来五年集团资金无忧，能够保障重大项目按期推进，保障资金链安全。

（二）运营能力

公司拥有一支年富力强、团结协作、锐意进取的经营班子，自公司组建以来，不断摸索经营思路，构筑经营板块，打造盈利模式，在一张白纸基础上艰苦创业，实现了良好发展。2016 年海汇公司利润总额 2949 万元，调增海启高速资金成本 2369 万元、固定资产折旧 11 万元、借用在外人员薪酬 38 万元，调减苏通大桥分红 3800 万元、税金返还 13 万元，调整后考核利润为 1555 万元，完成利润考核指标 1000 万元的 155%，基本完成了集团所下达的各项任务指标。

（三）制度建设和团队建设

公司现行制度参考集团各项制度制定并执行，2016 年所有对外投资均按照集团"三重一大"要求进行报批执行。2017 年随着人员逐步到位，分工逐步明确，已成立了办公室、财务部、投资部、风控部四个业务部门，海汇公司将根据自己特点逐步建立完善各部门规章制度，逐渐形成专业投资公司的一整套业务体系。

员工团队建设方面，公司致力于创建学习型组织，组织员工参加专业学习和专业资格考试，海汇全员通过了基金专业人员从业资格考试。通过考试更好地促进学习，更好地掌握了专业技能及提高了专业素养，并进一步提升公司专业形象。同时，组织人员到苏创投、金浦、九鼎等多个专业投资机构进行学习、业务接洽、共同参与尽调项目等，参加各项业务培训。2017 年，海汇资本将新招募员工分别派往元禾原点、国际创投，进一步系统学习投资理论知识，深化双方业务合作。

二、公司投资记录优

2016 年海汇资本对外投资汇总如表 16-1 所示。

表 16-1　2016 年海汇资本对外投资汇总

单位：万元

类别	基金名称	出资规模	已出资	出资时间	基金进度
股权基金	毅达资本	3000	1800（900）	2016.10	已投资 4 个项目，共 3850
	实领基金	7500	2500	2016.04	已投资 3 个项目，共 3040
	原点正则贰号	1900	380	2017.2	已完成首期出资
	中信金石智娱	1900	1900	2016.11	已完成出资
	金浦临港智能	1900	—	—	已向国资委报备
	英飞绿庭健康	1800	—	—	已向国资委报备
固定收益	诺亚盘实基金	500	500	2017.1	已完成出资

类别	基金名称	出资规模	已出资	出资时间	基金进度
定向增发	长城人寿二期	1900	1900	2016.6	已退出分配
	悦达善达定增	500	500	2017.1	已完成出资
	财通基金资管	500	500	2017.2	已完成出资
直接投资	乐克玻璃科技	1150	1150	2016.11	已完成出资
合计			10230		—

此外，截至 2016 年末，集团的资产负债情况良好，资产总额 203633 万元，比年初增加 28%，主要原因：苏通大桥投资增加 78549 万元（含代持）。负债总额 145009 万元，比年初增加 45%，主要原因：苏通大桥代持资本金增加。净资产 62164 万元，比年初增加 4%，主要原因：本年增加未分配利润 2541 万元。资产负债率为 67%（扣除海启高速代持资本金后资产负债率 37%），比年初增加 7%。

三、公司业务范围广

公司始终坚持多样化的投资方式，在市场中显示出了强劲的活力。目前公司的主要业务范围包括产业招商、投后管理、融资工作等。

在 2016 年，公司还新增了一些投资项目，进一步拓宽了盈利方式。在股权基金方面，首先是针对元禾原点基金的业务。元禾原点基金公司是元禾控股股权投资平台重要成员之一，此次基金主要投向于 TMT 及 HC 领域早中期企业，规模 10 亿～15 亿元。经董事会讨论并向国资委报备后向该基金投资 1900 万元，2017 年 2 月 13 日完成首期出资 380 万元。目前基金已开始运作，二期包括国家科技成果转化基金等正在募集中。其次，中信智娱文化产业基金问题上，其基金管理人为中信证券直投平台金石投资，海汇公司投资于文化产业方向。经董事会讨论并向国资委报备后向该基金投资 1900 万元，已投资项目包括博纳影业等。其他基金方面，目前金浦临港智能科技股权投资基金及英飞绿庭大健康产业基金都已完成向国资委报备，基金正在推进过程中。另外，在 2016 年还洽谈了大量基金并有多个基金储备项目，与多个专业基金公司形成了合作关系。

第三节　海汇公司的投资业绩

南通海汇资本投资有限公司，以"获取较好投资回报、做好集团金融服务、带动沿海产业发展"为宗旨，克服了人员少、经验不足、资源有限等种种困难，取得了一定成绩。

一、私募基金：南通衡麓投资管理有限公司

（一）取得成绩

2015年上半年共完成各类基金募集8933万元，其中投资基金4501万元，政信宝1882万元，安居宝2530万元，建工宝20万元。

"PPP+城市发展建设基金"为主要业务。对本地区各县市平台企业逐个进行走访，了解融资需求，外地业务拓展至扬州、泰州、安徽阜阳等地。以扬州广陵经济开发区及如皋开发区两地项目为背景，发行两只基金，完成基金备案并展开募集。其余地区作为储备项目。

金融渠道建设卓有成效。与本地区各大银行，证券公司等建立了良好的业务往来关系，为后续银行托管、业务合作等打下了良好的基础。深圳前海境外融资租赁公司已获批在筹备中。

在PPP模式的理解、推广、应用上，在本地区走在领先地位，且在周边地区形成一定影响力。扬州及如皋基金均为"PPP+城市发展建设基金"模式。先后在南通、厦门、上海、北京、南京等地，牵头或协作凯璞庭集团，发起组织多次面向全国范围的PPP模式讲座，极大地提升了影响力。与葛洲坝集团江苏分公司、中交三航道局等央企，就PPP模式合作进行业务接洽。

作为资本公司打造的私募基金，集团同样给予了大力支持。上半年大力推动衡麓公司增资引进第三方重组，并与中航资本、中民投等多个央企或有实力的公司进行了走访洽谈。以衡麓作为管理人，制定总规模达上百亿元的海汇融通南通产业夹层投资基金及沿海仁和PPP产业投资基金方案。

（二）进一步发展

进一步深化海汇资本与衡麓公司合作。海汇资本与衡麓公司要发挥各自

比较优势，形成全方位合作关系。首先，展开海汇融通南通产业夹层投资基金投资募集工作；其次，进一步推动"PPP+城市发展建设基金"模式；再次，改组扩大投行部门职能，将海汇原有定向增发、新三板、企业上市等业务融入，争取引入凯璞庭固定收益业务；最后，进一步做好科技金融，发展孵化器、加速器等，为集团科教城做好金融服务。

提升业务管理水平。面对上半年出现的经营管理中的问题，需要进一步梳理问题所在，并有针对性地进行调整布局，提升管理水平。

适时推动增资重组，在扩大原有业务，规范经营管理过程中，与央企、专业金融机构等进一步保持良好关系，适时推动重组，实现跨越式发展。

二、创投基金：南通毅达创新创业投资基金

2014 年集团已完成实际出资 900 万元。累计走访项目 90 余家，重点跟踪企业 20 余家，并与科技局、金融办等部门保持紧密联系，在南通地区形成一定影响力。2015 年完成对新帝克单丝科技股份有限公司投资，出资 1000 万元。

由于毅达基金定位于投资南通市处于创业初期的科技型企业，下半年将进一步与创投基金保持紧密联系，推荐合适企业投资，并且适时将已投企业引入科教城。今后将进一步跟进，以期更多企业完成投资或前来科教城落户。

三、直接投资：定向增发及量化对冲产品等

在风险可以控制的前提下"获取较好投资回报"，实现资本增值，同样是海汇公司主要业务之一。

（一）取得成绩

2015 年 6 月，海汇公司投资的渤海活塞定向增发基金顺利退出，投入本金 1200 万元，14 个月获得投资收益 2850 万元左右，年化投资回报率达到 200%以上。

2015 年 4 月，出于对市场形势判断及预估未来证券市场方向，海汇公司完成长城人寿增资扩股投资，共出资 3600 万元，投资期限为"3+2"。该笔出资为中长期投资，以获取未来较高回报为预期，同时包含年化 15%回购计划，做了较好的风险控制。据长城人寿中期报告显示，2016 年企业业绩有大幅增长。

2015 年 6 月，在充分考虑市场形势，考察定向增发市场现状的基础上，完成对国海证券定向增发，共投资 1072 万元，目前正在完善手续中。在近期证券市场大幅下行的情况下，该笔投资仍然有较高浮盈。

2014 年 12 月投资的豫能控股，保持良好的投后跟踪。由于具有较高的资产注入预期，同时电力改革等影响逐步消化，海汇公司在做好对上市公司情况跟踪的基础上争取实现该笔投资顺利退出。

（二）进一步发展

进一步寻找较好的投资渠道，实现资本在风险可控的前提下增值。对已投项目保持持续跟踪，确保投资退出。

进一步加强投资研究能力，对证券市场、海外上市等内容进行专题研究。

四、集团融资：PPP 产业基金与发债

对接集团科教城及腰沙项目，做好集团融资服务同样也是资本公司上半年主要工作之一。在判断和分析资金市场情况的前提下，我们有选择地接触了多家金融机构。

与衡麓公司合作，推进沿海仁和 PPP 产业投资基金，主要对接江苏银行、平安银行等；与招商银行制定 PPP 沿海开发基金方案。但是由于 PPP 基金集团项目材料不全，财政兜底、人大决议等方面，推动有一定难度。目前正在寻找其他平台进行沟通，寻找合适项目，进一步优化原有方案，争取早能够实现突破。

与申银万国证券、浙商证券等进行债务融资方案洽谈。由于 2015 年上半年市场利率下行，及 43 号文之后国家对债务融资一定程度上放宽，现行债务融资工具多样化，导致发债具有可行性。目前已制订出发债融资方案，正在有针对性地推进中。

同时，公司还配合好集团，做好国开行、农发行政策性融资的准备工作。

五、金融招商：通过金融招商，寻找企业落户科教城

通过金融进行招商，寻找企业落户科教城，是海汇资本主动走向市场，做好集团金融服务，做好科教城招商的重要举措。同时，通过招商寻找投资机会，也将产业投资与金融很好地结合起来。

2015 年上半年公司与多个企业进行了业务洽谈，并且吸引了金银岛、中航资本、解放军理工大学等诸多大小企业前来科教城考察。

随着做市商、分级制度等制度的推出，新三板流动性问题趋于解决，未来新三板中也蕴含着较多的投资机会。2015 年上半年，海汇加大对新三板业务的研究，已联合金元证券制定出新三板投资方案，并将集团投资新三板意向与多个合作单位进行初步沟通。目前已搜集到滨海园区一些单位的信息，下一步将了解当地政策，搜集项目推动投资方案落实。

在今后的发展中公司进一步做好企业招引工作，希望通过已有的私募基金、创投基金、科技小贷，包括新三板投资，形成海汇资本综合性的金融服务，为科教城产业招商提供金融支持。

第四节　海汇公司的发展规划

目前，集团积极拓展平台建设，重点打造金融服务平台。金融平台以投融资和基金运作为主攻方向，以盈利为首要目标。在投资业务方面，参与长城人寿扩股投资和国海证券增发投资共计 4687 万元，投资渤海活塞分红收益 2852 万元。在融资业务方面，完成了农发行 95 亿元授信融资，并首批提款 30 亿元，实现了在国家政策性银行融资新突破。在基金业务方面，完成产业基金募集 2.28 亿元，城市发展基金 8 亿元，推动与上海国际创投股权投资基金管理有限公司 1.5 亿元基金深入合作，支持南通沿海前沿地区发展，实现产业投资收益 2070 万元。

2016 年海汇资本经过专家论证，制定了以苏创投（元禾控股）为学习目标，通过市场化运作搭建股权投资平台、债权投资平台、金融服务平台和资本招引四大平台的战略目标。

股权投资平台主要投向产业基金、并购基金、定向增发等各类基金，对于优秀项目或团队也直接投资；债权投资平台的宗旨是作为集团短期利润的补充，以债权形式投向南通及周边沿海地区国有企业及优秀的民营企业；金融服务平台通过聚集各类的金融机构及中介机构，举办各类活动为科创城入驻企业提供全方位服务，促进资本、人才和项目的深度融合；资本招引平台通过投资形成资本纽带、利用资金的杠杆作用、资源整合能力以及投资公司的专业能力，聚集资本、吸引产业落户、服务沿海开发。

2017年，海汇公司将继续加快投资节奏，在做好风控的基础上，力争完成全年任务。

第一，加强战略规划，明确发展方向。结合宏观环境、产业政策、自身定位等情况的变化，根据集团整体战略规划，按照市政府要求，学习苏创投、深创投等国有背景投资机构的发展模式，制定战略规划，确定公司发展方向及目标。

第二，优化投资结构，加快对外投资节奏。2016年省高投基金与实领基金均计划完成4~5个投资项目，跟进备投项目并做好调研，监管资金安全，同时帮助基金对接合适项目落户南通、落户科教城。2017年在新的政策形势下，海汇资本将不断完善项目筛选、投前尽调、风险控制等措施，合理布局各投资周期产品，进一步加快投资节奏，从而实现较好的经济效益。

第三，以产业基金为重点，吸引合适企业落户。通过投资基金、合作洽谈、转介绍等各种方式，接触大量基金及项目，重点寻找与南通沿海开发集团产业配套的合作机会，争取完成资本招引目标，服务于科创城。密切跟进已投基金及产业项目，做好产业落户金融方面支持。

第四，成立沿海开发母基金。通过成立沿海开发母基金，可以搭建一个资源汇聚的平台，扩大海汇资本的影响力，吸引更多社会资金及项目到沿海投资。因此，尽快制订完善母基金方案，寻找社会资金共同参与也是下一阶段重点工作之一。

第五，寻找短期利润增长点。在风险可控的范围内，尽量选择期限合理搭配，投资收益较高的项目进行直接投资，布局部分固收项目、定增基金等，创造可持续的利润增长点。

第六，完善组织架构，打造专业团队。认真研究公司未来发展方向，根据集团对海汇公司的目标定位，尽快完善组织架构。派人员到有合作关系的基金公司实地进行培训，围绕引进人才、用好人才做好工作，打造专业的投资团队。

第七，深化与参股公司的沟通合作。尽快指导衡麓公司完成转型，力求打造成集债权、股权为一体的南通本地专业基金公司，服务于沿海。加强与科技小贷公司的沟通，共同寻找科技型投资项目，信息互通、服务于科创城。配合集团投资部，尽快完成国润租赁及众合担保的股权转让。

第五节　金融事业部的发展策略

2015 年集团审时度势，介入资本市场，在"精选项目、风险可控、结构搭配、合理配资"的前提下参与了三家上市企业的扩股定向增发。2016 年上半年其中一家企业的定向增发基金已经完全退出，集团实现分红收益 2700 万元，投资收益率达到 290%，取得了较好的投资回报。在今后的发展中，集团坚持国有资本市场化的原则，主要从以下几个方面发展规划。

一、南通海汇资本投资有限公司角度

（一）扩大现有业务规模

"十三五"期间拓展融资渠道，如通过政策性贷款、发行企业债、短期融资、中期票据等，为南通沿海开发集团持久、快速发展提供强有力的资金支持。积极发展担保、小额贷款和融资租赁业务，运作现有的产业投资基金，不断提高企业盈利能力，获取投资回报，为集团赢得利润。

（二）优选长期股权投资

南通海汇资本投资有限公司宜加大对具有良好成长性、具有较大投资价值项目的股权投资力度，扩大投资收益；在投资方向选择上，入股成长性较好的投资基金，分享基金发展的红利；入股成长性较好的企业或项目，特别看好的网络公司或网络交易平台，如跨境电商、江海航运交易平台、物联网平台等，更好地分享成长性项目的投资回报。

（三）关注新三板企业投资

尝试入股新三板投资基金，寻找颇具发展前景的新兴产业，以风险投资的形式进行股权投资，培育企业上市，获取股权回报后，通过出售股权方式退出。在行业选择上以信息产业、智能制造业、健康产业、新能源、新材料等领域为主。

（四）申请金融保险业牌照

在金融行业中，保险业发展相对较缓慢，行业发展前景巨大，在市政府支持下，申请获得保险牌照，发展保险业务具有可行性。可通过寻找绩优合作机构，合资设立保险公司，易于操作。

二、集团角度

坚持用"投行"理念加强资源有效整合，着力打造一流国有开发平台和科创产业园区。集团坚持用"投行"理念系统谋划，既着眼于长远发展，又注重阶段目标，最大限度地发现价值洼地，提供金融服务，配置宏观资源，如图 16-1 所展示的就是集团在发展金融和平台贸易中的投行思维。

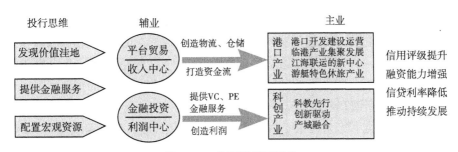

图 16-1　集团的投行思维

坚持资本化运作，着力创新投融资机制。通州湾的开发，离不开资本运作支持。创新优化投资结构，形成长、中、短期的投资组合，集聚要素滚动开发。在完成政府交办的基础建设项目的前提下，引入市场机制，寻找立足沿海、服务沿海的赢利项目。创新多元融资方式，巩固商业银行融资，继续突破政策性银行融资、债券、短融、中票等低成本融资方式，大力发展互联网金融、组建产业基金，开拓自贸区、境外融资渠道，降低融资成本。创新混合开发模式，坚持股权与债权相结合，长期与短期资本结合，吸引各类资本集聚。加强与央企以及其他社会资本合作，吸引社会资本共同投资开发，降低集团负债率。创新平台经济，以平台造血功能推动可持续发展，以资本助推科教城新型产业孵化，挖掘适合在沿海落户的项目，配置天使、PE、VC 投资基金，培育上市公司，在多层次资本市场实现收益。打造小贷、担保、创投、融资租赁等各类金融平台，为入园企业提供快捷服务。目前，金融平台融资取得新突破，新增农发行 95 亿元授信，募集 8 亿元城市发展基金，供应链金融打造钢贸 O2O 平台，组建了西本新干线南通有限公司，实现"交易标准化、服务专业化、物流金融化"。

（一）创新资本融资方式

加快做大公司规模，做高评级，巩固商业银行融资，继续争取政策性银行融资、债券、短融、中票等低成本融资方式，继续推动私募债（PPN）、互联网金融、组建产业基金等多种手段吸引社会闲散资金参与沿海开发；开拓自贸区、境外融资渠道，降低融资成本。

（二）创新投融资主体

支持事业部独立开展投融资工作，充分发挥各事业部"投资主体、建设主体、融资主体、经营主体"四个主体地位，集团仅单独考核利润，推动各事业部，开源节流，自负盈亏。

（三）创新资本运作方式

通过资本招商，发掘创新项目，配置各类天使、VC、PE 投资基金，培育上市公司，在多层次资本市场实现收益。在风险可控的情况下，开展直接投资，通过参与上市企业定向增发及量化对冲，获取了较高的投资回报。

（四）创新资本合作模式

坚持股权与债权相结合，长期与短期资本相结合，吸引各类资本集聚。探索 PPP 合作模式，加强与央企以及其他社会资本合作，吸引社会资本共同投资开发腰沙、科教城等项目，降低负债率，培植盈利点。

第五篇　探索与创新

第十七章 集团的探索与创新

南通沿海开发集团是市委、市政府为解决通州湾示范区起步阶段财力弱、平台低、融资难而组建的市属国有资产经营公司，主要职责为筹措沿海开发所需资金，提升沿海开发项目运作能力。自2012年成立以来，集团扎根沿海、白手起家，乘着江苏沿海开发上升为国家战略和省委、省政府批准南通建立陆海统筹改革试验区的东风，以通州湾江海联动开发示范区为主阵地，在市委市政府的领导下，紧紧围绕战略目标，不断破解经营难题，取得了预期成效，建设了腰沙、科教城、创业园、游艇俱乐部、通州湾商务中心和莱茵东郡六大工程，完成投入近50亿元，并形成了港口产业、科创产业、金融投资、平台贸易四大事业部。

在这短短五年的发展过程中，集团攻坚克难，不断强化内部管理、构建集团可持续发展模式、勇当通州湾开发主力军，取得了突出的成绩。这些成绩的背后，是南通沿海开发集团的探索与创新。

第一节 对地方政府投融资平台的探索

一、地方政府投融资平台的概念

2010年6月10日发布的《国务院关于加强地方政府融资平台公司管理有关问题的通知》将地方政府融资平台公司定义为："由地方政府及其部门和机构等通过财政拨款或注入土地、股权等资产设立，承担政府投资项目融资功能，并拥有独立法人资格的经济实体。"

各级地方政府设立地方政府投融资平台的主要目的是用来融资进行基础

设施建设，包括不同类型的城建开发、城市建设投资、城建资产公司，政府以划拨土地、股权、归费等方式注资，迅速包装出一个资产及现金流都可以达到融资标准的企业，并以实现融资，把所融资金运用于市政基础设施建设、公共事业等项目。

从实践中看，目前普遍的政府投融资平台以政府主导、商业银行市场化选择为运作方式，以各类建设投资公司为表现形式，以商业银行贷款为主要资金来源，通过平台公司的搭建满足地方政府的融资需求，通过资金的整合增强抗风险能力，通过政府公共建设职能市场化运作带动社会投资。

二、地方政府投融资平台的作用

（一）地方政府平台是地方经济发展的主抓手

1994 年我国进行财税制改革，使得财权逐步上收而事权层层下放。随着经济社会的发展，地方政府财政各项支出日益增加，现有的财政收入难以支撑国民经济的发展需要。而 1994 年国家颁布的《中华人民共和国预算法》明文规定除法规和国务院规定的情形以外，地方政府不得发行地方政府债券。1995 年颁布的《中华人民共和国担保法》明文规定国家机关不得作为担保人，而地方政府债券的发行需要地方政府信用担保。这两条法律都阻止了地方政府不能像发达国家地方政府那样可以发行债券，以解决资金短缺问题。面对法律屏障，地方政府为了解决资金不足而影响基础设施建设滞后的问题，进行了投融资体系的创新，设立了隶属于地方政府的投融资平台。这些投融资平台以公司的形式存在并运转，以企业形式融资解决了一些项目资金不足的难题。正是在这样的背景下，地方政府投融资平台在各地迅速产生。

服务项目建设是地方政府投融资平台的主要功能。按照项目投资使用方向和投资主体的活动范围分类，项目通常分为竞争性项目、基础性项目和公益性项目。收益比较高、市场调节比较灵敏、具有市场竞争能力的竞争性项目，一般应面向市场，由企业自主决策、自担风险，通过市场筹资、建设、经营。而建设周期长、投资总量大、投资回报低的基础设施项目和无任何收益的公益性项目，是政府投资的重点，主要由政府通过投融资平台进行筹资、建设。也就是说，地方政府平台承担了那些市场不愿意做（因为无利可图或者周期太长）而政府需要做的事情。

在这方面，地方政府平台发挥了很多重要的作用，比如地方的城市基础设施建设、政府的园区建设，还有像亚运会、世博会、奥运会等大型的场馆建设，大部分都是通过政府平台去建，而不是通过财政拨款去建。地方经济除招商引资以外，政府很多事情都是通过地方政府平台去做的。并且，地方政府平台数量众多，平台的层级也很多。

可以说，地方政府平台成为地方经济发展的主抓手，成为承担中国经济建设尤其是地方经济发展的主力军。

（二）地方政府平台是地方政府负债的主通道

地方政府组建投融资平台的目的是为了扩宽政府融资能力，弥补政府资金不足以满足重点项目及基础设施的投资建设需求，加上目前的政绩考核标准使得地方政府追逐短期的 GDP 增长，这便助长了地方政府投融资平台的债务规模。目前我国地方政府投融资平台的融资渠道主要是银行贷款，有政府的信用担保，银行青睐于给政府性项目放贷，又加上政府与银行间的亲密关系，这便出现了不管平台公司财务情况怎样，只要想要贷款便有贷款，银行敢放贷平台公司就敢借贷的局面，这使得地方政府投融资平台债务急剧膨胀，资产负债率普遍过高，某些地方投融资平台的资产负债率甚至达到200%。资产负债率过高，一方面让平台公司承担了较高的资本费用开支，另一方面加重了原本收益不高的平台公司偿还银行本息的困难。平台公司为了弥补资金流不足往往是借钱还债。地方政府投融资平台过高的资产负债率，加重了投融资平台的风险。

最近几年允许地方政府发债，政府的负债相对还好。在允许地方政府发债之前，可以说地方政府的负债主要便是通过地方政府平台。

（三）地方政府平台是国家调控经济的调节器

地方政府组建投融资平台融资进行基础设施建设由来已久，但投融资平台真正发挥主导作用则是在 2008 年后政府为应对金融危机进行经济刺激。地方投融资平台在国民经济发展过程中起到的一个重要的积极作用就是保增长，一个国家经济要健康稳步地运行，经济不能大起大落，需要一个良性的增长。当经济出现低谷时，需要国家政府部门出台一系列的投资政策来刺激经济，在实施投资计划过程中，投融资平台则给地方政府提供了一个快速融资的途径。

在这一过程中，地方政府平台也成了国家调控经济的调节器。这一点在2008 年之后的这几年越发明显。经济不景气，便想到地方政府平台，通过政府平台加紧融资进行强刺激。而经济一旦过热，出现通货膨胀，便首先限制地方政府平台的贷款。

正是基于以上对地方政府投融资平台的几点认识，南通沿海开发集团自成立之初便把握住发展的方向，利用地方政府平台的优势、排除平台本身的阻碍，积极探索一条在新的形势下地方政府平台的可持续发展的道路。

第二节　对新形势下国有开发平台的可持续发展道路的探索

创新的理念是企业发展的灵魂，也是企业兴衰成败的关键所在。南通沿海开发集团是全市六大国有平台中最年轻的，毫无疑问也应该是最有活力、最有闯劲、最有创新精神的。

针对在建项目投资大、收益慢且现金流少等不利条件，南通沿海开发集团积极探索，准确把握南通市沿海开发战略部署，抢抓江苏沿海开发战略和南通陆海统筹发展综合改革试点的机遇，坚持用创新理念推动企业快速发展，聚焦港口、科创两大主业，鼓励做优金融投资和平台贸易两大辅业，通过"四大利器"，探索市场创收路径，发掘创新盈利模式，为项目建设提供资金保障，并逐步探索出一条新形势下国有开发平台的可持续发展道路。

一、坚持用"投行"理念加强资源有效整合，打造一流国有开发平台和科创产业园区

南通沿海开发集团坚持用"投行"理念系统谋划，既着眼于长远发展，又注重阶段目标，最大限度地发现价值洼地，提供金融服务，配置宏观资源。

一是有效整合先天岸线资源。港口是沿海开发的重要支撑。持续加大腰沙项目投入，全面采用 EPC（设计施工总承包）模式科学施工，目前 30 公里导堤建成通车，12 平方公里土地和 9 公里岸线框架初步成型。以腰沙为载体，加快布局海工船舶、建筑产业化、高端装备等临港产业。同时，着力打造游艇产业，成立了通州湾首家海钓俱乐部，奥玛斯特游艇 4S 店落户销售，游艇俱乐部成为"江苏省帆船帆板运动培训基地"，成功举办"2015 首届通州湾杯国际帆船邀请赛"，游艇帆船特色休闲旅游成为通州湾靓丽名片。

二是充分整合特色园区资源。按照"科教先行、创新驱动、产城融合"的思路，打造科研机构集聚、新兴产业引领、创投资本活跃、创新能力突出

的科创新城。当前，科创城以打造国家级绿色生态区为目标，按照 ECO² 生态经济城市理念，运用 SPEC、BIM 和智能技术，已建成低碳绿色、智慧节能的教育科研、产业生活配套 22 万平方米，新开工面积 39 万平方米。加快示范区城市配套项目建设，围绕居住、办公、度假功能，建成投用创业园、职工公寓、商务酒店等相关服务配套设施 12 万平方米，通州湾城市元素更加丰富全面。发挥资本和服务招商优势，为入园企业提供引导基金、VC \ PE、担保小贷等金融服务，配套标准厂房、商务办公、创业孵化等无忧服务。沿海高科、中美智慧海洋和西交大长三角科技产业园等 3 大产业平台全面投入运营。天津大学前沿技术研究院入驻，天大锂电池等一批科研成果开始产业化。科创城相继获批"国家级众创空间"、"省级现代服务业集聚区"和"南通市中心企业产业集聚示范区"。

三是广泛整合高端人才资源。以科创城为依托，加强对知名高校、科研机构和高层次创新创业人才的集聚，为产业发展提供人才支撑。目前，中科院海洋所"长江口生态站"、上海海事大学南通基地"两中心"等项目已开工建设。北航等知名高校 3000 多名学生已经入驻科创城学习工作。南大材料工程技术研究院、南通大学国家技术转移中心、中国工程物理研究院江苏绿色科技创新基地等一批重大科研项目达成合作协议。南大、达尔豪斯中外合作办学项目稳步推进。

二、坚持用"互联网+"思维发展平台经济，做大做强金融贸易两大活力板块

港口产业和科创产业都是长线投资，这些项目一般都投资大、周期长、收效慢，如何有力破解资金"瓶颈"制约、实现健康可持续发展，是摆在集团一班人面前的现实问题。为此，集团大力推进"互联网+"行动计划，探索打造大宗商品贸易和金融投资两个网络交易服务平台，实现自身"造血"功能，为项目建设及港口业务拓展提供强有力支撑。

一方面，以厦门国贸为样板，打造 O2O 沿海钢铁商贸平台。围绕通州湾临港仓储和物流运输，服务通州湾港口建设，打造钢贸 O2O 平台。依托南通市建筑产业集群优势，整合南通实体钢贸商户，将线上精准营销、便捷支付与线下体验交易和用户反馈形成网络闭环，打造集网上信息发布、交易支付、物流售后服务及行情监测于一体的沿海钢贸交易平台。成立半年即实现销售收入 10 亿元，为集团融资和可持续发展打下坚实基础。

另一方面，以苏州创投为目标，打造互联网多元金融平台。为科创城入驻企业提供引导基金、天使投资、VC、PE、担保小贷等金融服务。设立衡麓投资管理公司，持有私募股权基金牌照，募集基金18亿元，为南通沿海前沿地区提供了低成本资金支持。2015年金融投资业务实现分红及投资收益9700万元，成为集团利润中心。

集团通过做大做强金融和贸易这两大活力板块，形成了一个以港口和科创为主业、以金融投资和平台贸易为辅业的相互支撑、长短结合的投资组合。金融资本板块现阶段为集团创造利润，解决利润瓶颈和资金桎梏，同时又要为科创城提供全方位的金融服务。平台贸易板块现阶段为集团注入销售收入，将来又要为港口创造仓储物流，创造吞吐量。截至2016年9月，金融投资板块累计盈利13838.82万元，商贸平台实现累计销售203721.57万元，已成为集团重要的"输血站"，也为集团未来发债审批奠定了坚实基础。

三、创新园区发展营利模式

传统的园区发展模式就是通过土地优惠、税收优惠的方式招商引资，而南通沿海开发集团地理位置相对比较偏，传统的招商引资方式对集团来说没有优势，因此，为了打造集团的优势，集团利用腰沙、科创城资源，逐步积聚"资本助推、人才定制、拎包入住、无忧服务"的竞争优势，在大项目招引方面给予一定的政策扶持，支持集团由依靠"土地+税收"优惠向"资本+人才+资源+服务"招商进行转型，由依靠"土地+税收"收入向"股权+资本"收益进行转型。集团坚持用创新理念和"投行"思维加强资源有效整合，着力打造一流国有开发平台和科创产业园区。为突出"科创"，集团创新了资本招商路径，注重长期的资本收益和股权收益，点燃产业集聚"新引擎"。

表17-1　创新园区发展营利模式

传统思维	新思维	核心竞争力
土地优惠 税收优惠	资本招商 人才招商 资源招商 服务招商	①资本助推：引导基金、天使投资、VC、PE、担保小贷 ②人才定制：研究院、高校职校、入驻3000人 ③拎包入住：标准厂房、商务办公、酒店公寓、生活配套
土地收入 税收收入	股权收益 资本收益	④无忧服务：咨询培训、创业孵化、成长扶持、上市服务

四、实行封闭运作模式，控制开发规模和速度，实施滚动开发

南通沿海开发集团与示范区签订协议，腰沙和科创城项目实行封闭运作、单独核算，所在区域土地出让收益、入驻企业税费、市和园区的地方留成、各级政策扶持资金、经营盈余均留成公司。

针对科创城和港产开发资金投入量太大的问题，南通沿海开发集团整合利用各方资源，实施滚动开发战略。比如，科创城先投入 50 亿元，后续用税收、土地收入、产生的租金收入、产生的现金流去维护、推动后续的开发，如果前期的开发不成功，那么后续的开发一定会放慢进度。滚动发展战略可以防止盲目投资带来的财务费用等的各种损失。

第三节　对国有企业管理模式的探索

南通沿海开发集团在发展过程中，围绕"增强抵御风险能力"，不断加强和规范内部管理，成效明显。一是防范经营风险，规范经营决策行为，探索在资本层面与非公有制经济的混改，充分发挥董事会决策、监事会监督作用，严格执行"三重一大"决策机制，做到依法治企、产权清晰、权责明确、决策科学。二是防范投资风险，加强了对三级公司的管控，完善内部立项决策手续，开展好对外投资项目可行性研究，制定商业计划书，聘请独立第三方开展经营调查。三是防范招商风险，清醒谨慎，提高警惕，重点防范皮包公司、欺诈性投资和高污染项目。四是防范安全风险，坚守"党政同责、一岗双责"，狠抓施工安全、消防安全、交通安全、食品安全和财产安全，夯实安全生产责任制，汇编了集团安全管理制度，完善了防台防汛等自然灾害预案。

集团成为南通国资系统为数不多的率先实行全面预算管理、ERP 管控的国企，建立了重大事项决策制度，重大项目均能遵照市委市政府决策部署进行开发建设。集团注重文化建设，制定了沿海人的"八不"准则，形成了"务实、创新、激情、超越"的企业精神，锤炼了一支想干事、干成事、不出事的管理团队。集团短短五年，相继获得市、省文明单位称号。

一、用混合所有制完善企业法人治理结构

南通沿海开发集团积极响应中央推动混合所有制经济改革的号召，从成立初期就注重吸纳各类社会资本，先后与莱茵置业、韩通集团、中交华东基金等各类社会资本合作设立合资企业，撬动 7.26 亿元社会资金参与南通沿海开发。合资企业发挥了国企身份的信贷优惠和市场拓展优势，吸收了社会资本的经营活力和竞争力，初步建立了"产权明晰、权责明确、政企分开、管理科学"的治理结构。同时，因为缺乏可借鉴的成功经验，我们在这项改革探索中也遇到了一些挫折。比如，集团与莱茵置业、韩通等民企的合作中，由于这些民企资金不足，通常由集团占控股地位。虽然各投资主体做到了同股、同权、同利、同责，但在企业发展目标上难以实现长远和短期的均衡，民企易受经济波动影响寻求退出，结局以集团回购民企股份结束。与民企混改失败不同，集团与基金、战略投资者以及自然人在资本层面混改，参股成立的衡麓基金、国润租赁、小贷公司等均取得了成功。具体而言，通过引入基金进行产权制度改革或共同出资设立股权投资基金，以基金管理公司为平台，组建团队、募集资金、开展投资。通过基金混合，淡化了所有制属性，不追求国有控股，却发挥了国有资本的引导作用，用有限的资金作为杠杆，吸引到更多的社会资金投资沿海开发，实现了互利共赢。总结经验和教训，我们认为混合所有制的关键不在"混"，而是在对不同的"合作主体"采取不同的"合作"方式，根本目的是激发集团的活力和竞争力，提高国有资产收益率。

二、构建"331 管控模型"

2012 年以来，集团注重加强内部管理，根据《公司法》以及《公司章程》的规定，相继组建了董事会、监事会以及集团党委、工会、团委等，设置了行政人事部、战略投资部、财务管理部、审计监察部四个部门，实行了四大事业部制改革，构建了相对完备的决策机制，制定了一系列涉及办公管理、投资、财务、审计等制度，加强了内部建设，集团管理现代化逐步走向正规，为"十三五"期间进一步快速发展奠定了基础。

（1）港产事业部：包括江苏通州湾港口发展有限公司和南通通州湾游艇俱乐部有限公司，其中，港口发展公司主要负责推进腰沙开发建设，围垦土地，建设港池，为港口运营打好基础；而游艇公司负责开发建设游艇码

头，建立游艇帆船俱乐部，发展水上旅游活动。此外还以南通沿海开发集团城镇建设有限公司为主体，以通州湾示范区基础设施建设和城市功能配套完善为两大重点，投资科创城道路、热、电、污水处理等基础设施。

（2）科创事业部：以南通通州湾科教产业投资有限公司为主体，通过开发建设科创城，抓教育和产业项目并举，以产业发展为核心，未来形成智能化的高端创新园区，获取经营现金流和投资收益。

（3）贸易事业部：以南通沿海开发集团商贸有限公司为主体，通过搭建钢贸平台、拓展经营范围，为集团发展带来现金流和利润。

（4）金融事业部：主要为南通沿海开发集团平台搭建和产业孵化造血。其中：南通海汇资本投资有限公司主要是做好集团金融服务、通过资本做大平台，带动沿海产业发展、获取较好投资回报。

通过事业部制改革，构筑公司治理的新机制，彻底梳理集团的管理流程，建立新的"331管控模型"即集团具有战略方向决策权、投融资决策权和高管任免决策权，管控预算计划、业绩和产权，协调内外重大关系。建立以人事、财务和审计监控为主，日常运营监管为辅的管控运营机制。

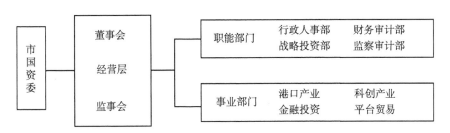

图 17-1 南通沿海开发集团内部管理结构

三、实行"三重一大"决策制度

为促进集团企业领导人员廉洁从业，规范决策行为，提高决策水平，防范决策风险，保证企业科学发展，实现国有资产保值增值，根据《公司法》、《国有企业领导人员廉洁从业若干规定》、《关于进一步推进国有企业贯彻落实"三重一大"决策制度的意见》、《关于建立健全市属企业"三重一大"决策制度实施办法有关事项的通知》等法律法规和有关文件精神，结合南通沿海开发集团实际，确定"三重一大"决策制度。

"三重一大"是指公司重大决策、重要人事任免、重大项目安排和大额度资金运作事项。重大决策事项，指依照有关法律法规、公司章程、制度规定，应当由党委会、董事会、总经理办公会、职工代表大会决定的事项。重要人事任免事项，指公司直接管理的领导人员以及其他经营管理人员的职务调整事项。重大项目安排事项，指对公司资产规模、资本结构、资源配置、盈利能力以及生产装备、技术状况等产生重要影响的项目的设立和安排。大额度资金运作事项，是指超过规定限额的资金调动和使用。

"三重一大"事项决策坚持依法决策、规范决策、民主决策、科学决策的原则。

四、完善国有资产管理模式

2015 年，集团完善国有资产管理模式，实现由"管资产"为主向"管资本"为主的转变。通过事业部制改革，集团履行出资人、投资人权利，推动事业部以市场化为导向，独立经营，独立核算。探索内部银行管理模式，集团内部资金实行有偿使用，推动国有资本合理流动，优化配置。通过对子公司划分公益类与经营类，实行分类发展、分类监管、分类考核，提高了国有资产管理的有效性、绩效考评的科学性、资本使用的高效性，更好地实现国有资产保值增值。

五、实行事业部制改革激发团队活力

事业部制是一种分权式管理结构，指在企业内部以产品、地区或顾客为依据，将相关的研究开发、采购、生产、销售等部门结合成一个相对独立的组织结构形式。2015 年，沿海开发集团完成了事业部制改革。根据"集中决策、分散经营"的指导思想，以"强支撑、短流程、高授权、大监督"为改制思路，重新划分集团、事业部、子公司的责、权、利，根据业务属性合并设立了港产、科创、金融、贸易四个事业部。通过强化市场主体地位，实行独立经营、独立核算。为充分调动员工积极性，集团还对事业部下属子公司划分经营类和管理类，实行分类发展、分类监管、分类考核。突出经营类的利润考核导向，管理类的任务考核导向，放大绩效薪酬弹性。目前集团已经确立了"务实、创新、激情、超越"的企业精神，初步形成了团队朝气蓬勃、管理科学规范、运营经济效能的新机制，并得到市国资委业态、质态、时态、状态"四好"的赞誉。

第四节　对项目招引的探索

产业项目是沿海开发的重要抓手和载体。集团坚持立体化招商战略，坚持招商引资和转型升级并举，主攻临港产业，提升科创产业，优化现代旅游业，不断增强好上又好、能快则快发展的新动能。

一、围绕腰沙开港，重点布局临港产业

按照"精准招商、产业分工、统筹推进"的原则，确定重型装备制造、物流、能源、矿石、粮农储运和节能环保六大产业方向，并开展了大量专题调研和企业考察。完成了汽车滚装物流、粮食物流加工、澳牛进口加工、进口木材物流加工和石油储备五类产业规划研究，并重点培育了汽车滚装运输、澳洲活牛进口加工、天元锰业三个重大项目。当前，除市政府牵头实施的华电项目以外，目前已落户注册江苏南光供应链有限公司等企业两家。

二、围绕科创城运营，大力推进科创产业

科创城按照"资本助推、人才定制、拎包入住、无忧服务"发展路径，搭建专业招商产业园，探索驻点招商新模式。

一是培强创新主体。按照全市"3+3+N"产业规划，聚焦产业方向，深耕"信息软件、海洋产业、高端装备"产业招商，发挥以商招商、以校招商，积极招引、主动承接企业落户，同时派驻了上海招商小分队主动对接上海苏南等地资源。科创城累计入驻企业80余家，院校10余所。

二是做优创新平台。围绕科创城"创"的主旨，发挥创新创业资源集聚辐射作用，组建产业基金，联合成立多家科贷、创投公司，拓展"资金+技术"的科技企业孵化模式，建设南通创新之都的标志性节点。

三是汇聚创新人才。集团以科创城为依托，高标准建设国家级众创空间，加强对知名高校、科研机构和高层次创新创业人才的招引集聚，搭建人才技术与产业资本共生发展平台。科创城成立之初，即瞄准了"千人计划专家"和海归创业团队，三顾茅庐邀请国际水下通讯领军人物、国际水下无线通信会议主席、美国康州大学崔军红教授归国进"城"，共同组建中美

智慧海洋产业研究院。该项目已成功孵化蓝鹏、蓝韬等水下通讯高科技企业。目前，科创城已经落户高新技术企业院所 88 家，北航、兰大等知名高校师生 5000 多名，并与南大材料工程技术研究院、南通大学国家技术转移中心、中国工程物理研究院江苏绿色科技创新基地等一批重大科研项目达成合作协议。昔日的海边荒滩，已经逐步建成人才荟萃、项目集聚的蓝色港湾。

四是营造创新环境。科创城配套完善的厂房、办公、居住和生活设施，打造更有活力的创新创业生态系统，实现创新企业拎包入住。全面落实省市激励创新的政策措施，并发布 16 大类自主招商优惠政策，加大对科技成果应用和产业化的扶持。用优化服务的"加法"换取创新创业的"乘法"，一站式服务中心提供无忧服务，前期帮助企业对接产业项目规划、信息宣传和厂房定制；中期优化审批服务，代办工商、税务、环评等手续；后期跟踪服务，提供人才招聘、营销策划、法律咨询及投融资服务，确保项目早日落地、达产销售，营造了浓厚的创新创业氛围。

三、以帆船赛为契机拓市场，全力做优现代旅游业

集团全力做优现代旅游业，游艇俱乐部大力拓展海上帆船运动，常态化开展运营接待。10 艘 OP 帆船、11 艘珐伊竞技帆船、亚诺 349、巴伐利亚 37、博纳多 41 休闲远航帆船陆续到港首航。修订了俱乐部会员和产品价格体系，加大市场营销力度，对接各大旅行社、金融机构、特斯拉电动汽车和高校，组织帆船拓展活动 8 场，开展帆船夏令营 3 期。2016 年 9 月 11 日历时两天的第二届"通州湾杯"国际帆船邀请赛在俱乐部完美收官。高水平帆船国际赛事的举办，进一步提升了俱乐部知名度和影响力，打造长三角地区帆船特色休闲旅游"新名片"。

第十八章　企业家对企业的影响

著名学者张维迎教授曾深刻指出：如果说价格是市场经济的非人格化机制，企业家则是市场经济的人格化主体。企业家才能是最可宝贵的社会资源，对企业的发展功不可没。

市场经济的活力在于创新，要创新，就有风险。直觉再好，也不可能事事未卜先知。企业家是对市场机会嗅觉最灵敏的人，处在面对不确定的前景作出决策并且为之运筹帷幄的位置，决策风险的重担就压在他们的肩上。一种潜在的新产品能不能成功，一项新的服务能不能形成市场，都包含许多未知的因素。企业家最经常的作业之一，就是看准一个项目，为实施这个项目筹集资金。如何说服人们投资，不但需要企业家的历练和胆识，还需要企业家的个人魅力。如果投资成功，企业家的名望自然上升，如果投资失败，企业家的信誉也就下降。信誉建立在业绩之上，信誉决定了企业家在企业家市场上的位置。

第一节　企业家能力的杠杆效应

企业家能力的"杠杆效应"是企业家能力对于企业其他层次能力的作用机制来说的，这里其他层次的能力依据能力的层级从上到下依次为企业高层能力、企业中层能力、企业基层能力。因此企业家能力的"杠杆效应"就是企业家能力对于整个企业其他层次能力具有杠杆放大效用。

南通沿海开发集团整个领导班子在许映斌董事长的带领下，一方面，通过建立正式的管理组织，制定各项规则，采用多种制度，比如人力资源管理制度，包括人员聘用、选拔、培训、绩效考核、激励等制度来保证企业在职人员的能力素质要求；另一方面，除了正式作用机制，许董事长通过召开会议等方式，多次将自己的思想传递给下属干部，将自己的组织和智力资本通过言传身教的形式传递，企业中其他层次人员也效仿或模仿。南通沿海开发集团在企业家的领导下，创建和保持以人为主体的高效率投入产出系统，减少交易费用，利用市场机会，创造了利润和价值。南通沿海开发集团确立的以许映斌为代表的企业家团体，他们的决策共同决定着企业的发展方向和思路，也决定着企业的经济绩效水平，只是不同成员的角色和地位作用有些区别而已。在正式机制起作用的情况下，企业家通过各种制度来挑选适合企业发展需要的高层人员。

企业家能力实际上是一个能力束，是各种不同能力的组合，在不同的情况下，这个组合能力的内容或者比例可能会发生变化，其实企业里不同层次人员的能力也是能力束。南通沿海开发集团为适应企业发展需要，在选拔人才方面，企业家团队制定了比较严格的选拔和考核标准，采取多种手段来努力提高企业在创新方面的能力，更加注重开拓能力方面的需求，重视对人才的培养，使其在进入企业之后，能有更多的培训学习机会，锻炼高层人员在创新等方面的能力。

第二节　企业家能力的整合效应

企业家是企业生产力诸要素的第一组织者，是生产力的第一组织力，而且组织力能产生更大的生产力，只有在企业家的组织管理下，科学技术及生产力的诸要素才能成为现实的生产力，资源的优化配置也只有通过企业家去实现。组织能力反映的是企业向市场提供优质产品和服务的能力、对成本控制的能力、革新的能力，以及内部机制的灵活性和应对环境变化的能力。

从整合企业内部各种资源来说，企业家能力的"整合效应"指企业家能力对企业内的技术能力资源、管理能力资源、市场能力资源、生产能力资源等各种有形和无形资源的整合，最大限度地发挥企业内部各种资源的作用。企业家因其特有的人力资本以及在经营决策中的决策权限，使得他的职能范围及作用不同于企业的其他人员，而处于主导和支配地位。企业家对内部资源的整合需要先对资源的价值进行识别与评价，再进行有效的部署与组合。企业家通过长时期资源的互动，将各种有形、无形的资源以特定的方式组合起来，并沉淀为其他企业难以模仿的组织惯例，形成企业核心竞争力。从整合企业外部各种资源来说，企业家能力的"整合效应"指企业家能力对企业与同行业其他企业的关系资源、企业与上下游产业企业的关系资源、企业与各种生产要素市场的关系资源以及企业与政府机构的关系资源等这些外部资源的整合。

南通沿海开发集团坚持用混合所有制完善企业法人治理结构，加快建立健全现代企业制度，并积极响应中央推动混合所有制经济改革的号召，从成立初期就注重吸纳各类社会资本，先后与莱茵置业、韩通集团、中交华东基金等各类社会资本合作设立合资企业，撬动7.26亿元社会资金参与南通沿海开发。合资企业发挥了国企身份的信贷优惠和市场拓展优势，吸收了社会资本的经营活力和竞争力，初步建立了"产权明晰、权责明确、政企分开、管理科学"的治理结构。同时，因为缺乏可借鉴的成功经验，在这项改革探索中也遇到了一些挫折。比如，集团与莱茵置业、韩通等民企的合作中，由于这些民企资金不足，通常由集团占控股地位。虽然各投资主体做到了同股、同权、同利、同责，但在企业发展目标上难以实现长远和短期的均衡，民企易受经济波动影响寻求退出，结局以集团回购民企股份结束。与民企混改失败不同，集团与基金、战略投资者以及自然人在资本层面混改，参股成立的衡麓基金、国润租赁、小贷公司等均取得了成功。具体而言，通过引入基金进行产权制度改革或共同出资设立股权投资基金，以基金管理公司为平台，组建团队、募集资金、开展投资。通过基金混合，淡化了所有制属性，不追求国有控股，却发挥了国有资本的引导作用，用有限的资金作为杠杆，吸引到更多的社会资金投资沿海开发，实现了互利共赢。总结经验和教训，南通沿海开发集团的总体思维是整合和混合，是对不同的"合作主体"采取不同的"合作"方式，根本目的是激发集团的活力和竞争力，提高国有资产收益率。同时，企业家在创新和人才方面表现出来的整合能力，也将公司员工的不同能力发挥到极致。通过广泛整合高端人才资源，以科创城为依托，加强对知名高校、科研机构和高层次创新创业人才的集聚，为产业发展提供人才支撑。

第三节　企业家精神的领导效应

　　企业家的领导效应，体现在对企业整体的领导和把握中。南通沿海开发集团在许董事长的领导下，开辟了适宜于公司领导管理的体系——事业部制。南通沿海开发集团事业部制是一种分权式管理结构，在企业内部以产品、地区或顾客为依据，将相关的研究开发、采购、生产、销售等部门结合成一个相对独立的组织结构形式。根据"集中决策、分散经营"的指导思想，以"强支撑、短流程、高授权、大监督"为改制思路，重新划分集团、事业部、子公司的责、权、利，根据业务属性合并设立了港产、科创、金融、贸易四个事业部。通过强化市场主体地位，实行独立经营、独立核算。为充分调动员工积极性，集团还对事业部下属子公司划分经营类和管理类，实行分类发展、分类监管、分类考核。突出经营类的利润考核导向，管理类的任务考核导向，放大绩效薪酬弹性。集团确立了"务实、创新、激情、超越"的企业精神，初步形成了团队朝气蓬勃、管理科学规范、运营经济效能的新机制，并得到市国资委业态、质态、时态、状态"四好"的赞誉。

　　企业家精神是企业非常重要的资源。正是许映斌董事长身上的那种进取、实干、创新、不断挑战突破自己的品质与行为，使集团内部从上至下有了很强的凝聚力，促进了企业的发展，走出了一条具有特色的沿海开发新路径。

第四节　无党派人士的补充效应

　　在南通沿海开发集团的领导阶层中，无党派人士占了一部分，无党派人士可以在"大众创业、万众创新"中发挥自身在联系团结方面的积极作用。无党派人士思想比较活跃，自身文化水平相对较高，有较强的洞察力和政治敏锐性，随着社会分配制度的不断调整，能清楚地意识到国家政策对其自身利益的影响，于是按照市场价值规律，不断调整和安排自己的行为，形成了以实现自我价值为中心，既追求社会奉献又要名利双收的多层次性。无党派人士在企业当中参与了高层决策，许映辉董事长便是其中一员。他们身份独立、立场客观、专业集聚性强，在构建程序合理、环节完整的企业协商民主体系中起了很重要的作用，同时依靠自身过硬的本领，为正确认识、适应、引领经济新常态，发挥优势，推进协商民主广泛多层制度化发展提供了动力。

国有企业民主党派组织发展是南通沿海开发集团统战工作的重要组成部分，同时也是党的干部工作、人才工作的重要组成部分。南通沿海开发集团企业统战成员多数人知识层次高，有比较丰富的社会阅历和较高的专业技术水平与技能，有强烈的参政议政意识和能力，在不同的工作岗位上担负着重要的职责，具有广泛的社会影响，他们对企业的发展有着重要的影响。

附　录

附录1 港产对标：宁波港

第一节 宁波港概况

宁波港地处我国大陆海岸线中部，南北和长江"T"形结构的交汇点上，地理位置适中，是中国大陆著名的深水良港。宁波港自然条件得天独厚，内外辐射便捷。向外直接面向东亚及整个环太平洋地区。海上至中国香港、高雄、釜山、大阪、神户均在1000海里之内；向内不仅可连接沿海各港口，而且通过江海联运，可联通长江、京杭大运河，直接覆盖整个华东地区及经济发达的长江流域，是中国沿海向美洲、大洋洲和南美洲等地区港口远洋运输辐射的理想集散地。宁波港水深流顺风浪小，进港航道水深在18.2米以上，25万~30万吨船舶可候潮进出港。可开发的深水岸线达120千米以上，具有广阔的开发建设前景。北仑港区北面有舟山群岛为天然屏障，在北仑港区建码头无须修建防浪堤，投资省、效益高，且深水岸线后方陆域宽阔，对发展港口堆存、仓储和滨海工业极为有利。

宁波港由北仑港区、镇海港区、宁波港区、大榭港区、穿山港区组成，是一个集内河港、河口港和海港于一体的多功能、综合性的现代化深水大港。现有生产性泊位309座，其中万吨级以上深水泊位60座。最大的有25万吨级原油码头，20万吨级（可兼靠30万吨船）的卸矿码头，第六代国际集装箱专用泊位以及5万吨级液体化工专用泊位；已与世界上100多个国家和地区的600多个港口通航。2012年3月，国务院批复同意开放宁波港梅山港区。2013年，宁波舟山组合港全年货物吞吐量达到8.09亿吨，超越上海港，位居世界第一。2014年度宁波舟山港实现货物总吞吐量8.73亿吨，牢牢占据货物总吞吐量世界第一大港的宝座。

第二节　宁波港的港口物流发展

一、港口物流的概念

港口物流是以港口作为物流的中心节点，以建立货运中心、配送中心、物流信息中心和商品交易中心为目的，将运输、仓储、装卸搬运、代理、包装加工、配送、信息处理等物流环节有机结合，形成完整的供应链，为用户提供多功能、一体化的综合物流服务的体系。

港口物流是特殊形态下的综合物流体系，是作为物流过程中的一个无可替代的重要节点，完成整个供应链物流系统中基本的物流服务和衍生的增值服务。

港口物流业的增加值占现代物流业增加值的70%以上，按现价计算，港口物流业的增加值对GDP增长率的贡献接近1.7~1.8个百分点。

港口物流具有以下几个特点：

（1）标准化。在商品包装、装卸搬运、流通加工、信息处理等过程中采用国际统一标准，以实现区域、全球物流大系统循环的高效、顺畅。

（2）国际化。多数大的港口主要从事国际物流服务，一方面将内陆的货物送到海外，另一方面又汇集海外的国际货物发送到内陆腹地。

（3）系统化。港口物流提供的仓储、装卸、运输、配送、包装、流通加工等多种功能子系统通过统筹协调、合理规划，形成物流大系统，以达到利益最大或成本最低。

（4）信息化。全球经济的一体化趋势，使商品与生产要素在全球范围内以空前的规模和频率流动。技术与信息已经成为现代化港口生存和发展的决定性因素。

（5）多功能化。港口物流由原本仓储、运输的单一功能扩展为仓储、运输、配送、包装、装卸和各种提高附加值的流通加工等多种功能服务项目。多功能化提高了港口的服务功能，将过去商品经由运输、仓储、批发到零售点的多层次的流通途径，简化为由港口集成服务到用户的门到门服务模式。

二、宁波港口物流发展的指导思想

（一）服务地方经济和提高社会生产力

生产力和生产社会化的不断提高，要求社会分工更加细化，生产新的产业，从而提高劳动生产率，促进社会经济的发展。现代物流就是在经济高度发展，生产力不断提高的社会条件下产生的。宁波大力发展港口物流，主要也是从这一目的出发，因为港口物流服务可以吸引那些经过或以港口以及腹地为出发地和目的地的商品在这里进行物流服务，从而使港口物流产业成为新的经济增长点，有助于提高社会生产力，提高 GDP，促进社会和经济的发展。

（二）以不断的创新精神加快港口物流的发展

近年来，港口积极引入现代物流观念，港口物流取得了长足性进步。但许多方面还处于传统物流观念状态中，不能全面地认识现代物流的科学内涵，以至于一讲到物流，就认为是圈几块地、搞几个物流园区，建立大而全、小而全的物流中心。产生误区的原因在于对现代物流与传统物流差别的错误认识，其实两者的差别就在于现代物流的路线经过了优化，物流链上各环节经过了整合，各环节之间做到了无缝连接。最为重要的是现代物流链的整合与衔接是通过信息技术的应用来完成的，而不是简单的几个物流园区和物流中心就能实现。所以发展现代物流不能一味地追求兴建新的物流园区来发展港口物流，否则势必造成严重的重复建设和资源浪费。这就要求我们，要提高认识，转变观念，以创新精神为指导思想加快港口物流发展。

（三）按可持续发展观发展港口物流

任何事物的发展都具有利弊两面性，现代港口物流的发展也是如此。一方面，它降低了流通费用，促进了生产力和经济的发展；另一方面又因其运输、装卸、仓储等物流环节对环境造成了巨大的负面影响，破坏了经济的可持续发展。在绿色经济的今天，经济的发展是建立在人与自然协调发展的基础上的，港口物流业作为经济体系中衔接生产和消费的重要经济环节也必须坚持可持续发展。

三、宁波开展港口物流的意义

（一）开展港口物流可以满足国际航运市场的发展需要

实践证明，宁波港作为上海国际航运中心南翼的深水港区，与上海港共同担负着建设上海国际航运中心的战略重任，其港口物流的发展，很大程度上满足了我国外贸进出口发展的需要，以及国际航运公司发展国际中转业务的需要，既有利于航运企业和货主降低物流成本，也有利于不断改善口岸和港口服务。

（二）开展港口物流有助于推动宁波临港产业发展和区域经济增长

20 世纪 60 年代以来，以临港大工业为主要特征的临港产业在一些经济发达国家先后崛起，一方面形成了运作灵便、实力强大的临港工业地带，成为这些国家经济实力的新支撑；另一方面又促进了世界性大生产方式的进一步发展。宁波港现已成为浙江省发展外向型经济主要的对外门户。港口物流是以港口作为物流的中心节点的综合物流服务的体系，它的发展不仅带动了仓储、运输业的蓬勃发展，也带动了其他许多产业，如包装加工、信息处理、代理、装卸搬运业的发展，是推动宁波区域经济发展的支柱产业和新的经济增长点，为宁波区域经济的深入发展创造机遇。

（三）开展港口物流有助于提升宁波城市竞争力

"以港兴城，城港共兴"，几乎是世界上所有港口城市兴起与发展过程所共有的规律。宁波中小企业甚多，对外贸易依存度高，港口物流的发展能够更好地整合资源，扩大物流渠道，更快速、更经济、更安全地把各种要素、资源等送到世界各地，有效地扩大城市集聚和辐射的半径，强化宁波作为"长三角"南翼中心城市的地位，对于提高宁波的城市竞争力将发挥积极作用。可见，发展港口物流是宁波城市发展的内在和客观要求。

（四）开展港口物流有助于扩大对外开放、吸引投资

物流环境的好坏已成为投资者评价一个地区投资环境的重要内容。如果要把宁波建设成东方大港口和海上花园城市，有许多基础设施需要建设，需要吸引更多投资者进行投资。因此，通过加快港口物流发展，来扩大对外开放，改善投资环境，从而吸引更多投资者的智力和资金投资，促进临港型先进制造业基地形成，具有现实而又深远的意义。

四、宁波港港口物流的发展情况

《宁波现代物流发展规划》明确指出，把发展港口国际物流作为规划重点，并提出宁波市现代物流发展目标定位为"上海国际航运中心的重要组成部分、长江三角洲国际物流枢纽和浙江省重要综合物流中心"。

港口物流业已成为宁波现代服务业的重要支撑和国民经济重要组成部

分。依赖于宁波港独特的区位优势和深水优势，宁波港口物流发展迅速。

（一）集疏运网络逐步完善

宁波已形成高速公路、铁路、航空和江海联运、水水中转等综合集疏运网络。通过江海联运，货物可直达武汉、重庆，并沟通长江、京杭大运河，直接覆盖整个华东及经济发达的长江流域；高速路网四通八达；杭州湾大桥的通车，使宁波至上海的车程缩短为两小时，宁波港对苏州、无锡、常州、湖州等地货源的吸引力大大增加；与全国铁路网相连的港区铁路直达码头前沿，并已正式开办海铁集装箱联运业务；宁波栎社国际二级机场已开通宁波至香港的定期航线；宁波港与全球逾 100 个国家和地区的逾 600 个港口有贸易往来。

（二）港口货物吞吐量逐年上升

从《中国统计摘要》的资料显示，近年来宁波港口物流发展势头良好，从 2000 年开始宁波港始终保持着大陆沿海港口货物吞吐量第二位的位置，世界排名也逐年上升。

（三）集装箱吞吐量也逐年上升

宁波港共有 6000 多米长的集装箱泊位群，配有 70 多台最大外伸距达 65 米的集装箱装卸桥和配套齐全的大型集装箱堆场，可满足 1 万标准箱以上的超大型集装箱船作业要求。全球排名前 20 位航运公司已全部登陆宁波港。随着宁波港大力开拓集装箱新航线，积极引进精品快航和超大型班轮，积极培育航运市场，宁波港集装箱吞吐量也逐年增加，其排名无论是在国内主要港口还是世界港口中都不断上升。

（四）培育了大批物流企业

港口货物和集装箱吞吐量快速增长，带动了港口物流企业及从业人员大量集聚。培育了浙江中外运、海联、龙星、大港货柜等一大批在"长三角"及国内具有一定影响力的本地物流企业，基本形成了一支门类齐全、机制灵活、运作高效、竞争充分的港口物流市场主体。同时，提供的就业机会也随之不断攀升。

（五）"区港联动"发展良好

宁波保税区与北仑港实施"区港联动"，依托港口资源，整合保税区与港口的政策优势，重点发展国际贸易、仓储物流等港口物流功能，促进国际港航产业与现代物流产业互动；梅山岛保税港区是全国第 5 个保税港区，叠加了保税区、出口加工区和保税物流园区的税收和外汇政策，是目前我国开放层次最高、政策最优惠、功能最齐全的特殊区域，必将促进宁波港口物流业的进一步发展。

（六）港口物流业信息体系逐步完善

宁波市较好地完成了口岸电子信息化工程，构筑了生产管理、经营管理、通信与监控管理、信息服务和综合管理五大信息系统。EDI中心平台全面升级，开发应用了国际航行船舶码头综合管理系统，实行全方位、全天候的动态监控，服务质量得到全面提升，服务效率有了很大提高。

第三节　宁波临港产业的发展

一、临港产业的概念

临港产业，泛指布局于港口及周边区域内，依托港口资源和转运优势催生发展的产业群。临港产业将港口码头纳入生产线的组成部分，使物流过程无缝连接，最大限度地节约成本，增强企业竞争力。根据经济界比较一致的划分标准，临港产业主要包括港口直接产业、港口共生产业、港口依存产业和港口关联产业。

二、宁波发展临港产业的条件分析

宁波是全国四大深水良港之一，在发展临港产业集群方面具有独特的条件。改革开放以来，宁波经济持续快速发展，显示出巨大的活力和潜力，成为国内经济最活跃的区域之一。宁波是长江三角洲南翼重要的经济中心城市和重化工业基地，是中国华东地区重要的制造业基地，也是浙江省经济中心。

（一）优势分析

1. 得天独厚的区位优势与自然条件

宁波港是中国著名的深水良港，地处我国大陆海岸线中部，南北和长江T形结构的交汇点上，地理位置十分优越。宁波内外辐射便捷，自古以来就是中外闻名的商埠，唐代时就成为中国大陆与日本、新罗及东南亚一些国家通商的主要港口。从向外辐射来说，宁波直接面向东亚及整个环太平洋地区，与中国香港、高雄、釜山、大阪、神户的海上距离均在1000海里之内。同时，宁波是中国沿海向美洲、大洋洲和南美洲等港口远洋运输辐射的理想集散地；从向内辐射来说，不仅可连接沿海各港口，而且通过江海联运，可沟通长江、京杭大运河，直接覆盖整个华东地区及经济发达的长江流域。由于宁波外有舟山群岛环绕而形成的天然防护屏障，水深、流顺、不冻、不淤（码头底部为花岗岩质地），水道口门多，避风避浪，适宜锚泊，陆域较广，每年很少受到台风等自然灾害的影响，自然条件十分优越。宁波港水深流顺风浪小。进港航道水深在18.2米以上，25万～30万吨船舶可候潮进出港。可开发的深水岸线达120千米以上，具有广阔的开发建设前景。北仑港区北面有舟山群岛为天然屏障，在北仑港区建码头无须修建防浪堤，投资省、效益高，且深水岸线后方陆域宽阔，对发展港口堆存、仓储和滨海工业极为有利。宁波位于中国最大的制造业中心——"长三角"东部，且与中国经济中心上海毗邻，杭州湾跨海大桥建成后，缩短宁波至上海的陆路距离120余公里。经济发达的上海与浙江为宁波发展临港产业集群提供了强大的腹地支撑。

2. 港口实力强，基础设施完善

宁波港是中国大陆四大深水港之一，港口岸线水深10～30米，航道水深30～80米，其中最浅的虾峙门口水深也达17.6米，航道宽度700～5500米，该航道是大型远洋通道，20万吨级货船和设计中的第六代集装箱船舶（8000~100000TEU）可以自由出入，30万吨级以上船舶可以候潮进入。而且这里的深水岸线相对比较集中，可以整片开发，具有适合进行港口大工业建设的工业用地，建设用地达到175平方公里，是发展国际远洋中转、临港工业和出口加工贸易的理想区域。宁波港经过30多年的开发建设，已成为集内河港、河口港与海港三位一体的综合港口，能接卸化工、煤炭、铁矿石、原油、集装箱等17类近百个品种的货物。宁波港已拥有500吨级以上生产性泊位62个，其中万吨级以上泊位24个，包括20万吨级兼靠30万吨级船舶的铁矿和25万吨的原油码头，5万吨级的液体化工码头、可停靠并能接卸国际第五代集装箱船舶的专用码头。与世界90多个国家和地区的560多个港口有贸易往来的综合性港口。宁波港目前共有国际国内航线216条，其中远洋干线114条，月航班900多班。目前，宁波港已基本形成以港口为核心的集疏运网络和信息服务网络体系，大通关服务水平和速度不断提高。

3. 初具规模的产业基础

宁波临港工业在全市工业产值中占有近 1/3 的比重，正在从传统的劳动密集型工业向资金和技术密集型工业转型，现已成为宁波的支柱产业之一。从产业布局来看，经过近 30 年的发展，已在镇海、北仑的沿海片区基本形成了长达 20 多公里的沿海临港工业带。从行业分布来看，宁波临港工业已初步形成以石化、钢铁、机械设备、造纸、汽配及修造船、能源六大行业为主的临港工业体系。从产业分布区域来看，宁波临港工业目前主要布局在北仑、大榭、镇海、市区沿江四大区块。其中，北仑临港工业区以重化工为主，以化工、冶金、汽配为特色，已有产值超亿元的临港工业企业 70 多家，成为宁波市最重要的临港工业区块。

4. 有力的政策支持与灵活的体制机制优势

从 1984 年开始，宁波就积极向国家与浙江省争取优惠政策，为临港产业的发展创造良好的条件。宁波市政府 1985 年建立了北仑区，并在北仑建立了国家级宁波经济技术开发区和宁波保税区，实施更大的优惠政策措施。宁波经济技术开发区采用公司制管理，具有独立的引资法人资格和规划审批权，为招商引资，加快临港大工业建设提供了必要的行政保障。宁波保税区具有国家给予的许多优惠政策，包括"三免两减半"等税收政策，为引进企业入驻提供了基础。2008 年 2 月，经国务院批准设立了宁波梅山保税港区，成为继洋山、天津东疆、大连大窑湾、海南洋浦之后的中国第五个保税港区，"重点发展以国际贸易为龙头、以港航运营为基础、以现代物流业为支撑、以离岸服务和休闲旅游为配套的现代服务业的，致力于建设亚太地区重要国际门户城市的核心功能区、浙江深化对外开放和实施'港航强省'战略的先导先行区、长三角建设资源配置中心和上海国际航运中心的重要功能区、国家建设自由贸易区的先行试验区"。宁波市政府为促进港口大工业建设也提供了优厚政策，主要体现在土地出让、政府办事程序减免和快速化等方面，以取得长期的回报。宁波地方政府管理有序，企业机制灵活高效，在历年《中国城市竞争力报告》中，宁波在机制、体制和企业管理方面得分较高，灵活的体制机制优势保证了市场机制在经济运行中能够起到有效调节作用。

（二）劣势分析

1. 规划导向作用不强，产业布局不尽合理

宁波市重化工业规划滞后，多采取以项目带动开发的发展思路，在布置

项目时难以达到最有利于区域发展的目的，导致不少地区的现有产业布局不尽合理，对今后的项目引进和区域产业发展产生一定的影响。

发展临港产业首先应完成大的生产力布局和重大基础设施项目，因此宁波市应尽快制定产业布局规划和与之配套的空间布局规划，明确与之相适应的重大基础设施项目，尽快构筑载体，汇聚各种优质要素，实现长远的跨越式发展。

2. 重化工业产业关联度不强，产业链较短

大多数宁波市临港重化工产业的产业链较短，对区域内外其他工业带动性不强，未能形成较大规模的产业集群。例如，石化产业的现状是"两头大，中间小"。上游"大"——拥有全国最大的炼油企业镇海炼化，下游"大"——产业链末端的精细化工、塑料、轻纺等产业在全国占有很大份额，但是处于产业链中端的基础化学工业却非常薄弱，不仅盐及盐化工、海洋能源矿产、海洋船舶修造等传统工业结构需要进一步优化，而且应该大力发展海洋精细化工、海洋药物等新兴工业，形成各种资源的优化组合和上中下游产业链的互动，使宁波市港口经济的产业链不断向临港工业延伸。

3. 资源供给总量不够充裕

宁波市是一个资源小市，发展临港工业受诸多因素制约。①水资源制约。重化工业用水量较大，但临港区域内水资源不够丰富，局部地区用水紧张，影响临港重化工业发展。②电力供给不足。③土地供需矛盾突出。④人力资源结构不够合理，缺少高层次人才和能够适应现代化大生产的高级经营管理人员和高级技术工人。⑤环境保护压力大，局部地区水污染比较严重，环保基础设施建设跟不上区域经济发展的要求。

三、宁波临港产业的发展情况

宁波位于中国大陆海岸线中段，是"长三角"南翼的经济中心，是我国东南沿海重要的港口城市和贸易口岸。它有着得天独厚的港口区域优势和便利的交通条件，尤其具有全球标准深水港和航道资源的北仑港。这些有利的条件促使宁波临港产业由萌芽到成长再到壮大。新中国成立以前，宁波临港产业基本是以单纯的渔业和简单运输业为主。新中国成立至20世纪70年代末，临港产业由较为成熟的渔业及其加工业、交通运输业等相关产业组成。20世纪70年代末至21世纪初，临港产业呈现了多样化的特点，产业的构成要素为石化、能源、钢铁、造纸、交通设备五大临港工业。21世纪

以后，临港工业不再是一只脚行走，而是与临港服务业"比翼双飞"。临港服务业在临港发展的基础之上得到一定的发展，同时，也促进了临港工业的发展。

（一）临港工业

经过开发建设，宁波市已经形成了一条绵延逾 20 千米的临港工业带，生产规模不断扩大，经济实力不断增强。宁波临港工业主要包括石化、能源、钢铁、造纸和交通设备五大行业。

临港工业对宁波工业经济的贡献无论在总量规模上还是在效益结构上均处于相当高的水平，且随着时间的推移和关键产业的横向与纵向拓展，临港工业对宁波工业经济的主导作用有进一步强化的趋势。

1. 石化产业分析

石化产业的发展对自然环境的依赖性很强，宁波市港口资源丰富，利用进口资源，建设石化产业具有明显优势。宁波港是国家重点开发建设的四大国际深水中转港之一，建有国内最大的原油泊位和液体化工专用码头。近年来，宁波石化产业充分利用港口优势，已在宁波石化工业区、北仑经济技术开发区、大榭经济技术开发区三个石化工业园区中蓬勃发展。三大园区内群聚了镇海炼化、LG 甬兴、PTA、台塑台化、烟台万华 MDI、中金 PX、乐金甬兴、太平洋化学、浙江善高化学等一大批大企业、大项目。目前，宁波石化工业主要由石油加工业、化学原料及化学制品制造业、塑料制品业、化学纤维制造业和橡胶制品业五大行业组成。

2. 能源产业分析

能源是人类经济活动和社会生活的基础，而能源产业的发展水平又能反映一个地区或国家经济实力的强弱。任何一个地区的工业发展水平，很大程度上都取决于能源产业发展，特别是重工业化城市的发展。宁波是一个以石化、造纸、钢铁、船舶等一批临港重化工业为主导产业的城市，会对能源产生巨大的需求，然而宁波又是一次能源资源相当匮乏的地区，99% 以上的一次能源依靠外部输入，能源供需缺口进一步扩大。为了缓解能源对经济的制约，宁波大力投资能源产业项目建设，取得了突破性进展。目前，宁波基本建成了在华东地区，乃至全国都具有相当影响力的能源加工及转换基地。宁波能源产业由石油加工行业、电力行业和燃气行业三大类行业组成。

3. 钢铁产业分析

宁波钢铁产业的建设，有利于提升宁波汽车、船舶、家电、机械、五金等产业的支撑力，对推进宁波产业结构升级，促进宁波社会、经济可持续、协调发展有极其重要的战略意义。宁波市钢铁产业的建设对改善我国钢铁工业布局，满足"长三角"地区及浙江省作为我国汽车、交通设备、家电、食品包装、化工、机械制造工业基地的要求，改变浙江地区钢铁工业的现状，提升宁波市工业经济整体活力、实力和竞争力，具有十分重要的战略意义。

宁波钢铁工业得以快速发展，主要得益于得天独厚的港口优势。宁波港地处中国沿海和长江黄金水道"T"形航线交汇点，直接面向东亚及整个环太平洋地区。这种优势有利于宁波直接从澳大利亚、巴西和秘鲁进口钢铁工业最重要的原材料——铁矿砂。利用宁波港这一独特优势，宁波积极改造现有的冶金企业，规范发展不锈钢冶炼和深加工业，提高有色金属加工企业的设备技术档次和管理水平，通过项目合资合作和先进技术的引进与研发，积极推进钢铁的规模化生产，丰富钢铁产品品类，提高钢铁产品附加值率，使宁波真正成为全国的不锈钢和铜冶炼加工的基地。

4. 造纸产业分析

造纸产业是国民经济的基础产业之一，与社会经济发展和人民生活息息相关。宁波造纸产业发展已有一定的规模，拥有比较多的规模企业，如宁波中华纸业有限公司、宁波亚洲浆纸业有限公司、宁波亚洲纸管纸箱有限公司、宁波亚洲纸器纸品有限公司、牡牛纸业有限公司、海山纸业有限公司等。其中以中华纸业有限公司规模最大，单机产量最高，整体装备及工艺技术水平最先进，竞争力最强。

5. 交通设备产业分析

宁波交通设备产业主要包括修造船和汽车两大行业。两大行业在最近几年都得到了良好的发展。目前，宁波已经初步形成了北仑港、象山港与石浦港三大修造船产业集聚基地，拥有一定数量的规模企业，如浙江造船、三星重工、神州船厂、东升船厂、金川船厂、东方船厂、海港船厂、浙江新乐船厂等。同时，宁波国家高新区和象山有两个船舶配套园区，象山和梅山有两个船舶配套交易市场。进入21世纪以来，宁波汽车产业每年都以20%以上的速度发展，汽车及零部件制造业已有较好基础，在国内外汽车行业内有一定知名度。宁波吉利汽车凭着浙江民营企业的"鲶鱼"精神走出了一条自主发展的民族之路，赢得了国内外同行的尊重，以圣龙集团、华翔集团为代表的一大批龙头零部件制造企业，凭借其先进技术、雄厚资本、完善体制等优势正在逐步扩大国内外的市场份额。

（二）临港服务业分析

临港服务业是为临港工业服务，为港口发展服务，为人民生活服务的产业。临港服务业是在工业化比较发达的阶段产生的，主要依托信息技术和现代化管理发展起来的信息和知识相对密集的服务业，与传统服务业相比，更突出了高科技知识与技术密集的特点，具有无形性、易逝性、生产与消费同时性的特点。临港服务业涉及多个领域，以下主要介绍物流业、金融业、中介服务业，因为这三大产业是属于能够运用现代化新技术、新业态和新服务方式，创造需求、引导消费，向社会提供高附加值、高层次、知识型的临港服务业。

1. 物流业分析

中国的《物流术语·国家标准》将物流定义为"物流是物品从供应地向接收地的实体流动的过程。根据实际需要，将运输、储存、装卸、搬运、包装、流通加工、配送、信息处理等功能有机结合来实现用户要求。"

从定义可知，物流是将供应领域和产品销售领域联系在一起，降低企业生产成本，增加企业盈利，实现企业经济价值，被称为"第三利润源泉"。因此，物流业被誉为国民经济发展"加速器"和产业结构演变"润滑剂"。高效的物流服务能策略性地渗透到社会各环节中去，发挥远远超出以往贡献。因此物流业作为临港服务业的一部分，对临港服务业升级具有十分重要的意义。

宁波物流业升级的表现：首先，物流规模不断扩大，企业集聚现象明显。宁波市物流业快速发展，物流需求规模进一步扩大。一大批国际和国内知名的物流企业相继入驻宁波保税物流园区和栎社空港物流园区，企业集聚现象明显。企业集群化对提高物流的组织化和集约化、增加社会资源的有效利用、建设节约型社会具有非常重要的意义，是物流业升级的典型表现。其次，传统物流组织方式逐步萎缩，新型的物流组织方式不断涌现。传统物流组织方式造成企业生产成本过高，不利于物流企业的发展。"甩挂运输"这种新型的运作模式，使得企业成本下降。与此同时，"空箱捎货运输"（空箱配载散货以减少空驶里程)、"双重运输"（进出口重箱运输）等多种运输模式也在积极推广中。最后，宁波物流业的信息化和网络技术化基本形成。宁波市已基本完成公共信息交换平台建设，实现了宁波信息网、信息大世界、科技网、外经贸信息网、人才市场等服务网络的互联，促进了信息资源共享。在物流信息方面，从流通企业到职能部门，都广泛采用计算机系统进行管理。

2. 金融业分析

产业升级从根本上说，是一个社会资金的部门流向问题。近几年，临港工业之所以能够快速增长，根本原因是临港工业拥有良好的市场前景和盈利前景，能够为各种来源的资金投入提供回报，吸引社会资金源源不断地流入，实现快速增长。因此，临港产业升级离不开金融的支持和协同发展。金融作为临港产业发展的助推器，可以减少信息交易成本、提供必要资金来源，改善经济运行环境。无论是临港产业的发展壮大，还是临港产业的升级改造，都需要健全、完善、便捷的金融服务。值得注意的是，金融发展对临港产业升级的影响体现在两个方面：一是金融服务业作为临港服务业的重要组成部分，其本身的发展会改变临港服务业的内部结构，提升临港服务业在港口城市经济中的比重，从而促进临港服务业升级；二是金融服务业通过资金的筹集、资源的优化配置和风险的分散等促进临港工业的发展，从而实现临港工业的升级。

宁波金融业升级的表现：首先，区域金融规模不断壮大。金融业成为带动服务业增长的主动力。其次，金融运行效率持续改善。金融资产质量和经济效益持续改善。最后，金融改革迈出重大步伐。

3. 中介服务业分析

中介服务业是指在社会经济活动中发挥服务、沟通、监督、鉴定、公证等功效，为政府、企业、居民等实体提供社会性、技术性、执行性服务的经济组织、社会团体和个人所构成的行业。中介服务业是市场经济的产物，是市场机制完善和成熟的重要标志。随着市场经济的发展，中介服务业的地位和作用将不断显现，因此被列为宁波服务业发展的重点。

宁波中介服务业升级的表现为：首先，发展速度快，行业态势好。最近几年宁波中介服务业发展速度快，中介服务机构不断兴起，服务内容不断丰富，服务范围也在不断扩大。中介服务经历了单一简单化的服务到种类齐全、内容丰富的服务。目前宁波中介服务业包括金融保险、信息咨询、法律中介、会计公证等各个行业。各个行业的注册企业数量、注册资本都呈现了加速增长，整个行业出现了一片欣欣向荣的景象。

其次，分工越来越细，专业化程度日益提高。随着专业分工的不断细化，社会分工越来越细，交易成本越来越高，就越需要中介服务分工越来越细，以降低交易成本。目前宁波中介服务业本身的分工越来越细，一方面是服务的专业化，另一方面是业务的专门化。

最后，法律自律机制逐步得到完善，有效形成了中介服务业独立的运行体系。建立中介服务业法律法规体系，是为了保证中介服务机构能够依法从事有关经营活动，同时增强中介服务机构的法律责任意识。随着相关法律法规的出台，宁波中介服务组织在服务时都可以做到有法可依，有章可循。与此同时，宁波中介服务业的自律机制也在逐步完善，已经建立了各种各样的中介服务机构的行业协会组织，强化了其行业自律。宁波大部分中介服务机构内部也制定了适合于自身工作和管理需要的规章制度和职业道德行为规范。因此，宁波中介服务业法律自律机制逐步得到完善，有效形成了中介服务业独立的运行体系。

附录2 科创对标：
苏州独墅湖科教创新区

第一节　独墅湖科教创新区简介

苏州独墅湖科教创新区是苏州工业园区转型发展的核心项目，区域总规划面积约 25 平方公里，规划总人口 40 万人（其中学生规模约 10 万人），致力于构建高水平的产学研合作体系，重点发展纳米技术、生物医药、融合通信、软件及动漫游戏产业。目标是在今后 5~10 年内，建设成为高等教育发达、人才优势突出、高新技术产业集聚、创新体系和环境功能一流的国家级高新技术开发区和国家创新基地。自 2002 年正式开发建设以来，苏州独墅湖科教创新区已初步建成集教育、科研、新兴产业为一体的现代化新城区。已吸引设立 23 所高等院校和 1 所国家级研究所入驻，教职工人员 3600 多名，全日制在校生接近 7 万名，其中主导产业相关专业在校生人数约 3.6 万人；高端培训机构 36 家，年培训量超 5 万人次，其中高端培训 2.5 万人次。

区域累计竣工面积 390 多万平方米，相继建设生物纳米科技园、创意产业园、腾飞创新园、大学科技园等多个科技创新载体；中国科学院苏州纳米技术与纳米仿生研究所落户区内，区域成功获批国家级纳米技术大学科技园，成为全国首个以专业化为特色的大学科技园。累计建成研发机构和平台近 150 个（其中省部级 28 个），国家级孵化器 4 个、省级孵化器 4 个；专利申请总数约 6200 件，其中发明专利占比近 80%。区内拥有院士工作站、博士后科研工作和流动站 35 个，经评审的各级各类高层次人才 730 多人次，其中院士 13 名，"千人计划" 12 名，海外归国创新创业人才 1300 余名。近 3.4 万名从业人员中，本科及以上学历者占比达 75% 以上。

目前，科教创新区聚集了纳维科技、吉玛基因、智童科技、悦华生物、旭创科技、同程旅游网等 1300 家左右技术先进、具有良好产业化前景的企业，2016 年上半年业务总收入超 100 亿元。其中，经认定的高新技术企业 153 个，省级认定软件企业 166 个，CMM/CMMI 认定企业 34 个，国家认定的集成电路设计企业 14 个。

第二节　苏州独墅湖科教发展有限公司

苏州独墅湖科教发展有限公司（Suzhou Dushu Lake Science and Education Development Co., Ltd., SDLSED, 简称苏州独墅湖科教公司）前身为苏州独墅湖高等教育区的开发主体——苏州工业园区教育发展投资有限公司。科教公司成立于 2014 年 6 月，为苏州独墅湖科教创新区管理委员会直属企业，注册资金 5000 万元人民币。公司主要经营范围有：教育投资、教育软件开发；科技推广；实业投资、会务服务、礼仪服务、票务咨询服务；建设工程项目管理；物业管理；自有房屋租赁、设备租赁；商务信息咨询、计算机技术服务和技术咨询、计算机系统集成；计算机产品、网络产品、信息安全产品，计算机及周边设备应用软件的开发、销售；多媒体制作。健身服务、健身培训、健身咨询、赛事活动策划、展示展览服务、图书资料借阅；企业内训，主持人培训、表演培训、舞蹈培训、书画培训服务。人才供求信息的收集、整理、储存、发布和咨询服务，人才推荐、人才招聘；游泳经营（场所开放、技能培训）；电影放映。

未来，公司将继续坚持"包容、关怀、严谨、效率"的发展理念，提高企业的创新力、形象力和核心竞争力，朝着成为国内一流的高等教育发展服务商、区域城市商业运营商和新兴产业项目发展商的目标坚定前行。

第三节　独墅湖科教创新区设施

首期 11 平方公里城市面貌日益完善，高等教育、新兴产业和公共配套三大功能区建设基本成型；二期桑田岛区域规划建设全面启动，世界名校区、苏州纳米城、纳米孵化基地、桑田岛大学科技园、新兴产业基地等一批重点项目正加快推进。月亮湾商务核心区初具规模，建设了江苏省首个集电力、供水、供冷、供热、通信等综合管线为一体的共同管沟项目（总长约920 米，截面 3.4 米×3 米），采用了全省首例、全国最大的大型非电空调集中供热供冷系统，邻里中心和社区商业完善了商业、商务配套网络，集区域实时监控、交通调度、市政设施维护等多功能一体的城市数字管理系统全面启用，公共图书馆、体育馆、影剧院、体育公园等一大批公共设施相继建成开放，为区域提供了和谐便利的人居环境，园林化、生态化、人文化城市形态初步形成。

第四节　独墅湖科教创新典型案例一：
第五届融合通信大赛

源自学生、出自学生、服务学生，独墅湖科教创新区互联网+学生创新成果丰硕，苏州独墅湖第五届融合通信大赛暨 2015 微信创新应用大赛圆满落幕。

2016 年 1 月 12 日，苏州独墅湖第五届融合通信大赛暨 2015 微信创新应用大赛成果发布会及颁奖典礼在独墅湖高博技术实训基地举行。本次大赛不但秉承科教创新区"东方慧湖"智慧城区发展理念，并且以"Of the students；By the students；For the students"为特色；以大学生用户需求为出发点，通过导师引领、企业支持、载体服务等方式，鼓励大学生创新创造，用最终成果服务于大学生。

此次大赛，真正以大学生为主角，不但将院校教育资源、企业创新资源、社会应用资源、政府服务资源有效连接，也开创了区域信息化服务新的推广形式，并且形成了创新区信息技术方面独具特色的产、学、研、用互动模式。

本届大赛活动由独墅湖科教创新区管委会主办，由独墅湖创业大学、独墅湖科教发展有限公司承办，大赛自2015年10月正式启动以来，得到区内各大院校师生的积极响应及踊跃报名。同时得到腾讯微信、中国电信、中国移动、苏州报业、风云科技和Plug & Play、苏河汇、苏大天宫、XLAB、卓智众创、山大南湖梦、GBOX、慧谷八家孵化器大力支持。经过微创意、微创新、微创造三个选拔阶段，最终成功产生10余个微信应用上线项目。涵盖便捷校园生活、优质学习资源、社交、二手市场等方面的优秀成果应用，园区私地图团队凭借过硬的实力和独特的创意，一路过关斩将，最终获得本次大赛的特等奖。各参赛团队、导师、孵化器代表、院校代表、支持企业领导及科教创新区管委会领导共同出席了本次成果发布和颁奖仪式。

附图2-1　蒋卫明主任和大赛特等奖合影

苏州独墅湖科教创新区管委会常务副主任蒋卫明对此次大赛的成功举办表示祝贺。他感慨现代通讯的发展迅速，并寄望这些成功开发的应用能得以推广和应用，让互联网时代向我们走得更近，希望同学们通过此次大赛增进彼此之间的交流与合作，开阔视野，积累更多的创新创业经验，在创业热潮中发挥自己的最大潜能。

"Of the students；By the students；For the students"的创新文化通过大赛

的形式，得到院校师生热情参与和企业大力支持，必将在独墅湖生根发芽，也希望这种大学生创新文化更加发扬光大，并形成可持续发展的特色文化氛围。

第五节 独墅湖科教创新典型案例二：智慧用电亮相园区①

2015 年，全市首个智慧用电示范园区亮相园区独墅湖科教发展有限公司，这也是苏州市首个区域型能源管理中心。据测算，该中心全部投运后一年减碳相当于种树 1.3 万棵。

据悉，这个由国家高新技术企业济中节能和苏州工业园区独墅湖科教发展有限公司共同打造的能源互联网，是苏州市作为国家电力需求侧试点城市的重要亮点工作之一，在国家推行的"智慧用电示范园区"建设中处于全国领先水平。

独墅湖科教创新区方圆 11 平方公里，区内不仅有众多入驻院校、甲级写字楼、商业综合体、五星级酒店、科研、公寓等载体，还有图书馆、体育馆、影剧院等文体公共场馆，具有"公共建筑"的典型业态。园区科教公司目前管理区内载体约 40 家，各类型建筑约 150 幢，总建筑面积约 250 万平方米。

作为一个时尚现代化的科教新城，独墅湖科教创新区对能源的需求很大，仅园区科教公司管理的载体总设计用电容量就达 185000 千伏安，目前投入运营载体一年的电费约达 4500 万元。

在"抄电表"式的传统管理模式下，对如此庞大体量的载体用电进行精细化、科学化管理显然是个"不可能完成的任务"，但在该公司能源管理中心，只要打开智慧用电管理平台，点击"能耗地图""能耗概况""能耗日历"等菜单，辖区内载体的实时用电信息都能在电脑上一览无余，甚至每幢建筑的每度电用在哪里，用得是否合理，管理人员足不出户就能随时掌握得清清楚楚、明明白白。

---

① 《苏州日报》2015 年 12 月 11 日。

济中节能技术经理邓才亮介绍说，智慧用电管理平台采用了物联网、云计算、大数据技术、用电管理等技术，如果把智慧用电管理平台比作是一个智慧的"大脑"，那么安装在各大载体内的智能电表就是它的"神经元"，这些"神经元"可以把记录到的实时信息第一时间远程传递给"大脑"，邓才亮说："采集精准的用电实时信息只是'大脑'的基础功能，'大脑'更重要的作用是通过对这些海量信息的分析比对，找到并堵住用电漏洞。"

"这就像原先装在黑箱里的信息现在一下子清清楚楚地坦露在阳光下，很多用电漏洞也无处遁形。"慧湖大厦的物业管理人员对此印象深刻。前不久，智慧用电管理平台信息提示，10月28日凌晨01：00时该大厦的能耗是199.4千瓦时，能耗偏高，工作人员随即在智慧用电管理平台上对大厦300多块智能电表进行排查，马上就找到了问题，原来是电梯机房的空调没有关。采取整改措施后，同时段的大厦能耗降到了171.9千瓦时，虽然只是一个小细节，但这一开一关之间却每小时少用了27.5度电。

尽管投用时间不长，但园区科教公司能源管理中心已在独墅湖科教创新区推动了一系列节能减排技术改造，形成了长期降低能耗的效果。比如，慧湖大厦、金陵观园等载体已完成了LED绿色照明等改造；MBA公寓热水系统改造正在推进，原先的电热水器将提升改造为空气源热泵热水系统，大量节约能源的同时，还将大大方便同学们的生活。

据了解，园区科教公司智慧用电示范园区于2015年9月开始筹备运行，分三个阶段开展建设，目前，第一阶段、第二阶段已完成，慧湖大厦、金陵观园国际酒店、公共学院、人民大学、西交利物浦大学校区、独墅湖图书馆等50余幢建筑载体均已接入智慧用电管理平台，整个项目建设将于2016年6月底前全部完成。

根据预期目标，整个智慧用电示范园区全部投入运行后，平台管理的载体将至少降低约10%的能耗，每年节电量达713.15万千瓦时，这相当于每年减少二氧化碳排放5883.49吨，按照一棵树一年吸收465公斤二氧化碳来计算，园区科教公司智慧用电示范园区一年贡献的碳排放减少量相当于种了12652棵树。

园区科教公司副总经理尤佳端介绍说，除改变粗放型管理模式、对载体能耗进行精细化管理外，作为"智慧用电示范园区"项目，能源管理中心还将在国家推行的"虚拟电厂"建设方面做出探索。据悉，该中心投用后，所检测管理的能耗数据同时上传至国家及江苏省、苏州市电力需求侧管理平台，为政府探索"虚拟电厂"建设提供翔实数据和合理方案。

谈到区域能源管理中心的合作，园区科教公司、济中节能双方工作人员不约而同地说："我们是一拍即合。"的确，这是一次创新管理理念和高科技技术之间的深度融合。

目前，独墅湖创新区内科教载体建设已基本完成，如何对载体进行现代化管理、科学运营是园区科教公司面临的重要挑战。实现现代化管理、科学运营，就不能再走传统的老路，成立能源管理中心正是园区科教公司提升载体管理的一次尝试和探索。为了更好地推动这项工作，公司还专门成立了科教公司能源管理领导小组，目前能源管理中心内还设立了培训中心，已对部分载体物业人员开展多次培训。

济中节能公司由美国爱荷华大学能源管理领域专家团队创立，团队核心成员拥有美国注册电力需求侧管理师、美国认证能源经理、美国认证能源审计师、美国注册执业工程师等一系列专业资质，拥有四项发明专利和二十多项软件著作权。

济中节能总裁周炳毕业于复旦大学、美国爱荷华大学，获机械工程师硕士和工商管理硕士学位，在美国从事能源管理多年，他曾担任美国爱荷华州自然资源部可持续建筑事务委员会委员，有丰富的能源管理经验。

周炳介绍说，自 2011 年归国创办济中节能以来，公司积极布局能源管理市场，业务范围已遍及江苏、上海、安徽、广东、山西、山东等地，截至目前，公司能源管理平台监测总负荷已达到约 200 万千伏安，在线负荷达到约 100 万千伏安，数据点位超 20 万点，平均两秒钟就有一个点位信息传递到公司管理平台。他说，"除了当下的节能降负，这些数据对未来能源管理来说也是意义重大，这些数据将成为绿色建筑设计，政府、高校等部门决策、科研的重要依据。"

"目前从公司已经开展的项目来看，工业企业对能源管理的积极性、主动性更高，但可喜的是，节能降负已越来越成为社会共识，希望通过全市首个智慧用电示范园区建设，吸引更多的区域性'公共建筑'关注能源管理，关注节能降负。"

说到未来发展，周炳信心满满："园区是中国经济社会发展最快的区域之一，目前已经有很多园区企业、单位正在接受我们的能源管理外包服务，未来能源互联网的理念一定会被更多人广泛接受。"

第六节　苏州独墅湖与通州湾科创城合作互动

2016 年 7 月 29 日，南通沿海开发集团科创城公司常务副总经理刘卫东带队赴苏州独墅湖进行月度对接交流。苏州独墅湖—通州湾科创城合作实验区建立以来，月度对接交流是科创城学习独墅湖先进经验的有效载体。

本次交流主要围绕内部管理、一站式服务、造价管控、设计管理创新、优质合作单位遴选等议题进行了分组讨论，独墅湖科教发展公司副总经理尤佳端带领团队为科创城交流人员排忧解惑。本次交流为科创城下一阶段的工作开展提供了宝贵经验，有利于提升科创城整体工作效率和工作成效。本次交流双方还就第二阶段的合作达成了初步共识。

2016 年 12 月 21 日，苏州独墅湖科教发展有限公司与南通通州湾科教产业投资有限公司举行了年度工作总结会议。会议就 2016 年合作内容与成效作出总结，并深入探讨了新一年的工作重点和思路。苏州独墅湖科教发展有限公司董事长、总经理姚建新，南通通州湾科教产业投资有限公司董事长朱振宇等出席了会议。

自 2015 年 9 月 14 日双方正式签订《战略合作框架协议》以来，一年时间里，科教公司与通州湾本着合作共进、互惠共赢的目的，通过良好的工作机制，为双方的合作打下了稳健基础。双方在会议上表示，希望在今后的合作中能够稳步提升合作成效，通过不断完善工作方法、升华合作思路，在发展建设的理念上达成互通，共同打造长三角地区乃至全国范围的产学研标志性园地。

附录3　贸易对标：天津港集团

第一节　天津港集团概况

天津港处于京津城市带和环渤海经济圈的交汇点上，是"一带一路"重要战略支点、京津冀协同发展建设北方国际航运核心区的基础支撑、中国（天津）自由贸易试验区的重要组成部分，天津滨海新区对外开放的门户，连接东北亚与中西亚的纽带。

天津港是世界等级最高的人工深水港，30万吨级船舶可自由进出港口。2014年12月26日，天津港复式航道正式通航，使航道通航能力在双向通航基础上实现了再次升级。天津港是中国北方最大的综合性港口，拥有各类泊位总数173个，其中万吨级以上泊位119个。2015年，天津港货物吞吐量突破5.4亿吨，世界排名第四位；集装箱吞吐量超过1411万标准箱，世界排名第十位。

天津港服务功能完善、区域辐射带动能力强，是我国唯一拥有三条亚欧大陆桥过境通道的港口；已经建成的天津国际贸易与航运服务中心是全国目前最大的"一站式"航运服务中心之一；成功实施一次申报、一次查验、一次放行的"三个一"通关模式，口岸通关环境不断优化；布局海侧物流节点，打造海上物流绿色通道，环渤海内支线年中转运量突破65万标准箱，进一步巩固了环渤海地区枢纽港地位；内陆腹地设立的5个区域营销中心和25个"无水港"，进一步完善了覆盖内陆腹地的物流网络体系。

天津港由北疆港区、南疆港区、东疆港区、临港经济区、大港港区等组成。北疆港区以集装箱、滚装汽车为重点，发展大规模集装箱物流园、汽车物流园，同时加快老港区提升改造；东疆港区以集装箱运输、邮轮产业、高端服务业为重点，发展国际中转、国际采购、国际配送、国际转口贸易和出口加工等业务，发展京津冀产业园、电子商务产业园、汽车贸易产业园等园区。南疆港区、临港经济区南部区域和大港港区东部区域以大宗散货运输、临港加工等产业为重点，发展大型专业化散货物流、散货贸易和装备制造等临港产业园。

天津港对外联系广泛，同世界上 180 多个国家和地区的 500 多个港口有贸易往来，集装箱班轮航线达到 120 条，每月航班 550 余班，直达世界各地港口。天津港对内辐射力强，腹地面积近 500 万平方公里，占全国总面积的52%。全港 70% 左右的货物吞吐量和 50% 以上的口岸进出口货值来自天津以外的各省、市、自治区。天津港是中国沿海港口功能最齐全的港口之一，拥有集装箱、矿石、煤炭、焦炭、原油及制品、钢材、大型设备、滚装汽车、液化天然气、散粮、国际邮轮等专业化泊位。

到 2020 年，天津港货物吞吐量将达到 6.5 亿吨，集装箱吞吐量将达到1700 万标准箱，成为港口经济多元化、集群化发展的示范区，成为国际航运、物流及贸易体系中具有较强竞争力的全球资源配置枢纽，为天津基本建成北方国际航运核心区提供有力支撑，为天津市乃至区域经济发展作出新的更大贡献。

第二节　天津港的特征

一、天津港港口的功能定位

在建设世界一流大港的远景目标指引下，天津港集团明确了功能定位，即走国际化、专业化的道路，向跨国经营的港口运营商和开发商努力。该目标适应第四代港口的发展要求。

二、大型化、规模化、专业化的港口技术

通过对天津港港口主业的分析，我们可以看出，天津港有高超的专业化程度，高效率的作业水平，基础设施能力总体适应货运的需求，已稳步向世

界一流大港迈进。天津港专业的码头作业技术水平，大型化、规模化、专业化的港口设施等现代化的建设指标已基本上达到了第四代港口的要求。

三、柔性化、敏捷性、信息化的管理特征

目前尚处于发展初期的天津港物流业务和综合服务业务，还不能较好地进行个性化、差异化的服务，距离第四代港口对于环境变化反应的敏捷和柔性的要求还存在着较大的差距。天津港在"十一五"期间大力开发建设信息化工程，改造了原有的信息系统，建设了一批新的信息系统，进一步扩大了信息技术的应用范围，提高了信息技术的应用水平。通过进一步整合信息资源，达到各部门之间的网络互联互通、实现信息共享，更好地应用于电子物流及其电子商务，较高的信息化程度，已具备第三代港口的发展水平。

四、集疏运条件、供应链整合水平、经营网络规模等供应链特征

天津港的集疏运交通便利，布局合理，其运输方式分为公路、水路、铁路、管道四种，公路运输占绝大多数比例，运输成本下降困难。天津港利用广泛的集疏运网络，大力筹建和完善国际多式联运体系，通过对上下游供应链进行整合，对腹地的辐射力起到了强化作用，体现了第三代港口的特征。天津港业务活动范围狭小，仅在天津市以外初步建设了一些"无水港"，网络经营规模的扩大可以通过实施"走出去"战略得到提升。

五、港口与城市的关联度、环保意识等港城关系

随着天津港港口功能从转运物流的服务，发展到金融、地产工业等服务，加大了天津港对区域经济的贡献。港口的辐射功能也随着开发建设内陆无水港得到提高。港口和城市的相互发展，提出了更高标准的资源使用需求，尤其体现在港口集疏运与城市交通的互相影响。天津港与天津城市目前正处于港城共荣的发展关系阶段。

天津港集团积极打造低碳化的产业结构，通过一系列的环保节能技术，大力落实节能减排工作，努力建造绿色低碳的港口城市，改善人文居住环境。天津港口的生态特征正逐步向第四代港口的生态特征迈进。

六、竞争

天津港与周边的港口存在着激烈的业务竞争。比如在国际集装箱运输业务上，与青岛港、大连港之间存在着激烈的竞争；在散货运输上与周边大小港口之间存在竞争。目前还没有发展到第四代港口的协同竞争阶段，仅停留在第三代港口的竞争阶段。

七、产业

过去劳动、资本密集型的天津港已经伴随着提高现代化作业水平而转变为技术密集型港口。现今天津港积极引进与现代港口发展相适应的高端人才，通过人才战略的实施，推动天津港由技术密集型港口向知识密集型港口转变。通过以上分析，天津港集团的经营网络目前仅仅是开发内陆无水港，并未开展港口之间的合作，可以看出天津港已实现第二代港口的建设，在第三代港口阶段对港口综合服务业和物流服务业不断完善，进而通过经营网络的拓展实现柔性化、敏捷化服务。天津港集团战略上已经向第四代港口倾斜，开始起步建设第四代港口，港口设施和技术已基本上达到了第四代港口的要求。

第三节　天津港的产业发展情况

一、港口装卸业

天津港四大产业中的龙头产业——港口装卸业在近些年中不断做大做强。具体体现在：

（1）天津港港口吞吐能力、装卸效率逐步提升，成本有所降低，运输规模逐渐扩大。天津港的货物吞吐量已从 2000 年的 9566 万吨上升到 2011 年的 4.53 亿吨，其中集装箱吞吐量从 2000 年的 170.8 万标箱发展到 2011 年的 1159 万标箱。

（2）生产布局调整，航道通过能力逐步提升。天津港现有航道水深 21 米，岸线总长 3.27 万米，可自由进出 25 万吨级船舶，乘潮进出 30 万吨级船舶。生产布局上，将低附加值的港口业务留在南港区，主要是干散货和液体散货；而高附加值、高回报的业务，包括集装箱及杂货等作业移到北港区。

（3）随着港口集疏运系统的不断完善，形成了与用户需求相匹配的功能区和码头群。天津港通过强大的集疏运系统，经济腹地辐射至我国11个省市区，约占一半国土面积，同时为部分内陆国家提供国际货物贸易运输服务。

（4）随着信息技术应用的逐步深化，巩固并加深了与周边及沿海港口、海外港口的合作。

天津港的港口装卸业具有以下特点：

（1）港口装卸业已具有一定规模，但收益目前仅处于同行业较低水平。天津港是我国北方最大的散货主要港口、规模最大的综合性港口。但天津港集团单吨的收入和利润，与国内其他大型港口企业譬如上海港集团相比存在一定的差距。

（2）货类结构中，低附加值货物占主要部分。在天津港的港口吞吐量中，很大比例货物是大宗低价值散货，而像集装箱等具有高附加值的货物运输与国际上的港口仍存在差距。

（3）集疏运系统有待完善。天津港集疏运涉及公路、管道、铁路和水路四种方式，公路运输是目前最重要的集疏运方式。2010年中，66%的进出港口货物依靠公路运输完成。在进出港主要货类的代表煤炭、石油、金属矿石和集装箱中，超过40%的煤炭、一半以上的金属矿石和绝大多数的集装箱通过公路完成集疏运，这无疑加大了运输成本。

（4）天津港集团目前的装卸业务的辐射范围尚在天津本市，随着天津港货物吞吐量在环渤海区域港口吞吐量的比重逐年下降，天津港应参考河北港口集团"走出去"战略模式，开展区域经营模式势在必行。

二、国际物流业

国际物流业是港口装卸业的业务延伸。大力发展国际物流业，通过物流网络来占领市场份额，形成客户对港口的路径依赖，从而促进港口装卸业的发展。未来，物流网络将会是港口相互竞争的焦点，它的特点是为用户提供全程的物流策划和多式联运服务。近年来，天津港的港口物流功能不断提升。港内各码头公司开始开展海空联运、海铁联运等各种物流方式，同时注重提升服务质量，为用户提供服务的同时实现自我的发展，提高企业的效益。随着天津港东疆保税港区正式封关运作，在保税港区优惠政策的支持下，极大地发展了天津港集装箱国际运输业务以及临港产业。天津港东疆保税港区还谋划与各类企业进行物流合作，包括作为国际零售商业集团的国际配送中心、大型集装箱班轮公司的国际中转枢纽。与高附加值产品的生产企业合作，发展出口加工业，通过保税港区的优惠政策提升出口产品的国际竞争力。

天津港国际物流业有以下几个特点：

（1）国际物流业规模较小，资产、利润所占比重较小，目前尚在发展阶段。

（2）物流业务虽目前处于起步阶段，但发展潜力巨大。天津港近年来不断拓展港口功能，提高港口吞吐量，随着三条欧亚大陆桥过境通道的建成和22个内陆无水港的建立，初步形成了覆盖我国内陆的大型物流网络。港口物流业务会随着港口吞吐量的增长而变得逐渐重要起来。

（3）目前天津港的物流业务主要是以仓储、配送等基础性的业务为主，需要向经营性的高端高质物流服务转化，也就是说天津港的物流发展方向需要从传统的、简单的物流功能向现代物流的增值服务和信息网络转型。

（4）天津港的物流设施有待进一步标准化。天津港各种运输途径所需的装备标准不能统一，如海运与铁路集装箱运输的标准不同，这大大影响海铁联运的效率；此外，急需发展专业物流服务功能来解决港口物流与临港工业、港口服务业、商贸业之间的不完整的服务环境。

三、港口综合服务业

天津港的综合服务业对其他产业板块起到有力的促进作用。综合服务业主要以港口航运的生产和综合性服务为主体，同时包括了现代生产性综合服务业和非生产性服务业。涉及的相关业务范围有与港航相关的咨询服务、金融类业务等。

第四节　天津港贸易发展模式特征

2013年12月31日，天津港集团公司张丽丽董事长在集团高层领导干部会上关于《深化改革创新加快转型升级全面提升规模、质量、效益》讲话中提到"要探索创新商业模式，推进经营升级。对标学习先进企业经验，视野更宽一些，胆子更大一些，结合天津港自身特点，深入挖掘港口巨量物流价值空间，坚持产业融合发展与风险防控并重，进一步提升天津港'物流+金融''物流+地产'业务的规模和水平，加快拓展'物流+贸易''物流+电子商务''金融+贸易'等业务，培育形成新型商业模式。"郑庆跃总裁在关于《努力实现天津港更高质量、更好水平的发展》的讲话中提到"要不断拓展空间，在发展增收中求效益。要进一步做大多元化产业的规模，在风险可控的前提下，着力创新商业模式，延伸产业链，拓展新的增值业务，积极开展电子商务"，"创新金融服务板块。要进一步解放思想，在保证风险可控的前提下，拓展业务空间、加快发展。要积极申请第三方支付经营资质，促进物流、金融、电子商务的深度融合。要深入研究融资租赁业务运作模式及行业政策，研究设立融资租赁公司的可行性。要加快推进期货商品交割库建设，加强与金融机构、商品交易所和期货公司合作，完善港口物流金融的综合服务功能。"天津港集团在向第四代港口发展的过程中，其业务经营的定位从港口的运营商变为港口的开发商、从港口装卸服务提供商上升为国际物流供应链综合服务提供商、由传统的港口转变成为全世界采购供应和国际配送的基地、从国际资本承接者上升为港口和运输行业的投资商。在港口功能方面，达到完善与创新港口的物流服务、生产服务、贸易服务、信息服务、金融服务 5 个服务功能。

第五节　天津港贸易发展模式借鉴

一、提升港口生产经营的信息化、智能化水平

第四代港口在其功能和空间方面，相比较于前三代港口，区别在于高度整合的服务网络。因此，天津港港口的生产经营和管理的信息化、智能化水平面临更高的要求。未来天津港集团在港口信息化建设方面，应该向着集约化、智能化、综合化、安全可控的方向发展。具体包括：

（1）完善集装箱系统的运营中心，创建散杂货系统的运营中心，将所

有的集装箱和散杂货码头公司的信息化建设与运营业务纳入集装箱系统和杂货系统运营中心，提高信息系统的利用率。

（2）建立物流信息综合管理平台，全面、高效支撑天津港物流服务全过程的运作。整合天津港物流板块的业务，与海关、商检、海事、边防、国税等政府监管机构系统实现集成。

（3）大力挖掘和利用信息资源，进一步提高科学决策水平。继续推进天津港数据中心的建设，建立更全面的数据库，为企业制定政策、寻求市场机会、改善客户关系、提高反应能力、降低经营成本和风险、优化企业内部资源提供辅助决策支持。

二、港口功能的扩展

积极建立完善的现代航运服务业体系。全面发展有关航运的金融、保险、交易、咨询、海事仲裁等综合服务业；吸引大型航运企业总部、航运经纪入驻天津，有利于促进开展航运交易业务；全面开发具有国际影响力的船舶、运价、运价衍生品、大宗货物远期交易等业务；进一步完善航运管理服务机构。积极建设天津北方国际航运中心核心功能区，创新港口的综合服务功能。探索创建国际船舶登记制度，开设航运金融和租赁业务试点；努力推进启运港退税、开设离岸账户和离境购物退税等政策试点；继续提高保税港区现代航运服务功能，落实国务院对天津东疆保税港区国际中转、配送、采购、国际转口贸易、出口加工的功能定位，同时积极拓展航运融资、交易、租赁、离岸金融服务等领域的创新服务。提升港口土地的升值空间和单位土地利用率。除了不断提高码头装卸主业效益和竞争力之外，依托土地资源的有利优势，在充分考虑资源利用效率和投资效益的基础上，开拓土地依赖性较大的服务产业。对于上述的港口功能创新，天津港集团可以结合港口主业的经营状况，积极研究探索相关业务领域开拓的可能性，譬如在航运金融、航运交易、启运港退税等领域的服务。

三、以枢纽型现代港口物流打造全球供应链节点

依据第四代港口整合物流的需求，天津港集团未来在物流发展方面的目标应以港口为中心，完善枢纽型港口现代物流服务，从采购、生产、市场营销等不同角度提供增值服务，打造全球物流供应链的节点，起到对全球资源的配置作用。具体措施如下：

（1）利用天津港腹地型港口的优势，以天津港为基础，确立我国北方的主要物流节点，逐渐构建物流网络。依据天津港腹地的经济发展状况、交通运输条件、货源状况等，划定分级的物流节点地区，天津港集团力争与铁路、航运企业形成战略联盟，共同开发与建设主要节点，有选择性地进入次要节点，逐步建立覆盖我国北方乃至东北亚地区的物流节点体系。

（2）依托东疆保税港区的政策优势，发展港口、仓储和加工区一体化，创建现代港口物流体系为客户提供全方位供应链解决方案。天津港集团应充分利用东疆保税港区在国际中转、配送、采购、贸易方面的政策优势，以及区内对货品装卸、仓储和加工的一体化运作模式，全面发挥海关特殊监管区在货物流通中为客户提供的便捷性，达到属地申报，口岸验放的区域通关模式，突破目前行政区划和海关关区设置而造成的障碍，有效降低了货运的物流成本，促进区域物流的无障碍流动。天津港集团通过物流方案设计来实现对客户物流环节的全面外包服务，根据业务范围与所提供的服务量，综合收取费用，以避免由于不规范的行业竞争给集团带来成本上的压力；同时对外提供透明的价格，方便客户在成本上进行比较，进而实现共赢。

（3）开发港口大宗货物商品交易市场，创建区域性港口商贸中心。天津港集团应面向港口经济腹地，在增强港口的中转贸易、货物集散功能的同时，努力做好以港兴贸的文章，具体结合天津港货物几大货类特点，以煤炭、铁矿石、液化品、木材等大宗商品为重点，在港口经济腹地规划建设大宗货物分类专业的批发市场，创建区域性的港口商贸中心。

（4）为客户提供全面的增值服务，成为环球运输服务的节点和商品流、资金流和信息流聚集的中心。未来港口的服务重心逐渐转向航运物流与航运服务并行，这也是第四代港口的特点之一，港口服务越来越明显地向物流化和高级化发展，因此围绕港口物流供应链的服务，天津港集团应加强拓展"航运融资、交易、租赁、离岸金融服务"等领域的增值服务，延伸航运相关产业链，由传统的港口转变为跨国企业环球采购供应和配送的基地，建立国际高端航运服务中心。

四、经营活动的范围

（1）与地方政府加强合作，创新合作模式，在港口基础设施建设与运营方面完善政府投入机制，为港口发展创造良好的政策环境。其一，以港口地产资源开发为载体，创新并完善港口基础设施开发建设的政府投入机制；

其二，创新港区财税管理与港口基础设施运营维护的政府投入机制；其三，积极研究探索 BT、BOT 等港口基础设施特许经营新型的投融资机制；其四，创新港口运营管理及港区公共服务、事务管理模式，为港口发展创造良好的政策环境。

（2）通过资本合作来加强港口企业之间业务联系与合作，既达到了区域内港口之间的有序发展，有效避免过度竞争，同时通过资本平台，也实施了天津港集团国际化发展的战略目标。可考虑以港口企业之间互相参股持股的方式，进行资本层面的协作，或者以全球性的码头投资商资本纽带的形式，构建港口企业之间的利益共同体，促进港口企业与开发商、投资商的深度合作。

（3）以市场为导向，实现港口商业模式的创新。其一，加大招商引资力度、扩大合资合作范围，可以通过租赁、转让、合作经营等形式，吸引和汇集社会尖端产业和资本，参与港口工业、商业地产经营项目，不断发展完善港口服务功能，提升资源配置效率；其二，天津港集团要按照其港口物流经营人的目标定位，加强和船公司、大型货主企业、跨国港口经营商以及物流发展商的合作，共同合作经营码头和港口物流地产项目，以市场为导向，积极发展集成化的港口物流服务，提升服务水平；其三，通过发展港口多元化业务如临港地产，创新港口物流金融服务保障等，不断提高政府投资人实力，通过市场化发展来缓解政府的投资压力，加强自身资金的造血能力。

附录4 金融对标：中央汇金公司

我国自1994年分税制改革之后，各级地方政府就都面临着基础设施建设资金短缺的问题。为了弥补资金短缺，满足地方的融资需求，政府提出了设立投融资平台的发展模式，对当地政府促进地方经济发展和进行基础设施建设面临的压力给予了极大的缓解。特别是自2008年爆发全球金融危机以来，中央政府为了实现"保民生、保稳定、保增长"的经济目标，出台了总额达4万亿元的项目投资计划，而其中有2.8万亿元需要由地方政府和社会资金配套。因此，地方政府融资平台在中央政策的大力支持下飞速发展，对我国经济的发展起到了积极的作用。在本书中，南通沿海开发集团就是地方融资平台运营成功的典型代表，经过前面的论述，我们对南通沿海开发集团有了一个非常清晰的认识，集团的全资子公司海汇集团对于资本市场的运营所取得的成绩更是有目共睹。其实，国家在对国企的改革中十分注重国资的地位，在中央层面，国家不仅成立中投公司作为海外投资的主力军，更是在国资注入上以中央汇金公司为龙头力量，下面将以汇金公司为案例，阐述国资对于国家建设和社会发展的重要意义。

第一节 汇金公司的成立和发展

一、汇金公司简介

2003年12月，中央汇金公司成立，总部设在北京，代表国家依法行使对国有商业银行等重点金融企业出资人的权利和义务。2007年9月，财政部发行特别国债，从中国人民银行购买中央汇金公司的全部股权，并将上述股权作为对中国投资有限责任公司（中投公司）出资的一部分，注入中投公司。中央汇金公司的重要股东职责由国务院行使。中央汇金公司董事会、监事会成员由国务院任命，对国务院负责。

中央汇金公司根据国务院授权，对国有重点金融企业进行股权投资，以出资额为限代表国家依法对国有重点金融企业行使出资人权利和履行出资人义务，实现国有金融资产保值增值。中央汇金公司不开展其他任何商业性经营活动，不干预其控股的国有重点金融企业的日常经营活动。

目前，中央汇金公司控股参股的金融机构包括国家开发银行、中国工商银行股份有限公司、中国银行股份有限公司、中国建设银行股份有限公司、中国光大银行股份有限公司、中国再保险（集团）股份有限公司、中国建银投资有限责任公司、中国银河金融控股有限责任公司、申银万国证券股份有限公司、国泰君安证券股份有限公司。

中投公司根据国务院要求持有中央汇金公司股权。中投公司开展投资业务和中央汇金公司代表国家行使股东职能的行为之间有严格的隔离。

二、公司章程摘要

中央汇金投资有限责任公司（以下简称公司）是中国投资有限责任公司的全资子公司，是依据《中华人民共和国公司法》设立的国有独资公司。

公司根据国家授权，对国有重点金融企业进行股权投资，以出资额为限代表国家依法对国有重点金融企业行使出资人权利和履行出资人义务，实现国有金融资产保值增值。公司不开展其他任何商业性经营活动，不干预其控股的国有重点金融企业的日常经营活动。

公司中文名称：中央汇金投资有限责任公司；英文名称：Central Huijin Investment Ltd.。

公司的经营范围：接受国家授权，对国有重点金融企业进行股权投资。

公司设董事会：董事会成员不少于五人，设董事长一人。董事长为公司的法定代表人。董事会成员由国务院委派。董事任期三年，可以连任。

公司设监事会：监事会成员不少于三人，监事会成员由国务院委派。监事任期三年，可以连任。

章程经国务院批准后生效。

章程的修改由公司董事会拟订方案报国务院批准后生效，国务院授权公司董事会对章程进行解释。

三、汇金公司成立的背景

2003年12月底，中央汇金投资公司成立。最初的使命是，运用450亿美元外汇储备对中国银行和中国建设银行注资，为国有商业银行进行股份制改造和上市创造条件。该公司由国务院国有独资商业银行改革领导小组指挥运作，形式上是国有独资投资控股公司。按照国有商业银行股份制改造的预先安排，是采用财政部发行债券的方式对四大国有商业银行注资。但是这要经过严格的法律程序，手续比较烦琐，且涉及的资金规模在几千亿元以上，考虑到难以通过审核和批准，央行提出了利用外汇储备注资的思路，并获得国务院国有独资商业银行股份制改革工作小组的认可。外汇储备主要有两种用途：一是应对可能出现的金融风险，防范汇率风险，保持人民币币值稳定；二是将其用于经营，进行保值增值，如我国外汇储备中的美国国债，就是一种投资。另外，也可将外汇储备投资于国内的重点金融企业。且我国的外汇储备近年来一直处于增长态势，在这个背景下，汇金公司注册成立。

四、汇金公司的组织结构

大体来看，汇金公司共有以下十个职能部门，分别是：①银行机构管理一部。负责工行、农行、中行、建行股权管理工作。②银行机构管理二部。负责国开行、光大银行、政策性金融机构等股权管理工作。③证券机构管理部。负责中央汇金公司控参股证券公司等股权管理工作。④保险机构管理部。负责中央汇金公司控参股保险公司股权管理工作。⑤综合管理部。负责中央汇金公司日常办公和运营，负责撰写公司综合报告和战略规划研究，并承担公司董事会、总经理办公会的会务工作。⑥法律合规部。负责处理公司的法律和合规事务，控制公司的法律风险，为其他相关业务部门提供法律支持，保障公司股权管理工作的外部合规，并配合公司其他相关部门，保障公司内部运作的合规性。⑦公关外事部。负责公司的公共关系、新闻发布和外事工作。⑧财务部。负责公司会计核算，根据国家会计准则编制会计报表和年度决算报告；编制和执行公司年度财务收支预算，并提供公司经营状况财务分析报告；管理公司存量资金。⑨人力资源部。负责公司人力资源规划、开发、配置和管理，建立并实施绩效考核、薪酬福利及培训制度。⑩内审部。负责制定内部审计规章制度，组织内部审计、协助开展外部审计，监督评价董事、高级管理人员和其他相关人员履职尽职情况，审核公司财务报告等重要文件的真实性、准确性。

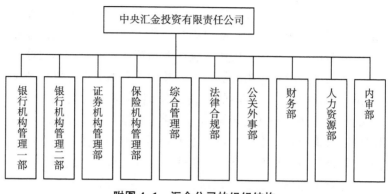

附图4-1 汇金公司的组织结构

第二节　汇金公司的投资路线和职能

一、汇金公司的投资路线

汇金公司通过数百亿美元外汇储备和部分贷款资金，涉足多个金融领域，控股或参股数家金融企业，构建起了一个庞大的金融控股公司的框架。其投资已经涉及三大国有商业银行（中国银行、中国建设银行、中国工商银行）、一家股份制商业银行（交通银行）、一家政策性银行（中国进出口银行）、五家大型券商（银河证券、中金公司、华夏证券、国泰君安和申万）和一家投资金融性资产的全资子公司（建银投资）。由附表4-1可知，以2005年6月注资银河证券为起点，开始投资证券业的汇金公司，完成了系列转变。即从由国务院国有独资商业银行股份制工作改革小组指挥运作、为国有商业银行股改服务的公司，变成国务院维护金融稳定的工具；从仅仅注资国有商业银行变为还要对政策性银行和证券公司注资；从"保证国家注资的安全并获得合理的投资回报"变成"不以营利为目的"。通过转变，汇金公司的投资领域已经从国有商业银行扩展到政策性银行、股份制银行和证券公司，经营着银行、证券两大产业，由此在实质上成为内地资产最为庞大、实力最为雄厚的金融控股公司。该公司以内地最为庞大的银行资产为基础，广泛渗透其他金融产业，拥有最为纯粹的组织结构和产业布局。从而，最终确立了其作为独立于现有国有资产管理体系和银行监管体系的金融投资控股实体的地位。

附表 4-1　中央汇金公司的投资路线

时间	投资对象	备注
2003.12	中国银行	以外汇储备 225 亿美元全资控股中国银行
2003.12	建行股份	以外汇储备 225 亿美元持有 86.128% 的股份
2004.6	交通银行	以 30 亿元人民币的贷款持有 7.68% 的股份
2004.9	建银投资	以 25 亿美元外汇储备全资控股
2004.9	中金公司	以外汇储备通过建银投资控股 43.35%
2005.4	工商银行	以外汇储备 150 亿美元控股 50%
2005.6	银河证券	以贷款 60 亿元人民币成为第一大股东
2005.7	中国进出口银行	外汇储备 50 亿美元
2005.8	华夏证券	通过建银投资持股 40%
2005.8	国泰君安	通过贷款和注资共计 25 亿元人民币控股 21.17%
2005.8	申银万国	以 40 亿元人民币控股 37.31%
2005.9	光大银行	注资 100 亿元人民币
2005.9	中投证券公司	通过重组南方证券
2006.12	光大银行	注资 200 亿元人民币
2007.12	国家开发银行	出资 1460.92 亿元人民币持有 48.7% 的股权
2008.10	农业银行	注资 1300 亿元人民币
2009.11	新华人寿	购买新华人寿 38.815% 的股份

除了附表 4-1 中列的投资项目之外，汇金公司还视市场需要对金融市场的稳定进行调节，例如在 2009 年 10 月，工商银行、中国银行和建设银行三行均于 10 月 9 日收到股东汇金公司通知，汇金公司通过上交所交易系统买入方式增持三行 A 股股份，汇金共增持工行 2.81 亿股，约占其总股本的 0.08%；增持中行 8160.7 万股，约占其总股本的 0.03%；增持建行 1.29 亿股，约占已发行总股份的 0.06%。

2011 年，国内 A 股市场继续低迷。"十一"黄金周过后的首个交易日，沪深两市高开低走，沪指盘中创下 15 个月来新低。不过就在收盘后，市场传来一条重磅消息，中央汇金公司自 2011 年 10 月 10 日起已在二级市场自主购入工、农、中、建四行股票，金额达 2 亿元，并继续进行相关市场操作。消息既出便引起一片波澜，晚于 A 股收盘的港股尾盘翻红，农行 H 股、中行 H 股转跌为升。10 日晚间，工农中建四大行发布公告，披露汇金今日增持 A 股情况。根据四大行公告，汇金增持工行 A 股 14584024 股，农行 39068339 股，中行 3509673 股，建行 7384369 股。粗略计算，汇金增持工行耗资 5819 万元，农行 9650 万元，中行 1007 万元，建行 3256 万元，总计耗资 19732 万元，约为 2 亿元。

2013 年 6 月 13 日，汇金公司动用了 3.6 亿元，增持工行股票 1932.14 万股，增持农行股票 4293.49 万股，增持中行股票 1846.59 万股，增持建行股票 2449.04 万股。另外，还增持光大银行股票 2204.62 万股和新华保险股票 206.05 万股。可以看出，从这一系列的事件来看，汇金公司对于中国资本市场的稳定起到了非常大的作用。

二、汇金公司的职能

关于汇金公司的职能和定位，国内目前有几个不同的说法和解释，主要有以下几种职能：

第一，权宜性机构。从汇金公司成立的背景来看，其是为国有商业银行股份制改革而特设的"权宜性"机构。汇金公司在其成立后的第 15 天，便向中国银行和中国建设银行注资 450 亿美元以作为两家银行的资本金。直至 2004 年 8 月 26 日，国务院国有独资商业银行改革领导小组才第一次向媒体公开汇金的角色定位。汇金公司"是国务院批准设立的国有独资投资控股公司，主要职能是代表国家行使对中国银行、中国建设银行等重点金融企业的出资人的权利和义务，支持中国银行、中国建设银行落实各项改革措施，完善公司治理结构，保证国家注资的安全并获得合理的投资回报。公司不从事其他任何商业性经营活动。"

第二，金融国资委。从汇金公司董事会和监事会的成员构成来看，虽然中央汇金名为公司，但它仍是政府机构。由于国资委不负责管理金融类国有资产，而国务院将金融类国有资产具体划归汇金公司管理，并作为明确的出资者代表，所以中央汇金公司被称为"金融国资委"。

第三，工具性公司。从目前汇金公司总经理原有的职务（央行金融稳定局局长）来看，其是国务院维护金融稳定、防范和化解金融风险的一个"工具性"公司。作为金融稳定局的"窗口"，金融稳定局关于中行和建行股改的决策，很多是通过汇金公司来具体执行的，如有关金融稳定的行政性措施是由金融稳定局制定并执行的，而市场化的措施则是由中央汇金公司来操作。因此，汇金公司虽然采取了公司形式，却是一个非营利性的政策性机构，也不再仅仅是为国有商业银行改革而特设的。如果汇金和建银注资的证券公司能走出困境，走上规范运作的道路之后，汇金和建银则可能以转让股权或引入其他股东的方式从这些券商中退出。

第四，国有投资公司。从汇金公司成立之初便用外汇储备对中行、建行注资来看，其是运用外汇储备投资的国有投资公司。用外汇储备向试点银行注资，这不是财政拨款，而是一种资本金投入。汇金公司作为出资人，将督促银行落实各项改革措施，完善公司治理结构，力争使股权资产获得有竞争力的投资回报和分红收益。

以上是国内关于汇金公司职能讨论的具有代表性的几个观点，汇金公司最初的成立，仅仅服务于中行和建行的重组，其操作似乎是权宜性的。之后，参与对交行、工行重组之后，其地位和作用更加彰显。尤其是，出手重组银河证券，更确立了在现有国有资产管理体系、银行监管体系之外的金融投资控股实体的地位。这从汇金公司的投资路线中就可见一斑，从这一角度来讲，汇金公司兼具了稳定国内资本市场的安全和保证国内金融市场效率的功能。从这方面来讲，南通沿海开发集团作为一家具有全资控股投资公司的国有资产投资平台，在地方经济发展中的地位也是十分重要的。

第三节　"汇金模式"的评价

一、我国现有国有资产管理模式分析

我国国有资产管理模式可分为国有企业、实体、国资委三个层次。第一层次的国有企业，从事实际经营，包括实业企业和金融企业；第二层次的实体，直接持有国有企业股份并能对公司治理结构有重大影响，包括国有资产授权经营集团、四大资产管理公司，以及新近出现的中央汇金公司等；第三层次的国资委，代表最终的出资人（国家）行使所有者职能。国资委于2003年成立，根据国务院的授权，其监管的范围是中央所属企业的国有资产，不包括金融类的国有资产。而我国的国有金融资产管理体制至今尚未形成。

随着汇金公司投资领域和规模的扩大，其已经成为掌握半壁江山的金融航母。那么，对整个国有资产（实体性资产和金融类资产）的管理就出现了两个主体，即国资委和汇金。前者监管实业企业的国有资产，后者负责金融企业的国有资产，这两个机构的管理层次，可用图解表示。即国资委模式：实体性国有企业——国有资产授权经营集团（如国家开发投资公司）——国资委；汇金模式：金融类国有企业（如银行、证券公司）——汇金公司——财政部。根据与第一层次的远近，可认为汇金与国资委之间是"近股东"与"远股东"的关系。通过以下几个方面的比较，得知"近股东"优于"远股东"，即汇金模式要优于国资委模式。具体来看：①汇金本身是具有独立法人资格的公司，在某种程度上被视为有政府背景的企业，但不属于行政序列；而国资委是特设的行政管理机构，并不是个公司。②汇金仅仅是单纯的投资公司，其治理结构相当清晰；而国资委系统是多层级的，因此中央和地方国资委之间难以形成各司其职的两级所有者结构。③汇金通过直接向其控股的银行派出董事来经营管理国有银行，这些董事的薪酬来自汇金，并且在董事会中依据个人的专业能力进行投票，汇金并不以行政命令约束董事的投票；而国资委的管理方式，更多的是沿用行政化的"红头文件"来层层管理，管的不是企业，而是资产，国资委向国有企业派出的董事或者监事，服从的不是个性化的、市场化的判断，而是行政纪律。

二、新加坡淡马锡控股公司：近股东典范

在论及汇金公司时，很多人提及新加坡的淡马锡。成立于1974年的淡马锡控股公司所辖资产范围甚广，涉及实业和金融两大领域，为新加坡财政部全资注册的国有控股公司，并直接向财政部负责。淡马锡控股公司的创建宗旨是负责持有并管理政府在国内外各大企业的投资，目的是保护新加坡的长远利益。这一模式的根本特点在于，它是一个国有产权企业化管理的平台，在这个平台上可以更加灵活有效地处置国有资产。新加坡国有资产管理层次可用图解表示，即淡马锡模式：国联企业——淡马锡——财政部。

（1）淡马锡的管理机构。在组织机构方面，淡马锡的董事会共有 10 名董事，其任命是由财政部复审并由新加坡总统批准的。其中 4 位公务员，他们代表政府出资利益，更多考虑的是国家的宏观因素；6 位民营企业界的人士，则保证了企业在市场竞争中的运营效率。董事会下设两个委员会，负责董事会重大决策的实施。一是执行委员会，其职责是检查所有国联企业的重大项目投资事项，同时在权限范围内，作出投资或退出的决策。二是财务委员会，其职能是监督淡马锡在股票和资本市场的投资活动。淡马锡的管理层包括总裁（即首席执行官）和 75 名专业人员。他们负责日常业务的操作，并向董事会以及执行委员会报告工作。职能部门包括直接投资、策略投资、有价证券（股票等）投资、财政与管理信息系统以及机构服务部门等。另外，淡马锡内部还有一个审计单位，其职责是保障内部管理制度的顺利操作、财务记录的可靠性，并直接向总裁报告。

（2）财政部与淡马锡之间的关系。财政部享有对淡马锡董事会主席和董事的任命权，同时授予其相当大的经营自主权；财政部部长时常召集与淡马锡或国联企业的会议，讨论公司的绩效和计划；财政部只在影响淡马锡在某个国联企业股份的并购和出售的问题出现时才参与进来。淡马锡每年提交经审计的财务报告供财政部审阅，而不必向社会公布其财务数据；每年从国联企业取得红利的同时，也须将自己利润的一半上缴给财政部。

（3）淡马锡与国联企业之间的关系。国联企业拥有经营管理和财务方面的自主权。淡马锡只在战略层扮演着积极的监管角色，同时在以下重点范围内订立了较为宽松的管理原则：重点人员的任命、特定的专业委员会、董事会规模、股票认购权、业务范畴、业绩对比指标、财务报告、定期的检查与回顾、"一臂距离"交往、尊重小公司权益。时至今日，淡马锡控股已经成为世界最著名的国有控股公司之一。它直接控制着 23 家国联企业（14 家独资公司、7 家上市公司和 2 家有限责任公司），间接控制约有 2000 家，涉及的主要领域有工程与基础建设、银行、通讯与媒体、物流与运输以及服务业，总资产超过 700 亿新元（420 亿美元），其控股的上市公司市值占新加坡证券市场总值的 24%，而每年的经营费用极低，股东投资回报率却远远高于欧美国家的一些投资公司。

从以上分析可知，淡马锡距离国联企业最近，且是近股东的典范。而作为国有控股投资公司的中央汇金公司，是政府出资设立的投资实体，经国务院授权对国有金融企业履行出资人职能的管理者，是实现政府意图并实施调控的有力工具和手段，这就决定了汇金公司相对容易地与淡马锡模式接轨。本书中所谈到的南通沿海开发集团的金融业务，虽然不及淡马锡或者汇金一样规模庞大和对国家整体金融发展的影响，但是在地方的稳定和发展上，南通沿海开发集团对金融事业板块的经营还是起到了很重要的意义。

三、我国目前的国有资产管理格局分析——以金融资产为例

我国的国企改革目前进入了一个深水区，从所有制结构上我们不能放松国资的控制力，但在经营权上我们应当让市场进入到国资中。不过目前我国国资管理的格局还是以"运动员"和"裁判员"统一的模式。以国有金融资产的管理为例，我国国有银行的产权管理格局：财政部负责产权、收益和费用控制；银监会负责人事与监察。除此之外，还存在着其他几个主体：人民银行、国家发改委、各级政府。职责范围分别如下：人民银行管资金、管投向、管总量；国家发改委管投向、管总量、管拼盘；各级政府管投向、管投量。在这些主体中，对银行投向投量有发言权的，却对银行的成本收益和资产质量没有责任；而唯一对银行有资本控制权和财产处分权，因而关心银行成本收益的财政部，却又对银行的经营方向和投向投量缺少发言权。而中央汇金对中行和建行注资以后，取代财政部成为出资人，并直接解决了国有资产出资人虚位的问题，改变了国有银行产权管理无体系的现状。

汇金已经成为一个纯粹的投资控股公司。那么，作为实际的商业运营实体，汇金公司如何从单纯的出资载体转变为所有者监控载体？由以上分析可知，汇金模式优于国资委模式，而淡马锡控股公司又为近股东的典范。这样，可以考虑借鉴新加坡的淡马锡模式，按现代公司治理原则，寻找一条合理路径逐步整合所有者权利边界，明确汇金公司对于旗下金融机构的人事权和收益权，探索以国有金融控股公司的方式体现所有者职能。与淡马锡控股公司只需向财政部负责不同的是，汇金需要加强透明度，披露公司章程和资产负债表等关键信息，使人们支持"近股东"模式。

四、"汇金模式"的争议

"汇金模式"虽然代表了国企改革的一个新的方向，但由于它的运营依然脱离不了政府的关系，因此也引起了人们的一些争议和批判。首先，汇金公司虽然名为公司，但它实质上仍是政府机构，由于国资委不负责管理金融类国有资产，所以汇金公司被认为是"金融国资委"。此外，动用国家外汇

储备用于国有企业因制度和机制的原因产生的亏损，也遭到部分学者专家的质疑，在程序上也有如吴敬琏等认为汇金公司应取得人大财经委的授权。

汇金公司本身充当国家外汇管理功能，国内企业创汇后，都要结汇换取人民币，最后都汇合到汇金公司。所以由汇金公司在国内用外汇投资、注资金融企业，这些企业又必须再换汇，这些外汇又会回到汇金公司手里。外汇每转一个圈子，就多印刷等量的人民币，形成货币贬值，损害每个人民币的持有人。这种货币注水犹如温水煮青蛙，对老百姓的生活产生了长期的影响。

第四节 "汇金模式"与南通沿海开发集团

汇金公司形成的"汇金模式"是当前我国在进行国企改革中尝试比较成功的模式，特别是在资本市场和金融企业中，控股而不参与经营的方式更符合当前我国既要金融安全又要金融效率的目的。财政部前部长楼继伟坦言，精准定义"汇金模式"是很困难的，可暂且概括为："汇金模式"是汇金公司探索形成的一种市场化的国有金融资产管理模式，即根据国家授权，遵循市场化方式，积极履行国家注资改制平台和国有金融资产出资人代表两大职责，促进国有金融机构深化改革、建立良好公司治理和科学稳健发展。

楼继伟曾表示，"汇金模式"的重要特征之一就是始终坚持市场化的履职行权方式。十年来，无论是参与金融机构注资改制，还是推动完善公司治理，汇金公司始终强调依法合规，坚持以出资额为限、以股权为纽带，通过公司治理渠道行使出资人代表职责。他还形象地比喻道，汇金只做股东，不做"婆婆"，没有任何行政审批色彩。

在中央的号召下，南通沿海开发集团走出了具有自身特色的，具有地方典范的国有资本融资平台的发展之路。2015年，集团在宏观经济环境复杂多变情况下，主动适应经济新常态、创新发展方式，释放新动能：全年完成业务收入10亿元，是2014年的2.22倍；实现利润5000万元，是全年指标的50倍；净资产收益率1.28%；完成固定资产投入15亿元，超全年指标50%；新增融资42.65亿元，完成全年指标的213%；全年新增授信95亿元，授信总额达到174.83亿元；资产总额达到126.08亿元，全面完成了全年各项考核指标。

2017 年，集团继续在这条道路之上前进，调整股权结构，发展混合所有制是集团发展的重中之重。在总结与凯璞庭基金、西本钢铁等社会资本的合作经验基础上，集团将进一步调整股权架构，加快推动由"管资产"向"管资本"转变。一是发展混合所有制经济，经过几年发展，腰沙、科创城等已初步具备营运能力，未来可通过吸引社会资本，引进战略投资者，参与区域开发。二是尝试开展经营层持股，在商品贸易、金融资本等重点平台建设中，通过推动经营层持股，激发团队活力，促进绩效提升。

坚持用混合所有制完善企业法人治理结构，加快建立健全现代企业制度，是南通沿海开发集团与"汇金模式"结合的关键点。沿海开发集团积极响应中央推动混合所有制经济改革的号召，从成立初期就注重吸纳各类社会资本，先后与莱茵置业、韩通集团、中交华东基金等各类社会资本合作设立合资企业，撬动 7.26 亿元社会资金参与南通沿海开发。合资企业发挥了国企身份的信贷优惠和市场拓展优势，吸收了社会资本的经营活力和竞争力，初步建立了"产权明晰、权责明确、政企分开、管理科学"的治理结构。同时，因为缺乏可借鉴的成功经验，我们在这项改革探索中也遇到了一些挫折。比如，集团与莱茵置业、韩通等民企的合作中，由于这些民企资金不足，通常由集团占控股地位。虽然各投资主体做到了同股、同权、同利、同责，但在企业发展目标上难以实现长远和短期的均衡，民企易受经济波动影响寻求退出，结局以集团回购民企股份结束。与民企混改失败不同，集团与基金、战略投资者以及自然人在资本层面混改，参股成立的衡麓基金、国润租赁、小贷公司等均取得了成功。具体而言，通过引入基金进行产权制度改革或共同出资设立股权投资基金，以基金管理公司为平台，组建团队、募集资金、开展投资。通过基金混合，淡化了所有制属性，不追求国有控股，却发挥了国有资本的引导作用，用有限的资金作为杠杆，吸引到更多的社会资金投资沿海开发，实现了互利共赢。总结经验和教训，我们认为混合所有制的关键不在"混"，而是在对不同的"合作主体"采取不同的"合作"方式，根本目的是激发集团的活力和竞争力，提高国有资产收益率。

坚持资本化运作，着力创新投融资机制，是国有资本投资平台进行改革的一个方向。在园区的开发建设上，南通沿海开发集团也坚守着国有投资平台的"汇金模式"，通州湾的开发，离不开资本运作支持。创新优化投资结构，形成长、中、短期的投资组合，集聚要素滚动开发。在完成政府交办的基础建设项目的前提下，引入市场机制，寻找立足沿海、服务沿海的赢利项目。创新多元融资方式，巩固商业银行融资，继续突破政策性银行融资、债券、短融、中票等低成本融资方式，大力发展互联网金融、组建产业基金，开拓自贸区、境外融资渠道，降低融资成本。创新混合开发模式，坚持股权与债权相结合，长期与短期资本结合，吸引各类资本集聚。加强与央企以及其他社会资本合作，吸引社会资本共同投资开发，降低集团负债率。创新平台经济。以平台造血功能推动可持续发展，以资本助推科教城新型产业孵化，挖掘适合在沿海落户的项目，配置天使、PE、VC投资基金，培育上市公司，在多层次资本市场实现收益。打造小贷、担保、创投、融资租赁等各类金融平台，为入园企业提供快捷服务。促进园区转型发展。坚持用投行思维，创新科创城转型发展道路。根据集团的优势和特点，深入发掘资本招商潜力，加快项目由依靠"土地+税收"优惠向"资本+人才+资源+服务"招商进行转型，由依靠"土地+税收"收入向"股权+资本"收益进行转型。

通过国有资本的市场化运作，南通沿海开发集团很好地把"汇金模式"应用到地方建设上来。作为一家立足南通，面向"长三角"，以港口开发、科教城运营为基础，以城市建设为支撑，以产业发展为核心，以金融商贸为后盾，集投资、建设、运营、管理、服务为一体的国有地方投资平台，南通沿海开发集团成功培育港口产业和科技创投两大产业集群，构建大宗商品贸易、金融投资两大平台，成为江海流域大型投资旗舰企业集团，这对于助推南通经济社会发展，推动南通主动融入"长三角"发展的快车道具有非常重要的意义。

后　记

　　中国社会科学院开展国情调研项目多年，取得了一系列成果。通常由项目负责人优选调研对象企业，并经由中国社会科学院有关专家评估，评估通过后，项目正式启动。本项目由徐希燕同志申请获准，调研对象为南通沿海开发集团有限公司。

　　本书稿经项目团队实地调研并对所收集资料进行整理、分析、写作完成，书稿真实反映了该公司的发展现状和成功经验，可作为广大企业家、专家学者、政府官员们借鉴。

　　2016年10月中，项目组徐希燕副研究员、张承耀研究员、余勇仁研究员、刘陆禄硕士、洪刚博士、蔡达博士、拉提帕·巴提力博士、徐传语硕士等一行来到南通沿海开发集团有限公司调研，集团领导、各部门领导及员工们高度重视，给予了大力支持与积极配合，顺利有效地开展了调研工作。项目组收集到很多有价值的信息资料，为完成书稿奠定了良好基础。在此，感谢许映斌董事长、陆雁副总经理、赵国彬部长以及部下们的积极支持与良好建议。

　　调研结束后，项目组多次对书稿提纲、写作内容、重点观点等方面进行了论证、研讨与分工，林百涵硕士也参加了写作，历时两个月完成。书稿最后由徐希燕同志统稿、修改、完善而成。在此，感谢项目组全体成员的共同努力！感谢南通沿海开发集团有限公司全体员工的积极支持！感谢工经所领导提出的建议！因时间较紧，书中若有疏漏，祈请诸位不吝指正！

　　本书不仅可望使广大读者对港口开发建设、开发区开发建设、金融服务、钢材贸易等行业有丰富的认识与了解，而且可望从该企业借鉴管理智慧、拓宽知识视野、提升管理水平。

中国社会科学院工业经济研究所　徐希燕　谨识

2017年2月8日